Helmuth Figdor:
Praxis der psychoanalytischen Pädagogik I

Folgende Titel sind bisher im Psychosozial-Verlag in der Reihe »Psychoanalytische Pädagogik« erschienen:

BAND 01 Gerd Biermann: Nelly Wolffheim und die Psychoanalytische Pädagogik. 1997.

BAND 02 Walta Reuther-Dommer, Eckhard Dommer: »Ich will Dir erzählen…«. Geistig behinderte Menschen zwischen Selbst- und Fremdbestimmung. 1997.

BAND 03 Helmuth Figdor: Scheidungskinder – Wege der Hilfe. 1998.

BAND 04 Ch. Büttner, U. Finger-Trescher, H. Grebe, H. Krebs (Hg.): Brücken und Zäune. Interkulturelle Pädagogik zwischen Fremden und Eigenem. 1998.

BAND 05 W. Datler, H. Figdor, J. Gstach (Hg.): Die Wiederentdeckung der Freude am Kind. 1998.

BAND 06 Susanne Kupper-Heilmann: Getragenwerden und Einflußnehmen. Aus der Praxis des psychoanalytisch orientierten heilpädagogischen Reitens. 1999.

BAND 07 Michael Maas: Leben lernen in Freiheit und Selbstverantwortung. Eine psychoanalytische Interpretation der Alternativschulpädagogik. 1999.

BAND 08 Wilfried Gottschalch: Mit anderem Blick. Grundzüge einer skeptischen Pädagogik. 2000.

BAND 09 Barbara Bräutigam: Der ungelöste Schmerz. Perspektiven und Schwierigkeiten in der therapeutischen Arbeit mit Kindern politisch verfolgter Menschen. 2000.

BAND 10 U. Finger-Trescher, H. Krebs (Hg.): Mißhandlung, Vernachlässigung und sexuelle Gewalt in Erziehungsverhältnissen. 2000.

BAND 11 Astrid Kerl-Wienecke: Nelly Wolffheim – Leben und Werk. 2000.

BAND 12 Roland Kaufhold: Bettelheim, Ekstein, Federn: Impulse für die psychoanalytisch-pädagogische Bewegung. 2001.

BAND 13 M. Muck, H.-G. Trescher (Hg.): Grundlagen der Psychoanalytischen Pädagogik. 2001.

BAND 14 K. Steinhardt, W. Datler, J. Gstach, Johannes (Hg.): Die Bedeutung des Vaters in der frühen Kindheit. 2002.

BAND 15 V. Fröhlich, R. Göppel (Hg.): Was macht die Schule mit den Kindern? – Was machen die Kinder mit der Schule? 2003.

BAND 16 U. Finger-Trescher, H. Krebs (Hg.): Bindungsstörungen und Entwicklungschancen. 2003.

BAND 17 M. Dörr, R. Göppel: Bildung der Gefühle. 2003.

BAND 18 Helmuth Figdor: Kinder aus geschiedenen Ehen: Zwischen Trauma und Hoffnung. 2004.

BAND 19 Kornelia Steinhardt: Psychoanalytisch orientierte Supervision. Auf dem Weg zu einer Profession? 2005.

BAND 20 Fitzgerald Crain: Fürsorglichkeit und Konfrontation. Psychoanalytisches Lehrbuch zur Arbeit mit sozial auffälligen Kindern und Jugendlichen. 2005.

REIHE: »PSYCHOANALYTISCHE PÄDAGOGIK« BAND 21

Herausgegeben von Christian Büttner, Wilfried Datler, Annelind Eggert-Schmid Noerr und Urte Finger-Trescher.

Helmuth Figdor:

Praxis der psychoanalytischen Pädagogik

Vorträge und Aufsätze
Band I

Mit einem Vorwort von Wilfried Datler

Psychosozial-Verlag

Bibliografische Information der Deutschen Nationalbibliothek
Die Deutsche Nationalbibliothek verzeichnet diese Publikation in der Deutschen Nationalbibliografie; detaillierte bibliografische Daten sind im Internet über <http://dnb.d-nb.de> abrufbar.

Originalausgabe

E-Mail: info@psychosozial-verlag.de
www.psychosozial-verlag.de

Umschlagabbildung: Theatre d'Amour um 1620.
Umschlaggestaltung nach Entwürfen des Ateliers Warminski, Büdingen.
Lektorat: Harald Anlanger
Printed in Germany
ISBN 978-3-89806-511-5

Inhalt

Vorwort

Wilfried Datler

Der Psychoanalyse haftet der Charakter des Elitären an. Dieser Eindruck speist sich aus mehreren Quellen, auf die folgende Gegebenheiten verweisen:

- Die Ausbildung zum Psychoanalytiker steht nicht jedem Interessierten offen: Will man Psychoanalytiker werden, so muss man zunächst von erfahrenen Psychoanalytikern »für geeignet« befunden werden, man muss sich einer langwierigen Ausbildung unterziehen und man benötigt dafür ein gerüttelt Maß an Geld, Zeit und Ausdauer.
- Psychoanalytisch-psychotherapeutisches Arbeiten im Sessel-Couch-Setting stellt als Inbegriff des psychoanalytischen Arbeitens das Gegenteil eines niederschwelligen Psychotherapieangebotes dar: Nur ein Teil der eingetragenen Psychotherapeuten ist für diese Art von Arbeit qualifiziert; und wenn Patienten an einen entsprechend ausgebildeten Psychotherapeuten geraten, ist erst zu klären, ob von einer »Analyse« Hilfe zu erwarten ist und ob Patienten in der Lage sind, mehrmals in der Woche den Weg zum Psychotherapeuten zu finden und längerfristig an tiefgehenderen therapeutischen Veränderungen zu arbeiten.
- Die »scientific community« der Psychoanalyse erhebt den Anspruch, vor dem Hintergrund ihrer Theorie des dynamischen Unbewussten nahezu alle Phänomene des menschlichen Lebens aus psychoanalytischer Sicht kommentieren und analysieren zu können. Dessen ungeachtet verfügt die Psychoanalyse über ein komplexes System von Begriffen und Konzepten, das letztlich nur Insidern verständlich ist.
- Gleichzeitig haben viele Annahmen der Psychoanalyse in das Alltagsverständnis der westlichen Welt Eingang gefunden. Um mit diesen Annahmen ernsthaft arbeiten zu können, bedarf es aber elaborierter Kompetenzen, die man im Regelfall nur im Rahmen einer entsprechenden Aus- oder Weiterbildung erwerben kann. Arbeitet man ohne entsprechende Qualifikation mit psychoanalytischen Annahmen, droht man von Seiten der »psychoanalytic community« zu Recht mit dem Hinweis gescholten zu werden, man betreibe »wilde Analyse« oder komme als Laie über ein psychoanalytisch angereichertes laienhaftes Herumprobieren nicht hinaus.

Man könnte weitere Punkte anführen, die den elitären Charakter der Psychoanalyse begründen, ohne dass dies allzu große Mühe bereiten würde. Gleichzeitig muss man allerdings auch darauf hinweisen, dass es innerhalb der Psychoanalyse auch andere Traditionen gibt.

- Zu erinnern ist etwa daran, dass die hochfrequente psychoanalytische Arbeit im Sessel-Couch-Setting bloß eine Form des psychoanalytischen Arbeitens darstellt. Daneben wurden zahlreiche andere Formen des psychoanalytisch fundierten Arbeitens ausgearbeitet, mit denen weite Kreisen der Bevölkerung erreicht werden sollten und heute auch tatsächlich erreicht werden. Dazu zählen Konzepte der fokussierten niederfrequenten Psychotherapie ebenso wie Konzepte der Beratung oder Konzepte des nicht-psychotherapeutischen Arbeitens in verschiedenen, insbesondere pädagogischen Feldern.
- Der vollumfänglichen Ausbildung zum Psychoanalytiker wurden bald auch andere Formen der psychoanalytischen Aus- und Weiterbildung zur Seite gestellt. In diesem Sinn wurde von Vertretern der Wiener Psychoanalytischen Vereinigung bereits in den 20er Jahren damit begonnen, mehrsemestrige Weiterbildungskurse für Angehörige verschiedener pädagogischer Berufsgruppen anzubieten (Steinhardt 2005, 41). Aus diesen ersten Ansätzen heraus hat sich ein ebenso weitverzweigtes wie vielgestaltiges Netz von psychoanalytisch orientierten Angeboten entwickelt, die im Dienst der Entfaltung von unterschiedlichen professionellen Kompetenzen stehen. Das Spektrum reicht von psychoanalytisch orientierten Supervisionsgruppen bis hin zu mehrjährigen, curricular geregelten Ausbildungen (Figdor 2000; Datler u.a. 2002).
- Dazu kommt, dass sich Psychoanalytiker immer wieder mit Erfolg darum bemühten, mit ihren Schriften nicht bloß Mitglieder der »psychoanalytic community« zu erreichen. Man kann diesbezüglich an Paul Federn und Heinrich Meng denken, die 1926 »Das psychoanalytische Volksbuch« herausgaben, das einen deutlich populärwissenschaftlichen Anstrich hatte. Man kann darüber hinaus aber auch einen weiten Bogen von August Aichhorn und Hans Zulliger bis hin zu Alexander Mitscherlich, André Gruen oder Horst Eberhard Richter schlagen, denen es gelang, fachwissenschaftliche Schriften so abzufassen, dass sie von Fachleuten angrenzender Disziplinen, aber auch von interessierten »Praktikern« rezipiert wurden.

In dieser eben erwähnten Tradition steht auch Helmuth Figdor. Zwar hat Helmuth Figdor so manchen Artikel veröffentlicht, der primär an Fachkollegen gerichtet ist.[1]

1 Zu denken ist hier insbesondere an Figdors Arbeiten zur Grundlegung von Psychoanalytischer Pädagogik sowie zur Bedeutung von empirisch-statistischen Untersuchungen für die Konzeption von psychoanalytischen Entwicklungstheorien (Figdor 1989, 1993, 2005a).

Daneben existieren aber zahlreiche Veröffentlichungen, mit denen Helmuth Figdor einen denkbar weiten Kreis an Fachleuten *und* sogenannten Praktikern erreicht, die daran interessiert sind, Probleme und Phänomene ihres Alltags aus einer psychoanalytisch-pädagogischen Perspektive zu betrachten, die nicht alltäglich und somit auch nicht selbstverständlich ist.

Im Zentrum von Figdors Ausführungen steht dabei die Vorstellung, dass pädagogische Bemühungen in denkbar hohem Ausmaß den »Entwicklungsinteressen« oder »Entwicklungsbedürfnissen« von Kindern und Jugendlichen zu entsprechen haben. Damit meint Figdor keineswegs, dass Pädagogen alle nur erdenklichen Wünsche von Kindern und Jugendlichen so schnell und umfassend wie möglich befriedigen sollten.[2] Er vertritt vielmehr die Auffassung, dass Erwachsene viele Entwicklungen von Kindern und Jugendlichen auch dann anzuregen und zu unterstützen haben, wenn die aktuellen Wünsche und Impulse von Kindern in eine ganz andere Richtung gehen. Andererseits laufen Erwachsene aber auch Gefahr, die pädagogisch wünschenswerte Entwicklung von Heranwachsenden erheblich zu belasten oder gar zu gefährden, wenn sie die Gefühle der Kinder und Jugendlichen allzu sehr missachten. Deshalb haben sich Pädagogen permanent darum zu bemühen, eine »Vermittlung« oder »Balance« herzustellen zwischen der »inneren Welt« des Kindes und dem Ringen um Entwicklungsschritte, die mit guten Gründen als sinnvoll und wünschenswert ausgewiesen werden können.

All dies ist freilich alles andere als einfach. Denn oft genug sind die »inneren Welten« der Kinder und Jugendlichen schwer zu verstehen, weil sie vielschichtig und widersprüchlich sind und nur mit Mühe erschlossen werden können. Dazu kommt, dass das Erleben und Verhalten von Kindern, Jugendlichen und Erwachsenen bewusste und unbewusste Anteile enthalten, die auch Erwachsene mitunter daran hindern, einfühlsam zu verstehen, was in ihnen selbst sowie in den Menschen vorgeht, mit denen sie es immer wieder zu tun haben. Spannungen und Konflikte, Missverständnisse und Problemsituationen sind deshalb aus Erziehungsprozessen nicht wegzudenken und deuten darauf hin, dass professionell tätige Pädagogen ebenso wie Eltern oder andere »pädagogische Laien« immer wieder auf Unterstützung angewiesen sind. Eine besondere Form von Unterstützung, mit der sich Helmuth Figdor besonders intensiv beschäftigt, ist in diesem Zusammenhang psychoanalytisch-pädagogische Erziehungsberatung (Datler/Figdor/Gstach 1999; Figdor 1995, 2000). Diese steht jedenfalls im Dienst der Entwicklung von differenziertem

2 Kritik an solch einer platten »bedürfnisorientierten« pädagogischen Position findet sich auch bei Göppel (1998).

Verstehen und kann in unterschiedlicher Form geleistet werden: in konventionellen Beratungssettings, in denen Berater von Erwachsenen wegen bestimmter Schwierigkeiten aufgesucht werden, aber auch in Gestalt von Vorträgen oder Publikationen, die geeignet sind, entsprechende Denk- und Reflexionsprozesse in Zuhörern und Lesern zu wecken.

In welch hohem Ausmaß es Helmuth Figdor gelingt, diesem Anspruch gerecht zu werden, davon zeugen nicht zuletzt seine beiden Bücher über Scheidungseltern und Scheidungskinder, die inzwischen in mehrfachen Auflagen vorliegen (Figdor 1991,1997). Nach einem Buch über »Psychoanalytisch-pädagogische Erziehungsberatung heute« (Datler/Figdor/Gstach 1999) hat Helmuth Figdor nun sein viertes Buch vorgelegt. Es beinhaltet Schriften, die ein denkbar weites Spektrum an pädagogisch relevanten Themen und Problemsituationen behandeln, mit denen sich nur allzu viele Heranwachsende und Erwachsene in ihrem »pädagogischen Alltag« immer wieder konfrontiert finden. Scheidung und Krankheit werden in dem Buch ebenso behandelt wie Familie, Kindergarten und Schule; die Themenbereiche Missbrauch und Aggression werden ebenso diskutiert wie die Konzepte der kindlichen Sexualität und der »Verhaltensstörung«. Darüber hinaus werden auch Themen der Elternarbeit und der Weiterbildung von Pädagogen berührt.

Viele Buchbeiträge sind zuvor bereits in einer ersten Fassung publiziert worden, waren in den letzten Jahren aber nur sehr schwer greifbar. Dem Empirie-Verlag (in dem das Buch ursprünglich erscheinen sollte) und dem Psychosozial-Verlag ist deshalb zu danken, dass diese Texte nun in einem Band versammelt wurden und interessierten Lesern zugänglich gemacht werden konnten. Dem Buch ist eine weite Verbreitung zu wünschen – nicht zuletzt in Hinblick auf die Wahrung der »Entwicklungsinteressen« und »Entwicklungsbedürfnisse« von Kindern und Jugendlichen im Sinne Helmuth Figdors.

Wien, im April 2005

1.

Psychoanalyse und Schule

Einführende Überlegungen am Beispiel der Krankenhausschule (1985/86)

Erstveröffentlichung:
Figdor, H.: Einige Aspekte der Bedeutung der Psychoanalyse für die Krankenhausschule. In: Daniel, N. (Hg.): Unterricht im Krankenhaus. Wien (BM. f. Unterricht, Kunst und Sport), aps Nr. 13, 1986
Figdor, H.: Was macht es uns mitunter so schwer? Anmerkungen zu den seelischen Belastungen des Krankenhauslehrers aus heilpädagogischer und tiefenpsychologischer Sicht. In: Daniel, N. (Hg.): Unterricht im Krankenhaus 2. Wien (BM f. Unterricht, Kunst und Sport) aps Nr. 16, 1987

Editorische Vorbemerkung
Im Jahr 1985 wurde H. Figdor gebeten, im Rahmen eines vom Bundesministerium für Unterricht, Kunst und Sport organisierten Fortbildungsseminars für HeilstättenlehrerInnen eine Einführung in die Psychoanalyse anzubieten. Der Titel des Vortrages lautete »Einige Aspekte der Bedeutung der Psychoanalyse für die Krankenhausschule«. Der nachfolgende Text verbindet diesen Vortrag mit dem Bericht über eine Supervisionsgruppe, die H. Figdor ein Jahr später im Rahmen des Nachfolgeseminars leitete.

1. Allgemeine theoretische Überlegungen

Mehr noch als in ihrer therapeutischen Funktion sah Sigmund Freud die künftige Bedeutung der Psychoanalyse in den Möglichkeiten ihrer Anwendung auf soziologische, pädagogische, kulturgeschichtliche, künstlerische u.a. Fragestellungen. Tatsächlich hat die Psychoanalyse in ihrer nun 85-jährigen Geschichte das heutige Bild des Menschen verändert und geprägt wie kaum ein anderes philosophisches und psychologisches System: Die Existenz unbewußter Strebungen; die Anerkennung der Natürlichkeit des menschlichen Trieblebens (insbesondere der Sexualität); die Rolle des Gefühlslebens für das Verhalten; die Bedeutung der Kindheit in der Entwicklung von Charakter, Intelligenz und Wohlbefinden; damit zusammenhängend die hervorragende Bedeutung der Erziehung; die Rolle des Seelischen für körperliche Erkrankungen (psychosomatische Medizin); schließlich die Heilbarkeit psychisch-geistiger Störungen u.a.m. Es sind dies Erkenntnisse, die nicht nur für die moderne Pädagogik, Psychologie und Soziologie fundamental sind, sondern Eingang in die moderne Allgemeinbildung gefunden haben. Und dennoch sieht sich die Psychoanalyse nach wie vor als Wissenschaft angezweifelt und in der Position, die Relevanz ihrer theoretischen Einsichten – etwa für sozialpsychologische und pädagogische Fragestellungen – legitimieren zu müssen.[3]

Dies hat jedoch z.B. zur Folge, daß sich nur wenige Pädagogen explizit mit Psychoanalyse befassen und somit jene theoretischen Erkenntnisse, die noch nicht von der allgemeinen Pädagogik, Psychologie adaptiert wurden, außer Beachtung bleiben. Für die Aufgaben des Krankenhauslehrers scheinen mir in dieser Hinsicht folgende psychoanalytischen Konzepte besonders relevant und hilfreich zu sein:

3 Die Gründe dafür sind mannigfaltig. Zu Beginn des Jahrhunderts spielte dabei zweifellos die jüdische Herkunft Freuds und vieler seiner Schüler eine nicht unwesentliche Rolle. Aber auch die Befreiung der Sexualität aus dem Korsett moralischer Bewertung und ihre Anerkennung als fundamentale Triebkraft menschlichen Verhaltens mußte auf Widerstand stoßen. Auch das positivistische Wissenschaftsverständnis des 20. Jhd. – nur was beobachtbar und meßbar ist, könne als wissenschaftlich gelten – tat das ihre dazu. Am wesentlichsten scheint mir jedoch zu sein, daß die von der Psychoanalyse erfaßten, großteils unbewußten seelischen Vorgänge für jemanden, der sich keiner Analyse unterzogen hat, dem also die eigenen unbewußten Strebungen unbekannt sind, schwer nachvollziehbar sind, unverständlich bleiben, ja mitunter abstrus erscheinen. Angst und Scham, die beim Einzelnen diese Strebungen unbewußt halten, werden somit zum Hindernis, sich vorstellen zu können, der Mensch als solcher »funktioniere« in dieser oder jener Art.

- *Die Konflikttheorie des Verhaltens, insbesondere des auffälligen, neurotischen Verhaltens*

- *Die Theorie der Objektbeziehungen und damit zusammenhängend*

- *Die Theorie der Übertragung*

Eine ausführliche Erklärung dieser theoretischen Konzepte würde den gegebenen Rahmen sprengen. Zum Verständnis dessen, was gemeint ist, nur soviel: Zwischen Bedürfnissen und Verhalten besteht kein linearer Zusammenhang. Bedürfnisse treten immer wieder in *Konflikt* mit anderen Bedürfnissen, mit Ansprüchen der Außenwelt und/oder persönlichen Handlungsnormen (Gewissen), sodaß das Individuum laufend Konflikte lösen und Kompromisse eingehen muß. Sind diese Konflikte nun mit *Angst* behaftet (z.B. Todesangst, Angst vor Verlassenwerden, vor Liebesverlust der Eltern, Straf- und Beschädigungsängste), so werden diese, nun als gefährlich erlebten Impulse (oder Aspekte derselben) aus dem Bewußtsein verbannt, *»verdrängt«*. Eine solche Konfliktlösung führt zu einem Verhalten, das bewußt nicht mehr hinreichend begründet werden kann, sich rationalen Argumenten weitgehend unzugänglich zeigt, sich verfestigt, automatisiert und zu einem rigiden, nicht mehr anpassungsfähigen Verhaltensklischee wird (irreale Ängste, Aggressionen, zwanghafte Handlungen, somatische Reaktionen wie Ekel, Erbrechen, Kopfschmerzen u.v.a.). Da eine völlig angstfreie Kindheit nicht realisierbar ist, verfügt jedes Individuum über ein solches Repertoire mehr oder weniger *neurotischer* Verhaltensweisen. Da sie sich beim Kind primär im Familienverband entwickeln, bestimmen sie auch die Art und Weise, wie das Kind seine Eltern sieht, was es von ihnen erwartet, wie es mit ihnen umgeht, bzw. umgekehrt, wie es selbst behandelt wird und sich selbst sieht und einschätzt.

Diese Beziehungsmuster werden verinnerlicht und führen – je nach Anteil der unbewußten Konflikte – zu mehr oder minder starren Interaktionsmustern und sozialen Erwartungen. Die Psychoanalyse spricht von *»Objektbeziehungen«* und *»Objektrepräsentanzen«* und meint damit das innere Bild, das sich das Kind von sich, seinen Beziehungspartnern und von der Beziehung selbst macht. Diese, auf die »Primärobjekte« (die Eltern) bezogenen Bilder (Erwartungen) pflegt das Kind – aber auch Erwachsene – wenigstens zum Teil auf andere Partner zu *»übertragen«*. So kommt es z.B. immer wieder vor, daß ein Schüler seinen Lehrer interpretiert und erlebt bzw. sich ihm gegenüber so verhält, als wäre dieser (wie) sein Vater.

Was bedeuten diese Einsichten nun für das Verständnis der Situation eines Kindes im Krankenhaus bzw. im Krankenhaus-Unterricht?

a) Der Lehrer als Übertragungsobjekt:
Das Verhalten des Kindes ist nicht ausschließlich auf die reale Person des Lehrers oder auf die der Unterrichtssituation bezogen, sondern spiegelt auch (unbewußt) die »Objektbeziehungen« des Kindes, also Vorstellungen, Gefühle und Verhaltensweisen, die dem familiären Beziehungsrahmen zugehören, wider.

b) Die Mitschüler als Übertragungsobjekte:
Nicht nur auf Erwachsene sondern auch auf andere Kinder können soziale Primärerfahrungen übertragen werden, insbesondere solche aus der Beziehung zu den Geschwistern.

c) Aktivierung von Ängsten in der Krankenhaus-Situation:
Die Übertragungsphänomene gehören auch der normalen Schulsituation an. Darüber hinaus vermag der Spitalsaufenthalt eine Reihe besonderer Ängste zu aktivieren: Lebens- und Beschädigungsängste, Strafängste (die Krankheit wird als Strafe für Fehlverhalten oder verbotene Wünsche phantasiert), Trennungsängste u.a. Das bedeutet, daß etwa das auffällige Verhalten eines Kindes u.U. nur seine Art ist, mit seiner Angst fertigzuwerden, die Psychoanalyse spricht davon: die Angst »abzuwehren«. Störendes, auffälliges Verhalten kann also eine, durch die (angstbehaftete) Spitalssituation provozierte, quasi neurotische Konfliktlösung darstellen.

d) Regression durch Ichschwäche:
Eine besondere Form der Lösung (»Abwehr«) angstbehafteter Konflikte ist die Regression. Ihre Wahrscheinlichkeit ist dann besonders groß, wenn sich ein Individuum schwach fühlt und den gegebenen Anforderungen nicht gewachsen fühlt. Es überträgt dann auf den Lehrer eine Elternrolle, die nicht der aktuellen Elternbeziehung entstammt, sondern jener vergangener Jahre. Es macht den Lehrer zum schützenden Vater (Mutter), stellt Liebesforderungen, empfindet und trotzt wie ein Zweijähriger usw. Gerade die Situation des kranken und daher geschwächten Kindes, das zudem von den Eltern getrennt wird, begünstigt solche Regressionserscheinungen.

Die Möglichkeiten für den Lehrer, diese Erkenntnisse für Interventionen zu nützen, die dem Kind helfen und Unterricht ermöglichen, dürfen allerdings nicht überschätzt werden. Denn neben einer eingehenden theoretischen Beschäftigung bedarf es noch einer gewissen Übung analytischen Denkens, um theoretische Einsichten auch in umfassendes Verstehen eines je besonderen Kindes *umsetzen* zu können. Dazu bietet aber meines Wissens die gegenwärtige Ausbildungssituation der Lehrer wenig Gelegenheit. Dazu kommt eine weitere Schwierigkeit: Bisher war ausschließlich von den Problemen des Kindes die Rede. In eine schwierige Unterrichtssituation ist aber auch der Lehrer mit seinen Gefühlen und Ängsten involviert. Und es ist nicht zuletzt diese persönliche Betroffenheit, die es ihm schwerer macht, das Kind zu verstehen und entsprechend zu handeln.

Und noch etwas: Der Lehrer hat es nicht nur mit den psychischen Problemen der Kinder und seinen eigenen Übertragungsneigungen auf die Kinder zu tun, sondern befindet sich auch im Schnittpunkt zum Teil sehr unterschiedlicher Gruppeninteressen: Ärzte, Therapeuten, Schwestern, Eltern. Konflikte können sich aber auch angesichts des Umstandes ergeben, daß es der Lehrer ja nicht nur mit einzelnen Kindern zu tun hat, sondern normalerweise mit einer ganzen Gruppe arbeiten muß.

Die Schwierigkeit, theoretische psychologische Einsichten in konkretes pädagogisches Handeln umzusetzen, sowie die komplizierte persönliche Situation des Krankenhauslehrers bringt mit sich, daß eine bloß theoretische Aus- und Fortbildung allein nicht genügt. Wichtiger scheint zu sein, den Lehrern durch regelmäßige *Supervision* die Gelegenheit zu geben, schwierige Fälle zu besprechen, sie verstehen zu lernen, mit den Kollegen unter Anleitung des Supervisors Lösungsmöglichkeiten zu erarbeiten und auch an den Fällen der anderen das zu tun, was ich oben bezeichnet habe als: sich in psychoanalytischem Denken und Verstehen zu üben.

2. Bericht aus einer Supervisionsgruppe

2.1 Fallbeispiel: Andreas

Andreas ist ein 13jähriger, hellhäutiger Bub, häufig mit Ringen unter den Augen. Vor vier Wochen wurde A. wegen »Reißens« auf die heilpädagogische Station eingeliefert. Am ersten Tag war er unauffällig, in den folgenden Tagen begann er, seinen Tic im Unterricht zu zeigen: Das Reißen begann im Gesicht, breitet sich über den Körper aus und führte mitunter zu krampfartigen Zuständen, die von Schreien begleitet waren. In dieser Situation wünscht sich A. aus dem Unterrichtsraum fort und will zu Bett gehen.

Das Symptom tritt vorzugsweise auf, wenn an A. Lernanforderungen gestellt werden, die er mit dem Argument zurückweist: »Ich kann mich nicht konzentrieren, wenn es mich so reißt.« Seit einiger Zeit rülpst A. und läßt übel riechende Winde, was von den übrigen Kindern mit Gelächter beantwortet wird, worauf er sich auf den Boden legt und mit krampfartigen Zuckungen beginnt. Schließlich treten A.'s Anfälle auf, wenn die Lehrerin das Gespräch auf seine Eltern bringt.

A. leidet seit seinem 7. Lebensjahr an dem Tic. Seit April ist es besonders schlimm. Es ist dies die Zeit, zu welcher der Vater arbeitslos wurde. Auch bemerkt die Lehrerin, daß sich der Tic nach den Wochenenden, die A. bei den Eltern verbringt, besonders stark zeigt.

All diese Daten legen die Vermutung nahe, daß A.'s neurotisches Symptom zum einen mit der Schule bzw. schulischen Leistungsanforderungen zu tun hat und auf der anderen Seite mit den Eltern, v.a. mit dem Vater, welcher A. gegenüber eine möglicherweise stark fordernde bzw. überfordernde Haltung einnimmt. Der Tic wäre demnach als eine unbewußte Strategie verstehbar, sich der Überforderung durch die Schule bzw. Eltern zu entziehen, die auf seine Krankheit wohl mit Rücksicht, Besorgnis und Aufmerksamkeit reagieren. Auch verschafft sie ihm bei den andern Kindern – als »Original«, »Spinner« oder »Kasperl« – eine Sonderposition in der Gruppe.

2.2 Probleme für den Krankenhauslehrer

A.'s Verhalten beschert seiner Lehrerin auf der heilpädagogischen Station eine ganze Reihe von Problemen:

- A. stellt eine Gefahr für die Disziplin und Lernbereitschaft der Kindergruppe dar. Er erweckt ein Übermaß an Aufmerksamkeit, provoziert die Lacher der Kinder und gibt mit seiner Lernverweigerung ein schlechtes Beispiel.
- Daraus resultiert für die Lehrerin die Frage, wie sie mit A.'s Symptom umgehen soll. Ignoriert sie es, so führt das zu den beschriebenen lautstarken Krampfanfällen. Geht sie jedoch auf ihn ein und entläßt ihn aus dem Unterricht, läuft sie Gefahr, daß auch die anderen Kinder für sich beanspruchen, was A. an Zuwendung und Ausnahmen (von den Unterrichtsregeln) erhält.
- Abgesehen davon, daß A.'s Rülpsen und Stinken der Lehrerin persönlich unangenehm ist, hat die Dramatik seiner Anfälle etwas Erschreckendes an sich. Damit verbindet sich die Sorge, unter therapeutischen Gesichtspunkten »möglicherweise etwas falsch zu machen«. Verstärkt wird diese

Sorge durch die Beobachtung, daß A. am ersten Tag seines Aufenthaltes noch symptomfrei war. Haben seine Anfälle also etwas mit ihr zu tun?

2.3 Typische Konflikte, welche die Arbeit des Krankenhauslehrers belasten

A. war nur einer der vielen schwierigen Fälle, welche von den Krankenhauslehrern im Rahmen der Arbeitsgruppen vorgestellt und besprochen wurden.

Aber die Probleme, welche A. seiner Lehrerin bereitet, enthielten Konflikte, welche jeder der Gruppenteilnehmer aus seiner eigenen Berufserfahrung kannte (wenn auch – je nach besonderer Arbeitssituation – in unterschiedlicher Gewichtung):

a) Soll sich der Lehrer primär am zu unterrichtenden Stoff oder an den Problemen der Kinder orientieren? Oder anders ausgedrückt: Soll er primär Lehrer oder »Therapeut« sein?

Im Fall von Andreas stand die Lehrerin vor der Frage, ob sie in erster Linie versuchen sollte, ihn zum Lernen zu motivieren oder ob es ihre Aufgabe sei, seinem Symptom therapeutisch zu begegnen. An sie schließen sich weitere offene Fragen: Ergeben sich überhaupt bei unterrichtlichen oder therapeutischen Zielsetzungen Unterschiede für die Arbeit der Lehrer? Und wenn ja, welche Maßnahmen wären dann überhaupt zu ergreifen, um einen motivierenden oder therapeutischen Effekt zu erzielen? Wie dem auch sei, scheint es doch notwendig, sich vor der Suche nach geeigneten Interventionen klar darüber zu werden, ob sich der Lehrer nun primär um das Lernen oder die Probleme der Kinder zu kümmern hätte.

Eine besondere Situation ergibt sich in Häusern, in welchen die Dauer der Stationierung zwischen wenigen Tagen und zwei Wochen beträgt. Hier ist die obige Frage durch die Umstände in den meisten Fällen schon vorentschieden, da bei so kurzer Aufenthaltsdauer kaum ein sinnvoller Unterricht zu initiieren ist. Betrachtet der Lehrer jedoch gerade den Unterricht als seine primäre Aufgabe, gerät er in ernstliche berufliche Identitätskonflikte.

Aber auch jene Lehrer, die dazu neigen, ihre Aufgabe eher in einer therapeutischen bzw. heilpädagogischen Arbeit mit dem Kind zu sehen, finden ihre Entscheidungsfreiheit durch äußere Faktoren eingeschränkt. Und zwar durch Eltern und die Stammschule, welche sich häufig erwarten, das Kind dürfe während seiner Krankheit keinen Stoff versäumen.

b) *Welche Position der Lehrer in diesem Konflikt (»Kind oder Unterricht«) auch einnehmen mag, er sieht sich häufig sogleich einem neuen gegenüber: Soll er seine Aufmerksamkeit in erster Linie dem einen, eben aufgenommenen und/oder besonders schwierigen Kind zuwenden oder der bereits einigermaßen funktionierenden Gruppe?*

Jedes neue Kind, jedes auffällige Kind, aber auch jede besondere Zuwendung oder individuelle orientierte Verhaltensweise des Lehrers zeitigt gruppendynamische Konsequenzen. Sei es

1 daß die Kinder sich durch das neue bzw. auffällige Kind ablenken lassen
2 daß sich neue soziale Konflikte innerhalb der Gruppe ergeben
3 daß die Sonderbehandlung eines Kindes von (den) anderen Kindern nicht akzeptiert wird
4 daß eventuelle Ausnahmeregelungen die Einhaltung der Normen/Regeln durch die anderen Kinder gefährden.

Die genannten sozialen Konflikte werden noch gesteigert durch das Phänomen der »*Übertragung*«, die ja, wie ich zu zeigen versuchte, durch Krankheit bzw. die Krankenhaussituation noch besonders gefördert wird. Aus der Übertragungsneigung der Kinder jedoch erwachsen dem Krankenhauslehrer beträchtliche zusätzliche Schwierigkeiten:

c) *Der Krankenhauslehrer sieht sich von Seiten der Kinder mit Gefühlen und Erwartungen konfrontiert (Liebe, Bedürfnis nach Zuwendung, Exklusivität, Schutz, aber auch Aggression, Konfliktneigung u.a.m.), welche die durch seine Stellung als Lehrer gegebenen Möglichkeiten bei weitem übersteigen.*

Entzieht sich jedoch der Lehrer diesen – durch Übertragung zustande gekommenen – Ansprüchen, so kann ihm passieren, daß er bei einzelnen Kindern soviel Widerstand provoziert, daß eine konstruktive Arbeit – welcher Art auch immer – nur schwerlich zustande kommt.

d) *Schließlich ist darauf hinzuweisen, daß die Lehrer-Kind-Beziehung nicht nur beim Kind, sondern ebenso beim Lehrer Gefühle auslöst, welche das Wohlbefinden des Lehrers und/oder die pädagogische Arbeit beeinträchtigen können.*

Von den vielen Möglichkeiten will ich vorderhand zwei herausgreifen:

– Schwer behinderte, unheilbar kranke oder Kinder aus desolaten sozialen

Verhältnissen rufen mitunter beim Betreuer, also auch beim Lehrer, ein hohes Maß an Mitleid hervor und das Bedürfnis zu helfen, während er gleichzeitig einsehen muß, gänzlich ohnmächtig zu sein, diese Hilfe faktisch auch leisten zu können. Dies kann dazu führen, daß er die eigene Tätigkeit schließlich überhaupt als sinnlos erlebt.

- Auch der Pädagoge kann nicht jedem Kind gegenüber die gleiche Sympathie empfinden. Bestimmte Persönlichkeitseigenschaften, Verhaltensweisen, Symptome können dem Lehrer ein Kind besonders anziehend aber auch abstoßend erscheinen lassen. Abgesehen davon, daß übermäßige Zuneigungen wie auch Aversionen leicht zu Konflikten führen können (s. o.), belasten sie das (pädagogische) Gewissen des Lehrers. Oder aber, er gesteht sich seine emotionellen Reaktionen nicht ein; dann besteht die Gefahr, daß er dem Kind (oder anderen Umständen) zuschreibt, was bei ihm selbst liegt. In jedem Fall sind das pädagogische Ziel und das Wohlbefinden des Lehrers gefährdet.

2.4 Thesen zum Selbstverständnis des Krankenhauslehrers

Ein Blick auf die angezeigten Schwierigkeiten zeigt, daß Rollenkonflikte und Probleme der Abgrenzung gegenüber – mitunter divergierenden – Erwartungen an die Person des Krankenhauslehrers eine erhebliche Rolle spielen. Ich möchte daher versuchen, die diesbezüglichen Diskussionen im Rahmen der Arbeitsgruppe in drei grundsätzliche Thesen zusammenzufassen.

These1:
Der Krankenhauslehrer ist in erster Linie nicht Lehrer sondern Teil des therapeutischen Teams.

Das soll nicht heißen, daß der Unterricht als solcher keine Rolle spielt. Aber er ist weniger als Zweck denn als Medium zu sehen, in welchem sich eine hilfreiche Beziehung entfalten kann; mitunter auch als »psychotherapeutische Methode«: Zeichnungen, Aufsätze, Gespräche können dem Kind die Verarbeitung seiner augenblicklichen Schwierigkeiten erleichtern; schließlich ist der Unterricht der Ort, an welchem wesentliche Erkenntnisse für eine differenzierte Diagnosestellung gewonnen werden können (was insbesondere für heilpädagogische und psychotherapeutische Stationen gilt). Erst nach Konsolidierung der Persönlichkeitsverfassung bzw. bei Stationierungen von langer Dauer wird die Vermittlung von Lehrstoff wieder in den Vordergrund treten können.

Eine solche Auffassung von Krankenhausunterricht als einer *primär heilpädagogischen Tätigkeit* erforderte allerdings zum einen eine intensive Zusammenarbeit mit Ärzten, Psychotherapeuten, Schwestern und Erziehern im Rahmen des »Teams«, und zum anderen eine strikte professionelle Abgrenzung gegenüber rein »schulischen« Erwartungen – etwa von Seiten der Eltern oder der Stammschule.

These 2:
Hat der Krankenhauslehrer mehr als ein Kind zu betreuen – was gewöhnlich der Fall ist – kommt er nicht darum herum, eindeutige Präferenzentscheidungen zu treffen, welche Arbeit mit welchen Kindern im Augenblick am vordringlichsten zu tun ist.

Versucht der Lehrer, widersprüchliche Zielsetzungen zur selben Zeit zu realisieren – z.B. einem aggressiven Kind ein liebevoller, nicht strafender Partner zu sein, gleichzeitig jedoch die Gruppe vor ihm zu schützen, ist es recht wahrscheinlich, daß er bezüglich beider Absichten scheitert. Abgesehen von der Frage, was angesichts eines schwierigen Kindes *inhaltlich* zu tun ist, muß der Lehrer für sich entscheiden, ob er es gegenüber anderen Kindern bzw. der ganzen Gruppe verantworten kann, sich im Augenblick einem Kind besonders zuzuwenden, bzw. umgekehrt, ob es diesem Kind zumutbar ist, auf den heilpädagogischen Kontakt »zu warten«, etwa indem seine Angriffe auf andere vorderhand lediglich verhindert oder bestraft werden.

Die Konflikte, welche durch den individuell orientierten pädagogischen Umgang mit dem einzelnen Kind innerhalb der Gruppe entstehen können, bilden auch den Ausgangspunkt für die folgende These:

These 3:
Die primär heilpädagogische Aufgabe des Krankenhauslehrers (vgl. These1) bringt es mit sich, daß er auf die Aufstellung allgemeingültiger Gruppennormen weitgehend verzichtet. Stattdessen sollten pro Zeitabschnitt die Anforderungen und Regeln für jedes einzelne Kind gesondert formuliert und begründet werden.

Tut der Krankenhauslehrer das nicht, so kann es leicht passieren, daß sein individuell orientiertes Eingehen auf ein einzelnes Kind von den anderen Kindern als Ausnahme, als Privileg, welches diesem Kind zugute kommt, erlebt wird. Erstens kommt er dadurch in die Lage, selbst derjenige zu sein, welcher die Normen bricht, wodurch er seine Autorität verlieren kann; zweitens vermag jede Vorzugsbehandlung Eifersucht und Empörung zu provozieren. Werden dagegen (normative) Auflagen ebenso wie (inhaltliche) Aufgaben immer wieder aufs Neue verteilt (»Karl liest ..., Gabi übt ..., ich will nicht, daß ihr dabei redet, Alex und Peter machen ... und können sich dabei miteinander verständigen, Susi kommt zu mir ... usw.«) und werden sie den Kindern auch entsprechend begründet, besteht die Chance, daß die Kinder den Zusammenhang von Normen mit besonderen Aufgaben bzw. mit der individuellen Situation eines Kindes verstehen lernen.

3. Zum Problem der Übertragungs- und Gegenübertragungsreaktionen

In jedem Fallseminar – so auch in der Arbeitsgruppe, von welcher hier berichtet wurde – scheint es vorderhand nur um die Frage zu gehen, auf welche Art und Weise eine »schwierige Situation« zu bewältigen sei, was man mit einem »schwierigen Kind« tun solle usw. Was denn nun als »schwierig« zu gelten hat, ist bereits vorentschieden – nämlich durch den Teilnehmer, der von dem entsprechenden Fall erzählt. Dadurch entsteht leicht der Eindruck, bei der »Schwierigkeit« eines Kindes handle es sich um ein objektives Merkmal dieses Kindes. Tatsächlich jedoch entstehen Probleme des pädagogischen Umgangs immer nur zwischen einem bestimmten Kind und einem bestimmten Pädagogen. Auch Lehrer haben ihre persönlichen Sympathien und Antipathien, können mit den einen Kindern besser umgehen als mit anderen. Dies betrifft nicht nur bestimmte Persönlichkeitseigenschaften, sondern ebenso bestimmte *Übertragungsaspekte*: Während der eine Lehrer seine Schwierigkeit hat, einem Kind die zuwendende Mutter zu sein, mag es dem anderen schwer fallen, Regeln und Grenzen mit autoritativem Nachdruck durchzusetzen. Der eine Lehrer scheint geradezu ein Talent zu besitzen, die Zuneigung »verwahrloster« Kinder auf sich zu ziehen, während der andere es prächtig versteht, verschlossene Kinder zu lockern und ihnen zu helfen, ihre Hemmungen zu überwinden usw. Es sind also nicht nur die Persönlichkeit oder das Verhalten des Kindes, sondern auch die Haltungen, Vorlieben und »Talente« des Lehrers, die es ausmachen, ob ein »Fall« schwierig ist oder nicht. Die Gefühlsreaktionen des Lehrers sind also nicht immer und nicht ausschließlich in der aktuellen Interaktion begründet, sondern zum Teil in der eigenen Persönlichkeit und damit auch der eigenen Lebensgeschichte. Wir sprechen daher auch von der *Gegenübertragung* des Lehrers.[4] Wie vielfältig Gegenübertragungsreaktionen sein und in welch unterschiedlicher Weise sie sich auswirken können, sei an zwei Beispielen illustriert.[5]

Susi besucht die 2. Klasse Volksschule. Mehrmals am Tag bekommt sie einen »Rappel« (wie sich die Lehrerin ausdrückt): dann zwickt sie ihre Nachbarin; wechselt ihren Platz; packt ihr Jausenbrot aus; fängt an, Comics zu lesen; zeigt auf, um zum allgemeinen Gaudium etwas zu sagen oder zu fragen, was überhaupt nicht zum Unterricht gehört; usw. Die von der Lehrerin schon mehrmals vorgeladene Mutter zeigt sich nicht allzu erstaunt, ganz ähnlich benehme sich Susi auch zu Hause. Sie würde das ganze Familienleben in Unordnung bringen, mache immer das Gegenteil dessen, was man von ihr erwartet. »Alles Verständnis«, »stundenlange Gespräche« würden nichts helfen. Die Lehrerin findet die Mutter ähnlich verzweifelt wie sie selbst es inzwischen schon ist. Auch sie versucht es immer wieder mit gutem Zureden, hatte mit Susi schon einige »ausführliche Gespräche« geführt (nach dem Unterricht), bei welchen sich Susi jeweils sehr zugänglich und einsichtig zeigte, ohne daß sich jedoch irgendetwas gebessert hätte.

Wir können bei dieser Fallschilderung zwei interessante Phänomene beobachten: Einerseits scheint Susi eingespielte Interaktionsmuster aus dem Familienverband auf die Unterrichtssituation *zu übertragen*, andererseits übernimmt die Lehrerin spontan und unbewußt die Rolle, welche zu Hause die Mutter einnimmt.

Das unbändige Kind zu sein, dürfte Susis Methode sein, sich gegenüber anderen durchzusetzen, sich Geltung zu verschaffen, die Aufmerksamkeit auf sich zu ziehen. (Warum es für sie so wichtig ist, im Mittelpunkt zu stehen, läßt sich nur vermuten. Möglicherweise fühlt sie sich durch die familiäre Konstellation an den Rand gedrängt.)

Und Susi hat »Erfolg« damit. Sie erreicht durch ihr Verhalten, ein zentraler, wirkungsvoller – wenn auch negativer – Faktor im Familien- wie auch im Schulalltag zu sein.

Die Lehrerin könnte diesen Kreis durchbrechen: indem sie ihre Aufmerksamkeit nicht an Susis Störversuche knüpft, sondern sich ihr gerade dann zuwendet, wenn sie »nichts tut; kurze außerunterrichtliche Gespräche über »neutrale« Themen oder über »positive« Beiträge Susis führt; ihr diverse

4 Zur Gegenübertragung des Lehrers vgl. u.a. P. Fürstenau (1974) und M. Muck (1980).

5 Die Fälle stammen aus einer Supervisionsgruppe mit Volks- und Hauptschullehrern.

Funktionen und Rollen zuteilt u.a.m., während Susis Störmanövern wohl besser mit knappen, autoritativen Weisungen zu begegnen wäre. Die Lehrerin könnte auf diese Weise Susi die (neue) Erfahrung ermöglichen: »Ich brauche gar nicht zu stören, um bemerkt zu werden und etwas zu gelten; und wenn ich es tue, bringt es mir nichts.«[6]

Daß die Lehrerin (im Gegensatz) dazu auf Susi ganz ähnlich reagiert wie die Mutter und dadurch auf Susis Verhalten nicht korrigierend, sondern bestätigend einwirkt, dürfte jedoch mehr als ein bloßer Fehler oder Mangel an pädagogischer Kompetenz sein: Im Laufe des Gesprächs bekennt die Lehrerin, daß Susis Verhalten sie nicht bloß stört, sondern ihr Angst macht. Jeden Morgen, noch vor Unterrichtsbeginn, muß sie daran denken, was das Kind heute wieder aufführen wird, was ihr bereits den ganzen Tag verleidet. Sie fürchtet, die Lehrziele nicht erreichen zu können, malt sich aus, was der Direktor von ihren pädagogischen Fähigkeiten halten würde, wenn er gerade dann hereinkäme, wenn Susi ihren »Auftritt« hat usw. So wird das Kind immer mehr zu einem Feindbild, das für den beruflichen Erfolg der Lehrerin eine Bedrohung darstellt. Wir finden also bei dieser Lehrerin ein deutlich infantiles Reaktionsmuster. Statt das Problem des Kindes zu sehen, Susis Stören zum Gegenstand pädagogischer Reflexion zu machen (in welche im übrigen auch die Kollegen und der Direktor mit einbezogen werden könnten), erlebt sie sich selbst durch Susi bedroht und bürdet ihre Versagensängste dem Kind als Schuld auf. Sie behandelt Susi wie einen bösartigen Rivalen (Geschwister; schlimme Kameraden aus der eigenen Kindheit?), welcher ihr die Schelte des Direktors (des Vaters; der eigenen Lehrer?) bescheren könnte, statt einfach wie ein »schwieriges Kind«. Daher mußten auch ihre Bemühungen scheitern.

Sabine ist ein überaus intelligentes zwölfjähriges Mädchen, welches gut mitarbeitet und nur gute oder sehr gute Schularbeiten schreibt. Was die berichtende Lehrerin jedoch stört, ist Sabines »Schlamperei« und »arrogante Art«: Sie vergißt des öfteren ihre Bücher, macht Hausübungen schlampig, manchmal gar nicht, gibt auf Zurechtweisungen »schnippische« Antworten, wie z.B. »Das brauche ich nicht zu üben, ich kann es ohnedies!«

Es drängt sich hier die Frage auf, wo denn eigentlich das Problem liegt? Die Lernziele werden vom Kind spielend erreicht, auch stört sie den Unterricht

6 Über weitere Interventionsmöglichkeiten des Lehrers angesichts auffälligen Schülerverhaltens, insbesondere die »Deutung« symptomatischer Verhaltensweisen, vgl. Kap. 2 in diesem Buch.

nicht. Die Lehrerin jedoch spricht von Sabine so, als könne man sich gar kein ärgeres Kind vorstellen. Bestürzt mußte sie erfahren, daß einige Kollegen nicht nur das Problem nicht sehen, sondern Sabine geradezu sympathisch fanden und gern mehrere solche Kinder in der Klasse gehabt hätten. »Aber man muß dem Kind seine Oberflächlichkeit und Arroganz doch austreiben«, rief sie. Betroffen stellte sie fest, daß sie aber keinen plausiblen Grund für diesen Gedanken angeben konnte. Außerdem meldeten zwei Gruppenteilnehmer Bedenken gegen die Bezeichnungen »Oberflächlichkeit« und »Arroganz« an: Sind nicht Sabines gute Leistungen geradezu ein Gegenbeweis?

Einige Wochen später berichtete die Lehrerin erneut von Sabine. Sie hatte inzwischen versucht, all das, was sie an dem Mädchen störte, bewußt zu ignorieren. Schließlich fiel ihr das immer leichter und sie fühlte sich sehr wohl dabei. Und siehe, auch Sabine schien sich zu ändern. Jedenfalls entdeckte die Lehrerin, daß »Sabine eigentlich doch ein sehr liebes Kind« sei. Nun konnte die Lehrerin auch freier über ihre Gefühle reden. Sabines Art hatte sie jedes Mal ganz unverhältnismäßig getroffen. Sie hatte sich durch das Kind verhöhnt, in ihrer Autorität gefährdet gefühlt und es dafür gehaßt. Schließlich erzählte sie von ihrer älteren Schwester, die in ihrer Kindheit immer die »Strahlende« und »Bewunderte« war, während sie sich, insbesondere von ihrem Vater, nie ernstgenommen erlebte. Und sie erinnerte sich an die ohnmächtige Wut, die sie befiel, wenn der Vater sie wieder einmal auslachte, wenn sie sich bemühte, etwas der Schwester gleichzutun. Es hat den Anschein, als habe Sabine jene unseligen Erinnerungen unbewußt aktualisiert und die Lehrerin Teilaspekte ihres kindlichen Schwester- und Vaterbildes auf Sabine bzw. ihr »Bild« übertragen. Da es sich dabei aber um ein Zerrbild handelte, mußte die Interaktion mit Sabine zu Problemen führen.

4. Einige Empfehlungen zur Beziehungsgestaltung mit einzelnen Problemkindern

Unter der Voraussetzung, daß der Krankenhauslehrer die Entscheidung getroffen hat, sich einem einzelnen Kind besonders zuzuwenden, lassen sich – bei aller Individualität jedes einzelnen Falles – aus dem psychoanalytischen Verständnis des kranken Kindes ein paar grundsätzlich Forderungen an die Haltung des Krankenhauslehrers ableiten, die vielleicht eine Orientierungshilfe sein können:

1 Wenn es stimmt, daß die Krankenhaus-Situation geeignet ist, Ängste zu aktivieren und den Lehrer zum Objekt der Übertragung (primärer) Beziehungskonflikte zu machen, so muß seine vordringlichste Aufgabe darin bestehen, zum Kind eine *Beziehung* herzustellen, in der es *Vertrauen haben* und *Geborgenheit* erleben kann. Dann vermag nämlich die Übertragungsneigung des Kindes auch ihre positive Seite zu entfalten: denn nicht nur aus den Elternbeziehungen stammende Konflikte können auf den Lehrer übertragen werden, sondern ebenso die den Eltern geltenden Liebesgefühle (»positive Übertragung«).

2 Um eine solche Vertrauensbeziehung realisieren zu können, wird es nötig sein (neben Freundlichkeit, Ernstnehmen usw.) die Ängste des Kindes, wo sich solche vermuten lassen, wenigsten ansatzweise zu bearbeiten. Dies geschieht nicht durch einfaches Trösten oder Beschwichtigen. »Du brauchst Dich doch nicht zu fürchten!« »Ist doch nicht so schlimm!« usw., sondern dadurch, daß man *die Ängste anspricht:* »Ich habe das Gefühl, Du bist unglücklich/fürchtest Dich ...« »Was macht Dir denn so besonderen Kummer ...« Wieso glaubst Du denn, daß der Doktor das mit Dir tun wird?« »Wieso glaubst Du denn, daß Dich Deine Eltern vergessen werden?« usw. Wenn es dem Kind schwer fällt zu antworten, können die Fragen auch als positive Vermutungen formuliert werden: »Glaubst Du, daß Dich Deine Mutti nicht mehr lieb hat?« usw.

3 Für solche Gespräche ist natürlich hilfreich, wenn der Lehrer schon etwas über das Kind weiß. Er sollte die Anamnese kennen und – bei schwierigeren Fällen – Kontakt mit den Eltern oder auch dem Lehrer der Normalschule herstellen.

4 Erst nachdem ich die konkreten Ängste des Kindes weiß, kann ich es auch *trösten.* Zuerst werde ich ihm bedeuten, daß ich seine Gefühle ernst nehme und verstehe. Nichts erschüttert eine Beziehung mehr als die Bagatellisierung von Gefühlen. Ich muß ihm aber auch zeigen, daß *ich* die Angst *nicht* habe. Und ich werde es – soweit möglich – über die realen Gegebenheiten aufklären, einen Kontakt zum Arzt herstellen, die Eltern veranlassen, ihm ihre Liebe zu zeigen usw., also versuchen, es zu *entlasten.*

5 *Um das »Ich« des Kindes zu stärken* – was die Gefahr neurotischer Verhaltensweisen und von Regressionen verringert – wird es sinnvoll sein, dem Kind Gelegenheit zu Selbstbestätigung zu geben; insbesondere es Dinge tun zu lassen, die es gut beherrscht und ihm Freude machen.

6 Hier ist auch das *didaktische Bemühen im Unterricht* anzusetzen: Immer mit Aufgaben beginnen, die das Kind schon lösen kann, die Lernschritte zunächst klein halten. Soweit möglich sollte der Lehrer auch versuchen,

den Unterrichtsstoff an die Erfahrungen, die das Kind im Krankenhaus bzw. mit seiner Krankheit macht, anzubinden. Dies erhöht nicht nur die Lernmotivation. Das lernende Umgehen mit dieser schwierigen Situation hilft mit, sie zu bewältigen, der Unterricht selbst wird somit zu einem Stück Psychotherapeutikum.

7 Angesichts der Übertragungsneigung des Kindes ist eine weitere Aufforderung an den Lehrer zu richten: Er solle sich immer und immer wieder vor Augen halten, daß die Widerstände des Kindes, sein Mißtrauen oder seine Aggressionen *nicht ihm persönlich gelten*, sondern Ausdruck der ganz konkreten Schwierigkeiten dieses Kindes sind, und er nur der geeignete Partner ist, an dem sie ausgetragen werden können. Andernfalls besteht die Gefahr, daß er »mitspielt« und sie dadurch noch verstärkt.

5. Schluß

Anstelle einer abschließenden Zusammenfassung möchte ich dieses Kapitel mit einem weiteren Hinweis beenden. Der heilpädagogische Auftrag (s.o. These 1) macht deutlich, daß die Tätigkeit des Krankenhauslehrers schon allein vom fachlichen Standpunkt her auf *Kooperation und Erfahrungsaustausch* nicht verzichten kann. Mindestens ebenso wichtig ist das Aufbrechen der beruflichen Isolation aber für das seelische Gleichgewicht des Krankenhauslehrers. Denn dieses ist ebenso eine unerläßliche Voraussetzung für effiziente pädagogische Arbeit wie die fachliche Qualifikation. Über das Teamgespräch hinaus können (Selbsthilfe-) Gruppen sowie Selbsterfahrungs- und Supervisionsgruppen – insbesondere was die Analyse von Übertragungs- und Gegenübertragungsreaktionen betrifft – eine große, mitunter sogar eine notwendige Hilfe sein.

2.

»Ich verstehe dich, aber ich sag's dir nicht.«

Von der Möglichkeit psychoanalytisch-pädagogischen Arbeitens mit »verhaltensgestörten« Schülern (1987)

Textnachweis:
Erstveröffentlichung:
Figdor, H.: Ich verstehe dich, aber ich sag's dir nicht. In: Datler, W. (Hg.): Verhaltensauffälligkeit und Schule. Frankfurt/M. (P. Lang) 1987

Editorische Vorbemerkung
Der Aufsatz wurde für eine der ersten Monographien der »Neuen Psychoanalytischen Pädagogik«, den von Wilfried Datler herausgegebenen Band: Verhaltensauffälligkeit und Schule. Konsequenzen von Schulversuchen für die Pädagogik der »Verhaltensgestörten«, geschrieben.

Vorbemerkung

Frau M., Volksschullehrerin, berichtet von einem Buben, der ihr das Leben schwer macht. Norbert besucht die erste Klasse und war von Schulbeginn an nicht bereit, sich den Notwendigkeiten des Unterrichts zu fügen, was ihn – trotz ausgezeichneter Begabung – bereits nach wenigen Wochen in einen besorgniserregenden Leistungsrückstand gegenüber der übrigen Klasse brachte. Norbert passt nicht auf, unterhält sich laut mit den anderen Kindern, packt sein Jausenbrot während der Stunde aus (»Ich hab' ja Hunger!«), verlässt den Platz, sieht beim Fenster hinaus, klettert auf die Heizungsrohre hinauf, liest Comics, statt in sein Heft zu schreiben oder das Lehrbuch zur Hand zu nehmen usw. Steht die Lehrerin jedoch an seiner Seite und beschäftigt sich ausschließlich mit ihm, so tut er alles, was sie will.

»Eigentlich ist er ein lieber Bub«, schließt Frau M. ihren Bericht nachdenklich ab, »er wirkt bei all dem gar nicht aggressiv und kränkt sich, wenn man ihn zurechtweist. Er ist ein Kind, das ungeteilte Aufmerksamkeit braucht. Und *wenn ich* nicht bei ihm bin, holt er sich diese durch sein Stören. Und daß er dabei die Lacher der Klasse auf seiner Seite hat, entschädigt ihn offenbar für mein Bösesein. Wenn es soweit kommt, ist es ein richtiger Machtkampf zwischen ihm und mir. Obwohl er mich mag, wie ich glaube!«

Auf meine Frage, wie sie denn auf Norberts Aktionen reagiere, antwortet Frau M.: »Nun, zuerst ersuche ich ihn freundlich, damit aufzuhören, was meist nichts nützt. Wenn es zu arg wird, schreibe ich der Mutter eine Nachricht ins Mitteilungsheft, manchmal gebe ich ihm auch eine Strafe, meistens versuche ich aber, seine Störungen zu ignorieren – es hat ja doch keinen Sinn!« (Bei diesen Worten macht Frau M. einen niedergeschlagenen und hilflosen Eindruck.)

Frau M. ist 35 Jahre alt. Sie gehört zu jener, wie ich glaube, immer größer werdenden Gruppe jüngerer Lehrer, die viel Engagement in ihren Beruf mitbringen, sich nicht nur als Lehrstoffvermittler, sondern auch als Erzieher verstehen, die bereit sind, hinter Schulproblemen – und auch solchen disziplinärer Art, also den sogenannten »Verhaltensstörungen« – ein Problem des Kindes zu sehen und vor allem die Fähigkeit mitbringen, sich mit dem Kind zu identifizieren, was ihnen ein gutes, spontanes Verständnis des kindlichen Verhaltens ermöglicht. Im Falle von Frau M. kommt hinzu, daß sie seit einigen Monaten eine Supervisionsgruppe besucht, ihre Empathiefähigkeit also noch zusätzlich schulen konnte. (Von dort stammt auch ihr Bericht über Norbert.)[7]

---

7 Von der »Supervisionsgruppe«, als besondere Form der berufsbezogenen Selbsterfahrung, ist im vierten Abschnitt ausführlich die Rede.

Das empathische Verstehen nun bildet in der psychoanalytisch-pädagogischen Literatur die zentrale Nahtstelle zwischen Psychoanalyse und Pädagogik. Indem die Psychoanalyse dem Lehrer das Verstehen erleichtert, soll der Weg geebnet sein für entsprechendes pädagogisches Handeln. Genau um diese Umsetzung von Verstehen in Handeln soll es in diesem Beitrag gehen. Die Schwierigkeit dieser Umsetzung können wir an Frau M.'s Problem mit Norbert gut verfolgen. Ihr ist durchaus klar, daß Unterricht ohne ein Mindestmaß an Ordnung nicht möglich ist und sie von den Schülern eine gewisse Bereitschaft fordern muß, sich ihren Anweisungen zu fügen. Sie versteht aber auch Norberts Schwierigkeiten und sein Bedürfnis nach ausschließlicher Zuwendung, und erkennt die Kränkung, die seinem Trotz zugrunde liegt. Was aber tut sie? »Ordnung« stellt sie als etwas zu Erbittendes dar – was also gewährt werden kann oder nicht; das Bedürfnis nach Aufmerksamkeit und Zuwendung beantwortet sie mit Ignorieren oder Tadel, Gekränktsein oder Strafe. Nicht nur, daß sie ihm die Illusion der Grenzenlosigkeit beläßt, vermittelt sie ihm in keiner Weise, daß sie ihn versteht und mag.

Ähnliche Beobachtungen habe ich bei Lehrern, aber auch bei Eltern immer wieder gemacht: Obwohl sie das Verhalten oder das Problem des Kindes recht gut verstehen, greifen sie zu Maßnahmen, welche dieses Verständnis nicht mehr erkennen lassen. Ja, mehr noch: Ihre Maßnahmen verbergen nicht nur oft das vorhandene Verständnis für das Kind, sondern spiegeln mitunter Haltungen vor, die den wirklichen Haltungen der Erzieher gar nicht entsprechen. Sie geben sich böse, obwohl sie das Kind bedauern; es wird zurechtgewiesen, obwohl sich die Erzieher im Grunde über das Verhalten amüsieren; oder aber sie bemerken: »Ich bin traurig«, obwohl sie in Wirklichkeit schon vor Wut platzen; oder sie sagen – wie unsere Lehrerin -: »Bitte, sei so nett .... während sie das erbetene Verhalten eigentlich vom Kind fordern (und ihm daher die Nichterfüllung ankreiden).

Wir könnten also den, diese Erziehungshaltung charakterisierenden Satz: »Ich verstehe dich, aber ich sag's dir nicht« noch um den weiteren Satz ergänzen: »Auch sage ich dir nicht, was ich eigentlich denke und fühle!«

Die theoretische Bestimmung des problematischen Verhältnisses von (psychoanalytisch geleitetem) Verstehen und pädagogischem Handeln ist m. E. zugleich die Bestimmung dessen, was »psychoanalytische Pädagogik« heißen kann. In weit stärkerem Maß als der oft beschriebene autoritative Lehrer provozieren Lehrer wie Frau M. die Frage nach der *Handlungskompetenz der Psychoanalyse im pädagogischen Feld.* Gestützt auf die Erfahrungen als Supervisor von Lehrer- und Erziehergruppen, möchte ich zeigen, daß diese Kompetenz sehr wohl besteht und unter welchen Bedingungen sie wahrnehmbar ist.

Der Beitrag beginnt mit einem Abriß dessen, was die Psychoanalyse bislang zum Verständnis des pädagogischen Feldes Schule beigetragen hat, nimmt anschließend die aktuelle Diskussion über die pädagogische Handlungskompetenz der Psychoanalyse auf und versucht, sie weiterzuführen.

1. Psychoanalyse und Schule

1.1 Bisherige Forschungsprojekte

Die der Schule geltenden psychoanalytischen Forschungen gehen schwerpunktmäßig in drei Richtungen:

1. Die Untersuchung der *Psychodynamik* (der innerpsychischen Gründe) *spezieller Schulschwierigkeiten* von Kindern: In diesen Arbeiten werden Schulschwierigkeiten als Symptome betrachtet und (an klinischen Fällen, an Kinderpsychoanalysen) gezeigt, daß Lernhemmungen, spezifische Schwächen – etwa bezüglich Lernen, Schreiben, Orthographie, Rechnen –, Disziplinlosigkeit, Aggressivität, Faulheit, Prüfungsangst u.a.m. in vielen Fällen ebenso Ausdruck unbewußter Konflikte sein können, wie die bekannten neurotischen Erscheinungsbilder.[8]

2. Die Analyse des Anteils, welcher der *Schule* selbst am Entstehen oder an der Aktualisierung von seelischen Problemen (und mithin von Schulschwierigkeiten) zukommt: Hauptthema dieser Analysen bildet die besondere Art der Reduzierung, welche die sozialen Beziehungen im Rahmen der Schule erfahren: Die Schüler werden nicht als individuelle Personen gesehen, sondern im Hinblick darauf beurteilt, in welchem Maß sie den vorgegebenen Verhaltens- und Einstellungsnormen entsprechen. Diese Normen sind sehr einseitig, heben Wohlverhalten, Rationalität, Leistungsbewußtsein hervor, während Triebbedürfnisse, Emotionalität (Vertrauen, Zuneigung, Freude usw.), persönliche Erlebnisse und Anliegen unbeachtet bleiben oder unterdrückt werden; auch der Lehrer präsentiert sich den Schülern als weitgehend unpersönlicher Funktionsträger ohne persönliche Interessen und Bedürfnisse; die schulischen Anforderungen bevorzugen gutes Gedächtnis, Reproduktion,

8 Vgl. u.a. zahlreiche Beiträge in der 1926 gegründeten »Zeitschrift für psychoanalytische Pädagogik« (teilweise Neuauflagen in Cremerius, 1971, Meng, 1973a und 1973b; Rehm/Bittner, 1964; Fürstenau, 1974;), zahlreiche Hinweise in den Schriften von Anna Freud (z.B. 1927, 1965, 1970, 1974), Zulliger (z.B. 1927, 1952, 1966), und anderer kinderanalytischer Autoren, sowie, von den neueren Arbeiten, besonders Singer, 1970, und Muck, 1980.

und rhetorische Kompetenz gegenüber Phantasie, Kreativität, Selbständigkeit und affektiver Kommunikation; für Solidarität und Kooperation zwischen den Schülern ist kaum Platz, in der ausschließlichen Orientierung auf den Lehrstoff und seine Leistungsanforderungen ist Konkurrenz zwischen den Schülern die einzig tolerierte, ja geförderte Beziehungsform.[9] Insgesamt verhält sich die Schule ganz nach dem Muster eines Zwangscharakters[10], fördert bzw. fixiert entsprechende Persönlichkeitshaltungen bei den Schülern, oder provoziert eine Vielzahl an Konflikten, die ihren Ausdruck (nicht nur) in Schulschwierigkeiten finden können.

3. Schließlich gingen die Psychoanalytiker auch den *seelischen Belastungen des Lehrerberufes* nach: Die Abhängigkeit des beruflichen (pädagogischen) Selbstverständnisses von den eigenen Kindheitserlebnissen, insbesondere mit Lehrern bzw. Autoritäten überhaupt; die Aktivierung abgewehrter Triebimpulse durch *triebhaftes* Schülerverhalten und damit die Aktivierung von Angst; die (z. T. unbewußt verstärkte) Angst vor der behördlichen Autorität, wodurch die Anpassung der Schüler zur Existenznotwendigkeit des Lehrers werden kann; die Abhängigkeit der verfügbaren Beziehungsstrategien zu Schülern (Zuwendung, Autorität) von der Art der eigenen frühkindlichen Erfahrungen u. a. m. Diesen Untersuchungen zufolge befindet sich der Lehrer aufgrund seiner Autoritätsposition gegenüber den Kindern auf der einen und seiner Abhängigkeit von den Behörden und den (Kinder-)Eltern auf der anderen Seite in einer Situation, die prädestiniert dazu ist, eigene infantile Konflikte neu zu beleben.[11] Dies kann leicht zu (unbewußter) Beeinträchtigung seiner pädagogischen Handlungsfreiheit führen – sei es, daß er seinen eigenen pädagogischen Idealen in der Praxis widerspricht,[12] sei es, daß sich hinter den bewußt vertretenen theoretischen Positionen (»Erziehungsstil«) unbewußt determinierte Handlungsmuster auffinden lassen, die lediglich rationalisiert wurden; sei es, daß sich der Lehrer in seinen Berufsanforderungen überlastet, hilflos und unsicher fühlt.

1.2 Psychoanalytisch geleitete Reformvorschläge

Entsprechend diesen drei Gruppen von (i. w. S.) potentiell pathogenen Faktoren – außerschulische Sozialisation, Schule/Schulorganisation/Lehrplan und

9 Vgl. dazu u. a. Fürstenau, 1974; Imhof, 1984; Müller-Bek 1958; Muck 1980.
10 Müller-Bek, 1958.
11 Vgl. dazu u. a. Brück, 1978; Fürstenau, 1974; Hofmann, 1985; Muck, 1980.
12 Tausch, A. und R., 1963.

Lehrerpersönlichkeit – gehen auch die Vorschläge bzw. Versuche, die psychoanalytischen Erkenntnisse in die Praxis umzusetzen, in drei Richtungen:

Ad 1) (Das Schulproblem als Symptom)
Angesichts der Tatsache, daß Schuleintritt oder Wechsel der Schulart einen bedeutenden Einschnitt im Leben der Kinder darstellen, wodurch latente psychische Konflikte, aber auch Entwicklungsstörungen oder funktionelle Defizite erst so richtig zum Ausdruck kommen und sich dann in Schulproblemen niederschlagen, wurde ein entsprechender Ausbau der schulpsychologischen Einrichtungen und des zugehörigen therapeutischen Angebotes gefordert[13] und zum Teil auch realisiert.

Ad 2) (Die Schule als zwangsneurotische Institution)
So sehr die Ausweitung der psychohygienischen Versorgung auf der einen Seite zu begrüßen ist, muß doch gesehen werden, daß diese Ausweitung die Neigung der Schule unterstützt, den eigenen Anteil am Aufbrechen von Schulschwierigkeiten zu verleugnen, die Verantwortung dafür, statt wie früher auf die »bösen« oder »unwilligen« Kinder, nun auf die Eltern abzuschieben und die Anstrengung der Bewältigung an die psychologischen Spezialisten zu delegieren. Diese Praxis macht ganz den Eindruck eines Abwehrmechanismus, der es der Schule erlaubt, zu bleiben wie sie ist, ohne ein schlechtes Gewissen haben zu müssen. In der Tat hat der Beobachter der Schulwirklichkeit – zumindest was Wien betrifft – den Eindruck, daß sich die beschriebenen Zwänge in den letzten Jahren kaum gelockert haben, eher im Gegenteil: Lernanforderungen und Leistungsdruck scheinen gerade in der Volksschule immer mehr zuzunehmen.

Die Vermutung, daß dies mit der falsch bzw. verkürzt verstandenen »Psychopathologisierung« der Schulschwierigkeiten wenigsten teilweise zusammenhängt, ist nicht ganz von der Hand zu weisen. Falsch bzw. verkürzt ist diese Zuschreibung deshalb, weil sie den eigenen Anteil, und damit die eigene Chance der Bewältigung, nicht sieht.

Ad 3) (Die Lehrer)
Insofern sich das innere Schulsystem gegenüber der kritischen Analyse als ziemlich resistent erweist, ruhen die Hoffnungen der psychoanalytisch orientierten Pädagogen auf der Aus- bzw. Weiterbildung der Lehrer. Wobei im wesentlichen folgende Forderungen erhoben werden:

13 Vgl. etwa die entsprechenden Gutachten des Deutschen Bildungsrates (Bittner/Ertle/Schmid, 1974).

- Ein gewisses tiefenpsychologisches Grundwissen, welches vor allem das Verständnis für die psychodynamischen Hintergründe von Schulschwierigkeiten, aber auch der alltäglichen schulischen Interaktion fördern soll.[14]
- Im Hinblick auf den »Zwangscharakter« der Schule wären Maßnahmen didaktischer Art zu erarbeiten, welche es erlauben, sowohl die Beziehungsstruktur als auch das Verhältnis zwischen Schülerinteressen und Lehrstoff so zu modifizieren, daß die Zwänge, denen die Schüler (aber auch die Lehrer) ausgesetzt sind, sich mildern, damit die Gefahr der Aktualisierung von Konflikten vermindert bzw. die Chance ihrer Verarbeitung innerhalb der Unterrichtssituation vergrößert ist; und zwar ohne, daß dazu eine vorausgehende Veränderung in den institutionellen Strukturen vonnöten ist.

Singer (1973, 133) hebt die Bedeutung der *persönlichen Beziehungen* zwischen Lehrer und Schülern hervor, und schlägt zu deren Pflege etwa die Viertelstunde vor dem Unterrichtsbeginn vor. Solche partnerschaftlichen Begegnungen ermöglichen Schülern etwa die Erfahrung, daß der Lehrer gar nicht der »Unmensch« ist, als den sie ihn zumeist zu sehen geneigt waren; und umgekehrt dem Lehrer, sich auch mit Schülern auseinanderzusetzen, die ihm »nicht liegen«. »Wenn ich mich eben freundschaftlich mit jemandem unterhalten habe, vermeide ich es, ihn fünf Minuten später zu kränken oder zu ärgern...dies empfinden Kinder und Lehrer in gleicher Weise.«

In die gleiche Richtung argumentiert auch Helbig (1978). Er fordert die Lehrer überdies auf, die Arbeit von den Schülern nicht nur zu verlangen, sondern *mitzuarbeiten*. In psychoanalytischer Terminologie läuft dieser Vorschlag darauf hinaus, Schülern die Gelegenheit zu geben, die Arbeitshaltung über die Identifizierung mit dem (gemochten) Lehrer zu erwerben, statt über die bloße Erfüllung einer (abstrakten) Forderung.

Auch die von Imhof (1984) praktizierte »Konfliktstunde« (die im übrigen an den klassischen individualpsychologischen Schulversuch O. Spiel's[15] erinnert) gehört zur Intensivierung und Klärung der konfliktbeladenen sozialen Beziehungen.

Was das Verhältnis der Schüler zum Unterrichtsstoff betrifft, wird immer wieder auf die Notwendigkeit hingewiesen, an den lebendigen Erfahrungen der Schüler, an ihren Interessenshaltungen anzuknüpfen, Spontaneität und Selbständigkeit verstärkt zuzulassen und etwa über den Projektunterricht die

14 Vgl. u.a. Singer, 1970.

15 O. Spiel, 1947; siehe auch den Beitrag von W. Spiel und W. Datler in diesem Buch.

Schüler nicht nur an Neuem zu interessieren, sondern wenigstens in kleinem Rahmen kooperatives Arbeiten zu ermöglichen.[16]

Die Erfahrungen in der Arbeit mit Lehrern zeigen, daß jedoch weder das tiefenpsychologische Grundwissen, noch die beschriebenen Maßnahmen auf rein intellektuelle Weise vermittelbar sind. Denn wer unbewußte Haltungen nicht an sich selbst erfahren hat, vermag sie auch kaum bei anderen zu verstehen. Und wenn die Konfrontation mit den Schülern an eigene Konflikte des Lehrers rührt und ihm angst macht, wird er es kaum schaffen, die relativ sicheren Reviere der entpersönlichten Autorität und des fixen Lehrplans (einschließlich der detaillierten Unterrichtsvorbereitung) zu verlassen. Daher stand die Selbsterfahrung der Lehrer immer schon im Zentrum der psychoanalytischen Forderungen zur Lehrerbildung, sei es in der Ausbildung oder in der berufsbegleitenden Fortbildung. Da die Erwartung unrealistisch wäre, alle Lehrer könnten sich einer Lehranalyse unterziehen, sollte wenigstens in Selbsterfahrungsgruppen, die in die Ausbildung und die Berufspraxis einzubinden wären, eine Bearbeitung unbewußter Konflikte soweit angestrebt werden, daß der Lehrer einerseits den Blick frei bekommt für die Probleme der Schüler und daß er sich zweitens von seinen spontanen Reaktionen zu distanzieren und alternative Lösungsvorschläge für aufgetauchte Probleme zur Erprobung anzunehmen vermag.[17]

2. Über die Schwierigkeiten, vom Verstehen zum pädagogischen Handeln zu gelangen

Verstehen heißt nicht Diagnostizieren. Dies ist wichtig festzuhalten. Erstens bietet der Unterrichtsrahmen weder die Zeit noch die Möglichkeiten, um eine einigermaßen gesicherte Diagnose einer gegebene (Verhaltens-)störung eines Schülers stellen zu können, noch verfügt der Lehrer über die entsprechende Qualifikation; zweitens aber würde sie ihm wenig nützen.[18] Worum es geht, ist, die *aktuelle* Psychodynamik zu erfassen, welche in der Beziehung zwischen dem Lehrer und den Schülern bzw. zwischen den Schülern untereinan-

16 Vgl. u.a. Singer, 1970 und 1973; Helbig, 1978; Figdor, 1982.

17 Über Notwendigkeit, Funktion und Erfahrungen mit den Selbsterfahrungsgruppen für Lehrer vgl. u.a. Bittner, 1967; Bittner/Ertle/Schmid, 1974; Brück, 1978; Garlichs, 1984; Hofmann, 1985; Leber, 1972 und 1985.

18 Im Übrigen ist darauf hinzuweisen, daß eine exakte Diagnose genau genommen ja erst nach Ende einer therapeutischen Behandlung aufstellbar ist.

der wirksam ist und sich in einem *»Symptom«* – etwa unterrichtsstörendes Verhalten – manifestiert. Der Grundgedanke dieses Ansatzes ist, daß jeder gegenständliche Lehr- und Lernprozeß in ein soziales Beziehungsgefüge eingebettet ist, welches auf ihn gestaltend, fördernd, hemmend oder störend einwirkt. Um welchen Stoff es sich immer handelt, jeder Vermittlungsakt ist zugleich ein Stück Erfahrung des Lehrers über seine Schüler und des einzelnen Schülers über seinen Lehrer, wodurch jeder unterrichtliche Akt bzw. jeder Inhalt – abgesehen von den lebensgeschichtlichen Bezügen des Stoffes – seinen spezifischen subjektive Bedeutungsaspekt erhält.[19]

Frau M. hat das emotionale Problem Norberts recht gut erfaßt. Die Entfernung vom Liebesobjekt, die es ihm gestattet, allein zu »funktionieren«, ist offenbar sehr gering. Schulisches Arbeiten ist für ihn demnach primär in der Dimension von Nähe und Distanz, Geliebt- und Verlassenwerden bedeutsam. Was Frau M. in ihrem Bericht nicht so bewußt war, zum Situationsverständnis jedoch wesentlich dazu gehört, ist die *eigene* emotionelle Verstrickung: Im Zuge des Gruppengesprächs wurde ihr und den anderen Teilnehmern klar, wie gern sie Norbert eigentlich hat, wie sehr sie in ihm ein Stück kindlicher Unabhängigkeit bewundert, nach der sie sich als Kind – sie war immer ein sehr braves Mädchen gewesen – gesehnt hatte. Und dann sprach sie den bekannten und kritischen Satz: »Ich sehe jetzt, daß es nicht einfach Norbert's, sondern unser beider Problem ist. Was aber soll ich denn tun?«

Nun, jeder mit Gruppenprozessen vertraute Leiter wird mit solchen Fragen gut umgehen können, etwa indem er den betreffenden Teilnehmer oder die Gruppe aktiviert. Es wäre auch gar nicht wünschenswert, wenn er sich in die Rolle des Ratgebers begäbe. Die Frage ist vielmehr, ob sich in seinem Kopf *eine mögliche Lösung* des besprochenen und nun auch verstandenen Problems abzeichnet. Das heißt mit anderen Worten: ob sich in einem konkreten Fall ein psychoanalytisch begründetes pädagogisches Vorgehen angeben läßt.

Das Problem der Psychoanalytiker, in Hinblick auf ein bestimmtes pädagogisches Handeln eine wertende Stellung zu beziehen, liegt in der Grundverschiedenheit von psychoanalytischer und pädagogischer Praxis begründet. Abgesehen von so wichtigen Aspekten des psychoanalytischen Settings wie Leidensdruck, Arbeitsbündnis u.a., ist die gemeinsame Arbeit von Analytiker und Analysand, frei von externen Zielen (wie sie die Unterrichtssituation vorgibt), ausschließlich dazu da, das Material des Analysanden zu studieren

19 Vgl. Neidhart, 1985.

und aufzuhellen (wozu im Unterricht kaum Platz ist); im Zuge dessen werden die Widerstände des Analysanden bearbeitet, ihm Gelegenheit zur partiellen Regression geboten, Ichfunktionen also vorübergehend geschwächt (während doch genau das Gegenteil im Unterricht gefordert scheint); und schließlich ist die Deutung unbewußter Einstellungen und Motive ein äußerst sensibles Instrument, zu dessen Handhabung der Lehrer auch nicht ausgebildet ist. Von daher ist es verständlich, wenn es zwischen Psychoanalyse und Pädagogik zu »Berührungsängsten« kommt,[20] indem beide ihre Bereiche möglichst rein zu erhalten suchen.

Von einer – nicht unproblematischen – Form dieser Trennung war schon die Rede: die säuberliche Scheidung von Therapie hier und Unterricht da. Die umgekehrte Tendenz zeigt sich in einer Reihe von Versuchen, die beiden so unterschiedlichen Praxisbereiche zu integrieren. Angesichts des geringen Spielraumes der Normalschule ist es nicht verwunderlich, daß wir den Großteil an Versuchen, psychoanalytische Erkenntnisse unmittelbar in pädagogisches Handeln umzusetzen, im Bereich der Sozialpädagogik bzw. des Sonderschulwesens finden. Das pädagogische Prinzip der Orientierung am einzelnen Kind stößt hier auf weit geringere institutionelle Widerstände, was eine größere Freiheit auch der didaktischen Möglichkeiten mit sich bringt (teilweiser Wegfall des Leistungsdrucks – nicht nur für die Schüler, sondern vor allem auch für die Lehrer). Die Schülerzahlen sind geringer, sodaß persönliche Beziehungen leichter aufgebaut werden; die Lehrer bringen im Durchschnitt ein größeres Engagement mit, den Kindern zu helfen (statt sie bloß zu unterrichten); und die intensivere Ausbildung eröffnet auch leichter die zeitlichen und ökonomischen Voraussetzungen, die etwa für die Installierung von Selbsterfahrungsgruppen nötig sind.

Die Streuungsbreite dieser Schulversuche ist sehr breit. Sie reichen – in der Tradition Bernfelds und Aichhorns[21] – von besonderen Schulen und Institutionen für verwahrloste Kinder und Jugendliche über Sonderschulen für Lernschwache bis zu solchen für Kinder mit besonderen Behinderungen. Gemeinsam ist diesen Versuchen eine starke therapeutische Ausrichtung, sei es durch speziell geschulte Lehrer oder über eine intensive Zusammenarbeit von Lehrern, Eltern und Therapeuten; sowie eine große Flexibilität in der Unterrichtsgestaltung, die eine starke Individualisierung des Lernens erlaubt – und zwar nicht nur bezüglich der kognitiven, sondern auch der affektiven Voraussetzungen der Schüler. Dem Projektunterricht, dem Rollenspiel, dem aktiven

20 Vgl. Trescher, 1985.
21 Bernfeld, 1921; Aichhorn, 1925.

Gestalten, aber auch dem Unterricht mit Geschichten und Märchen kommt hierbei besondere Bedeutung zu.[22]

Was aber vermag der psychoanalytische Praxisberater (Supervisor) dem *Normalschullehrer* angesichts schwieriger oder störender Kinder zu bieten? Nun, er kann damit rechnen, daß das erzielte tiefere Verständnis der problematischen Situation durch den Lehrer die Wahrscheinlichkeit erhöht, daß dieser Handlungsformen findet, die das Problem entspannen. Schließlich ist jedem Handeln eine bestimmte Bedeutung der betreffenden Situation eingeschlossen, so daß sich Erweiterungen oder Modifikationen im Verständnis auch in veränderten Handlungsstrategien niederschlagen werden.[23] Diese Konsequenz jedoch als den psychoanalytischen Beitrag zu *pädagogischem* Handeln zu betrachten, ist aus einem ganz wesentlichen Grunde kurzschlüssig: Der Analytiker, der sich in seiner Beratungstätigkeit auf die Förderung des Situationsverständnisses durch den Lehrer beschränkt, vermag zwar tatsächlich zur Lösung eines Problems beizutragen, *jedoch nicht des Problem des Kindes, sondern des Lehrers*! Dem Lehrer mag es anschließend gelingen, mit der Störung des Unterrichts durch das Kind besser umzugehen, seine Unterrichtsziele gegenüber dem Kind besser durchzusetzen – ob das aber das Problem des Kindes löst oder wenigstens mildert, bleibt dabei völlig offen. Denn was der Lehrer dann mit dem Kind tut, bleibt ganz ihm überlassen. Der Partner des Supervisors ist in den meisten psychoanalytisch orientierten Supervisionsgruppen der Lehrer, nicht das Kind.

Was solche Gruppen leisten, ist die psychoanalytische Beratung eines Menschen, der mit Schwierigkeiten in seinem Berufsfeld kämpft. Im besonderen Fall ist er Lehrer, er könnte aber auch einen anderen Beruf haben. Diese Form der Beratung ist jedoch *nicht* Pädagogik. Dann nämlich müßte sie auch in den Handlungsperspektiven *vom Kind* ausgehen. Wenn dies der Psychoanalyse von ihren Voraussetzungen her nicht möglich sein sollte, wird sie sich damit abfinden müssen, daß »psychoanalytische Pädagogik« lediglich im therapeutisch-pädagogischen Integrationsfeld der Sonder- und Heilpädagogik möglich oder aber auf eine künftige Veränderung des Normalschulsystems angewiesen ist.

---

22 Vgl. die bekannten psychoanalytischen Schulversuche mit Verwahrlosten von Bettelheim, 1952, und Redel, 1962. Bezüglich neuerer Projekte mit verhaltensgestörten und lernbehinderten Kindern siehe u.a. Neidhardt, 1977; Reiser, 1972; aber auch deutlich psychoanalytisch inspirierte Berichte in Ertle und Schmid, 1978.

23 Besonders eindrucksvoll zeigt sich dieser Zusammenhang, wenn die übliche Einfühlungsfähigkeit des Lehrers etwa durch eine plötzliche seelische Belastung beeinträchtigt ist. In solchen Fällen kann es vorkommen, daß eine ganze Klasse plötzlich unruhig wird und mit ungewöhnlichem Verhalten reagiert. Dies ändert sich jedoch sofort, wenn der Lehrer sein Gleichgewicht wiedergefunden hat.

3. Über die Möglichkeiten des psychoanalytisch-pädagogischen Arbeitens mit »verhaltensgestörten« Schülern im Rahmen des herkömmlichen Unterrichts

Vermag also die Psychoanalyse dem Lehrer konkrete Anhaltspunkte zu liefern, wie er mit schwierigen, »verhaltensgestörten« – oder besser: den Unterricht störenden – Schülern[24] umgehen kann, ohne dabei das Problem des Kindes bzw. den pädagogischen Auftrag, es zu Selbstbestimmung und Mündigkeit zu führen, aus den Augen zu verlieren?

Dazu gilt es, drei Fragen zu klären:
1. Die Frage nach der Vereinbarkeit von Unterrichtsnormen und Prinzipien pädagogischen bzw. psychoanalytischen Handelns.
2. Die Frage nach dem systematischen Ort von Persönlichkeitsveränderungen innerhalb des psychoanalytischen Theoriegebäudes.
3. Die Frage nach der »Technik«, nach der Art der Interventionen also, die die Kompetenz des Lehrers nicht überfordern, den Rahmen des Unterrichts nicht sprengen und dessen Ziele nicht gefährden.

3.1 Zur Vereinbarkeit von Unterrichtsnormen und Prinzipien pädagogischen bzw. psychoanalytischen Handelns

Die prinzipielle Problematik der Kategorie »Verhaltensstörung« hat Datler (1987a) differenziert herausgearbeitet.

Demnach ist die Verhaltensstörung weder eine pädagogische Kategorie (in Sinne von Selbstbestimmung und Mündigkeit), noch eine tiefen-psychologische, die etwas über die Person des Kindes bzw. die hinter seinem Verhalten stehende Psychodynamik auszusagen vermag. Sie ist die äußerliche (kognitive) Bewertung eines Verhaltens, das sich den (Zwangs-)Normen des Unterrichts nicht reibungslos fügt.

Dieser Grundwiderspruch findet seinen subjektiven Niederschlag in dem Konflikt des Lehrers, ob er sich nun mit dem (störenden) Kind oder mit der Unterrichtsnorm identifizieren soll. Versucht er nun, das Kind zu verstehen, wie es von ihm gefordert wird – Verstehen erfordert aber ein partielles Identifizieren –, so führt das häufig zu einer inneren Ablehnung der eigenen Machtbefugnis. Sie wird nicht mehr als ein Teil seiner selbst, als notwendige Funktion

24 Vgl. dazu Datler 1987a, ferner Kap.11 im vorliegenden Band.

akzeptiert, sondern als durch die Institution Schule *aufgezwungen* erlebt. Die Identifizierung mit dem Schüler ist dann nicht mehr partiell, sondern vollständig, er reproduziert in sich geradezu die Situation des störenden, des auflehnenden Schülers. Das erlaubt uns die Feststellung, daß die Verhaltensstörung nicht nur ein Symptom des Kindes, sondern genauso des Lehrers ist; oder anders ausgedrückt: das Kind wird zum Symptomträger des Autoritätskonfliktes des Lehrers. Als Symptom des Lehrers hat die Verhaltensstörung alle Merkmale des neurotischen Kompromisses an sich. Am Beispiel von Frau M. können wir sehen, daß sie Norbert nicht wirklich Grenzen setzt, in ihrer Beschränkung auf Ersuchen und durch Ignorieren ihre faktische Macht (vgl. Datler 1987b) verleugnet.

Indem sie die Störungen durch Norbert zuläßt, schließt sie unbewußt einen Kompromiß zwischen ihren eigenen kindlichen Wünschen und Sehnsüchten, die Norbert mit seinem Verhalten repräsentiert, und dem Normanspruch der Institution, indem sie sein Verhalten als störend verurteilt und Norbert ihre Ablehnung spüren läßt. Und es ist gerade diese labile Konstruktion, die es ihr, trotz ihres Verständnisses für das Kind, nicht erlaubt, ihm auch *mitzuteilen*, daß sie ihn versteht, mag, aber auch, was sie von ihm fordert. Dann nämlich müßte sie sich diesem Konflikt bewußt stellen. Könnte sie dies, ließe er sich jedoch auch lösen. Denn die Annahme eines Grundwiderspruchs zwischen pädagogischen Prinzipien und den Normen und Anforderungen des Unterrichts unterliegt einem lerntheoretischen Mißverständnis, verbunden mit einer falschen Stigmatisierung von Autorität und Macht als prinzipiell unpädagogische Handlungsweisen. Es besteht in der Gleichsetzung der Formeln »Durchsetzung des Normanspruches von Unterricht« und »Normierung (= Fremdbestimmung) der Persönlichkeit des Schülers«. Diese Gleichsetzung stimmt nämlich nur dann, wenn mit der Durchsetzung von Normen wie Ruhe, Aufpassen, sich Anstrengen, Üben u.s.f. zugleich behauptet würde, daß es *immer* gut ist, ruhig zu sein, daß man *immer* aufpassen muß, dass es *immer* richtig ist, sich um die Erfüllung von Leistungsanforderungen zu bemühen usw. Dies aber ist kein notwendiges Junktim: dann nämlich nicht, wenn der Lehrer die Unterrichtsanforderungen an die Klasse nicht als *Normen*, sondern als hier und jetzt notwendige *Regeln* definiert. Als Regeln nämlich vermag er sie vor den Schülern, vor allem aber auch vor sich selbst plausibel zu begründen. Ihre aktuelle Notwendigkeit setzt ihn in die Lage, sich zur Funktion dessen, der diesen Regeln zur Geltung verhilft, also zu seiner Funktion *als Lehrer*, zu bekennen. Das erlaubt ihm, Handlungen, die in einer Unterrichtssituation Regelverstöße sind, *grundsätzlich* zu akzeptieren und dennoch zu untersagen. Beispielhaft dafür sind Sätze bzw. Gespräche wie: »Oh je, ich sehe schon, Alex, heute macht es dir gar keine Freude, zu schreiben. Ich kann dir das nachfühlen, auch mich freut es manchmal nicht, aber es muß leider sein. Sonst mußt du morgen länger dableiben und es nachschreiben, und das ist doch noch weniger lustig.« Oder: »Das ist sicher sehr spannend, was du da liest, und es freut mich, daß du so gern liest. Aber wenn ich die neuen Rechnungen erkläre, kann ich es dir leider nicht erlauben.«

Betrachtet man dagegen die gegenwärtige Schulwirklichkeit, so findet man häufig eine Verschleierung der realen Machtverhältnisse und der faktischen Unfreiheit der Schüler unter dem Mäntelchen der »sittlichen« Norm: Statt sich einzugestehen, daß sie Macht haben und ausüben können, erwarten viele Lehrer, daß die Kinder *von sich aus* »gut«, »brav«, »fleißig« usw. sind. Wenn ich als Lehrer die Machtverhältnisse leugne, kann ich aber auch den Widerstand eines Schülers gegen die Unterrichtsanforderungen nicht als (verständliche) Opposition zum System begreifen (und grundsätzlich akzeptieren, trotz Unterbindung), sondern nur auf *mich* beziehen. Und zwar auf mich als Person, nicht als Funktionsträger – denn daß ich Träger einer potentiell gegen die Interessen des Kindes gerichteten Funktion bin, will ich ja nicht wahrhaben. Da ich als Person jedoch gut bin, mich bemühe, muß mir der Schüler als böse und unwillig, und ich selbst – als Lehrer – als Opfer erscheinen. So manövriere ich mich in die Rolle des Unbedankten, ungerecht Behandelten hinein, also in eine typisch kindliche Gefühlsposition.

Das erklärt auch die Schere zwischen dem erwachsen-verständnisvollen Eingehen auf die Probleme des Kindes, wie es Lehrer in der Supervisionsgruppe zeigen, und ihrer oft infantil-trotzigen Reaktion gegenüber dem Kind in der Unterrichtssituation.

Wozu ein Lehrer sich also durchringen muß, ist das Einbekenntnis seiner »Doppelexistenz«: *Person* zu sein mit bestimmten Einstellungen und Bedürfnissen, bereit, das Kind zu verstehen und zu akzeptieren; und als *Lehrer* Vertreter einer Zwangsinstitution zu sein, der auf die Einhaltung von Regeln achten muß, und dafür auch die Verantwortung übernimmt und nicht auf die Kinder abwälzt. Diese Sicherheit des »Settings« wird es nun auch erleichtern, selbst im reglementierten Unterricht Nischen zu finden, welche statt der üblichen Lehrer-Schüler-Kommunikation auch Platz für die Kommunikation zwischen dem »ganzen« *Erwachsenen* und den »ganzen« *Kindern* lassen.[25] Auf diese Weise gibt der Lehrer den Kindern Gelegenheit, Arbeitshaltung und Regelbewußtsein über personelle Identifizierung (auch mit einem ge-

25 Vgl. die didaktischen Vorschläge im ersten Abschnitt dieses Beitrags.

mochten Objekt) statt über abstrakte und durch Angst determinierte Norminternalisierung zu erwerben.

3.2 Der systematische Ort von Persönlichkeitsveränderungen aus psychoanalytischer Sicht.

Die Veränderungen, welche die psychoanalytische Therapie beim Patienten bewirkt, werden meist innerhalb des topischen Modells erklärt: als Folge der Bewußtwerdung abgewehrter und daher unbewußter Konflikte.[26] Da dieser Prozeß an das psychoanalytische Setting gebunden scheint, sind für den Psychoanalytiker merkbare Veränderungen von Verhaltensweisen, die sich auf unbewußte Konflikte zurückführen lassen, außerhalb der analytischen Situation kaum anders denkbar, als daß sie repressiv erzwungen wurden (»Pädagogik«) oder nur einen punktuellen Bereich auf Kosten der Gesamtpersönlichkeit betreffen (Verhaltenstherapie). Im engeren Sinne psychoanalytisch könne sich ein solches Erziehen, das sich lediglich auf Lob und Strafe stützt, ebenso wenig nennen wie die systematische Desensibilisierung der Verhaltenstherapie. Betrachtet man den analytischen Heilungsprozeß jedoch von seinem *Ergebnis* her, eröffnet sich auch für die Pädagogik der Ansatzpunkt für ein Handeln, das sehr wohl als therapeutisch in psychoanalytischen Sinn bezeichnet werden kann: In seiner Analyse der »Deutungsfreien Kinderanalyse« (Zulliger) weist Datler[27] nach, daß das, was Zulliger macht, eigentlich weit mehr ist, als dieser selber ausweist. Während Zulliger von »psychoanalytisch begründeter Suggestion« spricht, welche das magisch-animistische Denken des Kindes für die Heilung nützt,[28] zeigt Datler, daß Zulligers Interventionen letzten Endes eine *Beeinflussung bzw. Korrektur der Selbst- und Objektrepräsentanzen bewirken*, das heißt, der inneren Bilder, die sich das Kind von sich selbst und den Personen seiner Welt macht. Nichts anderes erstrebt letzten Endes die klassische Analyse, wenn auch nicht über den Weg von außen gesetzter, gestaltender Interventionen, sondern über die aufdeckende Arbeit des Patienten an sich selbst.

Wenn wir statt Beeinflussung »*Korrektur* von Selbst- und Objektrepräsentanzen« sagen, ist tatsächlich ein Handlungskonzept gefunden, das sowohl psychoanalytisch als auch pädagogisch heißen darf. Unter »Korrektur« der

26 In der neueren psychoanalytischen Literatur finden sich dazu allerdings auch differenziertere Betrachtungen; vgl. z.B. Sandler, J. und A.M., 1985; Leupold-Löwenthal, 1986.

27 Datler, 1985.

28 Zulliger, 1963.

Selbst- und Objektrepräsentanzen ist gemeint, daß der Lehrer danach trachtet, die durch »Übertragung« der primären Objektbeziehungen (des Kindes auf die Schule) verzerrten Vorstellungen des Schülers von sich, vom Lehrer, von den Mitschülern so zurechtzurücken, daß sie der Realität weitgehend entsprechen.[29]

Auch das vorhin vom Lehrer geforderte Bekenntnis, Person und Machtträger zu sein, ist in diesem kategorialen Rahmen begreifbar. Die einen Schüler vermögen zu erkennen, daß zwar im Augenblick der Lehrer dieses oder jenes Verhalten von ihnen fordert, nicht aber, daß »man« eben immer so zu »sein« hat; und die anderen können erkennen, daß die den primären Objektbeziehungen entstammenden Repräsentanzen hier nicht mehr passen, weil es sich hier nicht (nur) um eine Person wie Mutter und Vater, sondern um einen *Lehrer* handelt. Wo dies nicht ausreicht, störendes Verhalten unnotwendig zu machen, müssen weitere »korrektive« Interventionen folgen. Davon ist im folgenden die Rede.

3.3 Zur »Technik« psychoanalytisch-pädagogischer Interventionen

Das Hauptinstrument des Psychoanalytikers, die Deutung, ist für den Pädagogen gemeinhin tabuisiert. Sie ist ein sehr sensibles Instrument, richtet sie sich doch auf die unbewußte Bedeutung des vom Patienten berichteten Materials, die sich letztlich auf infantile Triebwünsche und ihre Abwehr gründet. Bei unsachgemäßer Handhabung kann die Deutung entweder die Widerstände vergrößern oder aber auch zu einem Einbruch von Ängsten führen, welche die Ich-Organisation gefährden. Das deutende Vorgehen erfordert daher viel Zeit und eine entsprechende Ausbildung. Beides steht dem Lehrer der Normalschule nicht zur Verfügung.

Die Bewußtmachung von infantilen Triebwünschen ist nur das Ende eines langen und schwierigen Prozesses, währenddessen sich Analytiker und Analysand gemeinsam schrittweise zu den unbewußten Triebregungen vorarbeiten. Dieser Prozeß weist zwei Richtungen auf: vom »Hier und Jetzt« des Patienten zurück in seine Vergangenheit; und von der Oberfläche seines Bewußtseins über die Widerstände und latenten Gefühlsinhalte zu den dahinterliegenden Wünschen.

29 Dadurch scheinen mir auch Datlers Bedenken, daß Zulligers Vorgehen eine Manipulation darstelle, hinfällig zu sein. Denn die Korrektur von Selbst- und Objektrepräsentanzen kann auch verstanden werden als der Versuch, die durch Übertragungsprozesse bzw. den kognitiven Entwicklungsstand des Kindes bedingte Verzerrung seiner Vorstellungen aufzuheben.

Bezeichnet man als »Deuten« jede Mitteilung des Analytikers, die dem Analysanden auf diesem Weg weiterhelfen soll,[30] so lassen sich, ihrem jeweiligen Inhalt entsprechend, vier Deutungsschritte unterscheiden:[31]

a) Die *»Konfrontation«* des Analysanden mit Handlungsmustern, die er bei verschiedenen Gelegenheiten immer wieder wiederholt. Sie eröffnet dem Analysanden die erste Einsicht, daß sein, bewußt scheinbar plausibel begründetes, Handeln sich offenbar nicht ausschließlich an realen Anlässen mißt, sondern von einem bestimmten – noch unbekannten – inneren Erlebnismuster mitbestimmt ist.

b) Die *»Klärung«* der Gefühle, die das Handeln bzw. Berichten des Analysanden begleiten.

c) Schließlich die *»Deutung«* in engeren Sinn: die Aufdeckung unbewußter Wünsche.

d) Da die einmalige Deutung meist keine dauerhaften Veränderungen im Leben des Analysanden bewirkt, müssen die aufgedeckten Komplexe in den verschiedensten Lebenszusammenhängen immer wieder *»durchgearbeitet«* werden.

Die These, die ich hier vertreten möchte, ist, daß die ersten beiden Deutungsschritte, nämlich *»Konfrontation« und »Klärung«*, Interventionsformen darstellen, die erstens ausgezeichnet in der Lage sind, Schüler, die den Unterricht immer wieder stören, zur »Einsicht« zu bringen – wobei Einsicht auch hier heißt: zur Korrektur von Selbst- und Objektrepräsentanzen beizutragen; und zweitens, was besonders wichtig ist, in der Unterrichtssituation weit leichter handhabbar sind als innerhalb einer Therapie, und vom Lehrer daher unschwer erlernbar sind. Die Schwierigkeit des Analytikers nämlich besteht darin, daß sowohl Handlungsmuster als auch Gefühle des Patienten über dessen Einfälle nur zum sprachlichen Ausdruck gelangen, wodurch sich ihm reichliche Möglichkeiten bieten, sie seinem subjektiven Erleben entsprechend zu verzerren. Dazu kommt, daß der Analytiker spüren muß, was von den Berichten dem Widerstand dient, und was nur eine verschlüsselte Botschaft über die Gefühle des Patienten zum Analytiker oder zur Therapie darstellt (Übertragung) u. a. m. All diese – eine gründliche Ausbildung, vor allem eine eigene Analyse voraussetzenden – Erschwernisse fallen in der Unterrichtsituation weg: Denn der Lehrer *sieht*, was der Schüler tut, und er vermag dessen Gefühle *unmittelbar wahrzunehmen*. Und er kann davon ausgehen, daß *jede* Störung eine Mitteilung des Schülers an den Lehrer enthält und etwas über

30 Siehe Laplanche/Pontalis, 1973.
31 Vgl. Greenson, 1981.

dessen Beziehungserwartungen aussagt. Mit anderen Worten – und in Bezugnahme auf den Titel dieses Beitrags –: Der Lehrer ist aufgefordert, dem Schüler (in geeigneter Form) *zu sagen, was er sieht und versteht.*

Wenden wir uns wieder unserem Beispiel zu. Norbert verlangt die ungeteilte Aufmerksamkeit seiner Lehrerin. Dies ist eine Erwartung, die Kinder – und zwar sehr kleine Kinder – häufig ihrer Mutter gegenüber haben, die sie nur dann als »gut« (das heißt, das Kind liebend) erleben, wenn sie da ist und sich mit ihm abgibt. Diese, für den Sechsjährigen eher unreife Mutterimago überträgt er offenbar auf seine Lehrerin. Frau M. könnte nun etwa sagen: »Norbert, ich weiß, wenn ich nicht bei dir bin, magst du nicht schreiben. Ich würde mich gern um jeden – und auch um dich – viel mehr kümmern, aber leider geht es nicht. Ich spreche jetzt noch mit Monika, dann komme ich zu dir. Schreib' einstweilen .... und zeig' es mir dann.« Oder noch deutlicher: »Oh, du machst deine Arbeiten immer sehr schön, wenn ich bei dir bin. Wenn ich aber mit anderen Kindern rede, bist du enttäuscht und willst dann auffallen und mich ärgern. Ich würde mich ja auch gern um jeden mehr kümmern ... usw.«

Frau M. konfrontiert Norbert mit seinem Verhalten und sagt ihm, daß sie sein Gefühl, vernachlässigt zu sein, versteht. Darüber hinaus trägt sie zur Korrektur seiner aus der Übertragung stammenden Lehrerimago bei, indem sie ihm vermittelt, daß sie als *Lehrerin* für alle Kinder da ist – im Gegensatz zur Mutter –, *daß sie ihn aber auch mag, wenn sie nicht gerade bei ihm ist.*

Der Lehrer sucht also, die Bedeutung der (wiederholten) Störung zu verstehen, die Botschaft, die darin verschlüsselt an ihn gerichtet ist, zu entschlüsseln, und vermag auf diese Weise, das innere Bild zu erkennen, das sich der Schüler von ihm und sich selbst macht (Selbst- und Objektrepräsentanzen). Wenn ihm dies gelingt, vermag er, über das unmittelbare Reagieren auf die Störung hinaus, auch noch weitere Handlungen zu setzen, welche die Repräsentanzen der Kinder zurechtrücken.

In Norberts Verhalten ist ein weiterer Aspekt seiner Selbstrepräsentanz enthalten, den man folgendermaßen ausdrücken könnte: »Wenn ich mich nicht bemerkbar mache, achtet keiner auf mich; wenn ich will, daß die Lehrerin sich mir zuwendet, muß *ich* sie auf mich aufmerksam machen, von selbst kümmert sich keiner um mich«. Die bisherigen Reaktionen der Lehrerin mußten ihm nach gerade eine Bestätigung für diese Ansicht sein. Denn Frau M. war heilfroh, wenn er einmal nichts anstellte und »hütete sich, den ruhenden Wolf aufzuwecken«, wie sie sich ausdrückte. Dabei wäre es wichtig, dieser Vorstellung Norberts gegenzusteuern, bildet sie doch ein wichtiges Motiv für sein Verhalten. Dies könnte Frau M. bewerkstelligen, indem sie ihm etwa von Zeit zu Zeit zulächelt, *ohne* daß er irgend etwas getan hat; bei ihm steht, ihm die Hand auf die Schulter legt, wenn sie zur ganzen Klasse spricht; ihn auffordert, Dinge, die er kann, vorzuzeigen u. a. m. – ihm also *aktiv* Sympathie und Zuwendung zeigt, auch – oder besser: *gerade* wenn er ruhig ist und sie nicht fordert.

Bereits in der nächsten Sitzung der Supervisionsgruppe (14 Tage später) konnte Frau M. berichten, daß Norbert beginne, sich am Unterricht zu beteiligen. Kurz darauf nahm die Direktion die Ankündigung, Norbert in die Vorschulklasse rückzuversetzen, zurück. Wenig später hatte er den Leistungsstandard der Klasse eingeholt. Vor kurzem, das Schuljahr neigt sich dem Ende zu, erzählte Frau M. nochmals von Norbert. Er neigt nach wie vor zu Scherzen und Streichen, läßt sich jedoch problemlos in Grenzen halten, wo dies notwendig ist, und wird von ihr nicht mehr als Belastung empfunden. Darüber hinaus ist er ein guter Schüler und seiner Versetzung in die zweite Klasse steht nichts im Wege.

Was Frau M. getan hat, war nicht Therapie, *sondern Pädagogik*. Gleichwohl ist der Effekt als therapeutisch zu bezeichnen. Frau M. gelang dieser Erfolg durch die Einbeziehung der psychoanalytischen Repräsentanzenlehre und den Deutungstechniken der »Konfrontation« und »Klärung«. Psychoanalytisch-pädagogisches Handeln ist also möglich, und – was besonders bedeutsam ist – ohne daß der Normalschullehrer bezüglich seiner zeitlichen Möglichkeiten überfordert wird. Die Beispiele zeigten, daß psychoanalytische Pädagogik in der Schule mit durchaus sparsamen Mitteln auszukommen vermag. Denn es kommt bei diesen Kindern nicht auf das *Maß* an Zuwendung, sondern auf die richtige, dem jeweiligen individuellen Problem des Kindes angepaßte *Art* der Zuwendung und des Umgangs mit ihm an.

4. Das Modell der psychoanalytisch-pädagogischen Supervisionsgruppe

Wie deutlich geworden sein dürfte, übersteigt das zielführende psychoanalytisch-pädagogische Handeln gegenüber schwierigen Kindern auch nicht grundsätzlich die Qualifikation des Normalschullehrers, erfordert aber doch eine Fortbildung, für welche mir die »psychoanalytisch-pädagogische Supervisionsgruppe« das geeignetste Instrument zu sein scheint.

Die psychoanalytisch-pädagogische Supervisionsgruppe hat im wesentlichen drei Aufgaben zu erfüllen:

1. Das *Verstehen* zu fördern; darin folgt sie den herkömmlichen psychoanalytischen Supervisionsgruppen nach dem Muster der Balintgruppen.
2. Den Teilnehmern bei der Entwicklung von *Handlungsperspektiven* zu helfen bzw. Möglichkeiten der praktischen Umsetzung zu finden.
3. Dazu ist es aber unumgänglich, daß sich die Teilnehmer auch mit einigen *theoretischen Fragen* auseinandersetzen, und zwar in erster Linie mit dem eigenen Selbstverständnis als Lehrer – vor allem den beschriebenen Fragen der Abgrenzung und des pädagogischen Umgangs mit der eigenen Machtfunktion – sowie mit den psychoanalytischen Konzepten der Übertragung und der psychischen Repräsentanzen.

4.1 Die fünf Phasen der Supervisionsarbeit[32]

Phase 1: »Selbsterfahrung«

Die erste Aufgabe der Gruppe besteht darin, die psychodynamischen Hintergründe der Interaktion aufzuhellen, in welcher das zu besprechende problematische Verhalten eines Kindes auftritt. Der Leiter sieht sich dabei immer wieder der Gefahr gegenüber, daß dieser, mit dem Bericht eines Teilnehmers beginnende Gesprächsabschnitt zu einer bloßen »Fallbesprechung« wird, das heißt, daß dem Problem ausschließlich auf der Seite des Kindes nachgegangen wird, die emotionelle Verstrickung des Lehrers jedoch unbelichtet bleibt. Solange jedoch das eigene Problem nicht besprochen ist, vermag der Lehrer nur sehr schwer, dem Problem des Kindes unvoreingenommen zu folgen. Zum anderen bildet der »Effekt«, den das Schülerverhalten beim Lehrer erzielt, oftmals gerade den Schlüssel dazu, den verdeckten Sinn des störenden Verhaltens zu erkennen.

Phase 2: Reflexion des Lehrerverhaltens

Sind die Gefühle geklärt, die sich beim Lehrer angesichts des Schülerverhaltens einstellen, gilt es, seine bisherigen Reaktionsweisen zu betrachten und zu hinterfragen. An dieser Stelle ist es dann oft nötig, Grundsatzfragen des Lehrerselbstverständnisses (siehe oben) zu besprechen.[33] Ich habe immer wieder die Erfahrung machen können, daß die sich aus einer solchen Reflexion ergebenden Perspektiven eines pädagogischen, dem Kind dienenden Umgangs

32 Die Einteilung des Gruppenprozesses in Phasen dient der Verdeutlichung. Natürlich gehen in der Praxis die einzelnen Themen ineinander über, oder das Gespräch kehrt zu einem früheren Thema zurück usw.

33 In einer neuen Gruppe mag es notwendig sein, den Bericht an dieser Stelle zu unterbrechen und eine ganze Sitzung diesem Thema zu widmen.

mit Macht und Autorität Lehrer und Erzieher in ihrem eigenen (unbewußten) Autoritätskonflikt entlasten und bisher blockierte Handlungsmöglichkeiten freisetzen, ein Effekt, der sonst nur über einen langwierigen analytischen Selbsterfahrungsprozeß erzielbar ist. Der verdrängte Autoritätskonflikt des Lehrers wird dabei zwar nicht »therapiert«, aber in seiner hemmenden Funktion vom Umgang des Lehrers mit seinen Schülern wenigstens teilweise »abgekoppelt«.[34]

Phase 3: »Verstehen«

Nachdem sich die Teilnehmer ein plastisches Bild von der problematischen Situation machen konnten (das störende Verhalten des Schülers, Gefühle und Reaktionen des Lehrers), gilt es nun, die *Bedeutung* des Schülerverhaltens zu erkennen. In diesem Zusammenhang ist es wichtig, daß die Teilnehmer mit dem psychoanalytischen Konzept der »Übertragung« vertraut sind, das heißt, daß solche, aus den primären Objektbeziehungen (Eltern, Geschwister) stammende Vorstellungen und Erwartungen von Schülern auch an die Lehrer bzw. die Mitschüler herangetragen werden. Die Erläuterung der Übertragung bereitet kaum Schwierigkeiten, gehört sie doch zu den am leichtesten nachvollziehbaren unbewußten seelischen Prozessen. Fortgeschrittenere Gruppen können schließlich auch mit der Handhabung der »Gegenübertragung« als Schlüssel zum Verständnis der kindlichen Objektbeziehungen vertraut gemacht werden. Zusätzliche Informationen über den Schüler (familiäre Verhältnisse, Verhalten in anderen Situationen u.ä.) können eine weitere Hilfe sein.

Phase 4: Definition und Neu-Definition der Selbst- und Objektrepräsentanzen

Die nächste Aufgabe, die der Leiter den Teilnehmern nun stellt, besteht darin, sich gewissermaßen »in den Kopf des Kindes zu versetzen« und die sein Verhalten offenbar leitenden Selbst- und Objektrepräsentanzen zu definieren; das heißt, das bisher erarbeitete Verständnis in die Vorstellungen zu »übersetzen«, die das Kind offenbar von sich und den anderen beteiligten Personen (Lehrer, Mitschüler) hat, und die sein Verhalten leiten. (Wie dies aussehen kann, wurde an Norberts Beispiel gezeigt.)

34 Auch hier handelt es sich um eine Korrektur von Selbstrepräsentanzen: Der autoritätsängstliche Lehrer (wie z.B. Frau M.) erkennt, daß die pädagogische Ausübung von Autorität gegenüber seinen Schülern etwas anderes ist als das, was die eigenen, unterdrückenden Eltern oder Lehrer mit ihm getan haben.

Daran schließt sich nun die zentrale, neue Handlungsperspektiven eröffnende Frage an: »Wie müßte das Kind sich, Lehrer, Schüler, die ganze Situation *erleben*, um es *nicht mehr nötig zu haben*, den Unterricht auf diese Weise zu stören?« Dies zielt auf den Entwurf korrigierter Selbst- und Objektrepräsentanzen, die dem Schüler ein Einhalten der notwendigen Regeln des Unterrichts ermöglichen.

Phase 5: Erarbeitung konkreter Maßnahmen
Nun geht es darum, was der Lehrer im einzelnen *tun* kann. Einerseits gilt es, geeignete Formen zu entwickeln, wie dem Schüler sein Verhalten *gedeutet* werden kann (Konfrontation, Klärung der Gefühle), und andererseits eine Anzahl punktueller Interventionen zu finden, die ihm zeigen: Du, die anderen und ich sind nicht so, wie du glaubst (Korrektur der leitenden Repräsentanzen).

4.2 Die Aufgaben des Gruppenleiters

Ein didaktisches Konzept wie das beschriebene erfordert vom Gruppenleiter zweifellos ein höheres Maß an Aktivität als bei einer herkömmlichen Balintgruppe. Das bedeutet aber durchaus nicht, daß der psychoanalytisch-pädagogische Supervisor die Aktivität von der Gruppe auf sich zieht und in die Rolle eines Lehrenden oder Rezeptvermittlers gelangt. Worauf er zu achten hat, ist die *Struktur* des gemeinsamen Erkenntnisprozeßes, daß nicht wesentliche Schritte ausgelassen werden, die für das Verständnis des Problems und die Möglichkeit, Lösungen zu finden, unumgänglich sind. Gerade durch die geeigneten, *strukturgebenden Fragen* vermag das Potential an Empathie und Kreativität der Gruppe optimal freigesetzt zu werden, sodaß die erarbeiteten Lösungen von den Teilnehmern als selbst erarbeitete verstanden und angenommen werden können. Nach einiger Zeit läßt sich beobachten, daß die Teilnehmer die Folge der Arbeitsschritte verinnerlicht haben. Das ermöglicht dem Supervisor nicht nur eine größere Zurückhaltung, da der Gruppenprozeß sich stärker selbst steuert. Ich sehe darin vor allem eine ganz wichtige kognitive Hilfe für die Teilnehmer, künftige Problemsituationen ohne fremde Hilfe lösen zu können.

Daneben obliegen dem Leiter der psychoanalytisch-pädagogischen Supervisionsgruppe die gleichen Aufgaben wie dem Leiter einer Balintgruppe: durch vorsichtige Deutungen dem berichtenden Teilnehmer Hilfe beim Erkennen seines eigenen Problems zu leisten; die Dynamik des Gruppenprozesses zu beobachten und – soweit es sinnvoll ist – erscheinende Übertragungs-

und Gegenübertragungsprozesse innerhalb der Gruppe zu deuten; und insbesondere auf aufkeimende Widerstände seitens der Teilnehmer, vor allem seitens der Teilnehmer, um deren Fall es sich handelt, zu achten und sie aufzuarbeiten, da anderenfalls die Gefahr besteht, daß die von der Gruppe erarbeiteten Lösungen von dem betreffenden Lehrer in der Praxis unbewußt sabotiert werden.

Das hier vorgestellte Modell psychoanalytisch orientierten Arbeitens mit schwierigen Kindern mit Hilfe des Instruments der psychoanalytisch-pädagogischen Supervisionsgruppe wurde nicht aufgrund theoretischer Überlegungen entwickelt, sondern ist die Konsequenz praktischer Arbeit mit Lehrern, Erziehern und Kindern. Es hat sich gut bewährt. Abgesehen von dem persönlichen Gewinn für die beteiligten Lehrer und Erzieher, konnte vielen Kindern geholfen werden, die anderenfalls an der (Normal-)Schule gescheitert wären, oder sich einer langwierigen psychotherapeutischen Behandlung hätten unterziehen müssen.[35]

35 Natürlich soll hier nicht der Effekt einer Fallbesprechung in der Supervisionsgruppe mit dem einer Psychotherapie gleichgesetzt werden. Aber man sollte nicht vergessen, daß das schulische Versagen über die damit verbundene Reaktion der Umwelt (vor allem der Familie) sowie des Erlebnisses des persönlichen Scheiterns das Kind in eine immer auswegslosere Lage bringt, wodurch neurotische Dispositionen fixiert werden können, daß aber andererseits jedes Erfolgserlebnis in der Lage ist, die Selbstheilungskräfte des Kindes zu stärken.

3.

»Ich habe Zöliakie – und was hast Du?«

Pädagogische Anregungen für Eltern chronisch kranker Kinder, am Beispiel der Stoffwechselkrankheit Zöliakie (1986)

Textnachweis:
Erstveröffentlichung:
Figdor, H.: »Ich habe Zöliakie – und was hast Du?« Pädagogische Anregungen für Eltern von Zöliakie-Kindern. Zöliakie Aktuell 11, Juni 1987

Editorische Vorbemerkung

Bei dem nachfolgenden Text handelt es sich um die schriftliche Zusammenfassung eines Vortrages, den H. Figdor 1986 auf dem Gruppentreffen der *Österreichischen Arbeitsgemeinschaft Zöliakie* in Wien hielt. (Bei der »Zöliakie« handelt es sich um eine Stoffwechselkrankheit, die sich in einer Glutaminunverträglichkeit äußert, weshalb normale Getreideprodukte nicht gegessen werden dürfen.)

1. Ein Problem *haben* und an diesem Problem *leiden* ist nicht dasselbe

Es ist verständlich, wenn Eltern von Zöliakie-Kindern sich Sorgen darüber machen, wie das Kind mit seiner Benachteiligung gegenüber anderen Kindern fertig wird, welche – eventuell negativen – Auswirkungen seine Sonderstellung für seine seelische Entwicklung haben könnte u.a.m. Besteht dabei aber nicht die Gefahr, daß wir Erwachsene das, was *uns* wichtig erscheint, auf die Kinder projizieren; daß wir alles, was mit körperlichen Behinderungen und Dysfunktionen zu tun hat, überbewerten und dabei das pädagogisch Wesentliche aus dem Blick verlieren: wie das Kind sich und seine Umwelt *erlebt*? Viele Kinder (Menschen) »haben« ganz beträchtliche Probleme und Schwierigkeiten, mit denen sie aber ganz gut zurechtkommen; und viele Menschen (und fast alle Kinder) leiden schrecklich unter Kümmernissen, die von den anderen als wirkliche Probleme gar nicht erkannt oder wenigstens nicht so tragisch genommen werden.

Dabei wissen wir ganz gut, daß es blinde, lahme oder anders schwer behinderte Menschen gibt, die weit zufriedener und ausgeglichener sind als viele sogenannte »Gesunde« oder »Normale«. Ein Blick in unsere soziale Umgebung macht offenbar, daß die Grenze zwischen vorwiegend glücklichen und unglücklichen Menschen quer durch alle Gruppen geht, daß also Merkmale wie arm/reich, gebildet/ungebildet, alt/jung usf. keine Gradmesser subjektiven Wohlbefindens darstellen.

Was nun das Zöliakie-Kind betrifft: Natürlich sind Einschränkungen gegeben; möchte das Kind mitunter gerne essen, was die anderen Kinder essen; fühlt es sich manchmal als »anders« (daß es sich nicht *ausgeschlossen* fühlt, ist eine – bewältigbare – Aufgabe der Erzieher); natürlich *leidet* es also zeitweise. Aber:
- die (ganz gesunde) Petra leidet auch sehr: sie hat nämlich keinen Vater;
- Sissi und Alex wünschen sich sehnlichst ein eigenes Zimmer, die Wohnung ist jedoch zu klein;
- Rolands Mutter erlaubt nicht, daß ihr Sohn Freunde nach Hause einlädt;
- Peter darf nie in den Park und bekommt kein Fahrrad;
- Seppi wäre so gern nicht eines der kleinsten und schwächsten Kinder seiner Klasse;
- Angelika wäre so gern die Beste der Klasse (wie ihre große Schwester);
- Sabine ist unglücklich, weil sie so dick ist;
- Otto wird von seinen Kameraden abgelehnt, weil er sich so schrecklich schnell ärgert und dann vor Zorn »explodiert«; usw.

Bagatellen im Vergleich zur Zöliakie? Wer das so sieht, hat eben nur die äußere und nicht die seelische Seite im Auge: die genannten Schwierigkeiten sind nämlich aufs Engste mit sehr tief gehenden Problemen bzw. Gefühlen verbunden: Gefühlen der Einsamkeit, des Verachtetwerdens, des Unterlegenseins, der als mangelhaft erlebten Liebe der Eltern, der leidenschaftlichen Eifersucht, der Frage des Selbstwertes, u.a.m. Und, was besonders zu betonen ist: Alle diese Kinder haben das Gefühl, *nur sie allein* sind vom Schicksal so hart getroffen. Denn die eigenen Wünsche und Sehnsüchte bilden allemal den Mittelpunkt der Welt. Aber ein großer Teil der Kinder wird mit diesen Belastungen fertig. Und ebenso können Kinder damit fertig werden, im Hinblick auf Ernährungsweise und -vorschriften anders zu sein als die übrigen. Man muß sie allerdings dabei unterstützen.

2. Den Kindern helfen, mit ihren Benachteiligungen *bewußt* umzugehen

Wenn Eltern versuchen, wo nur immer möglich die Tatsache, daß das Kind Zöliakie hat, vor ihm (und vor sich?) zu verbergen, so ist das sicher nicht der Weg, es zu einer bewußten Auseinandersetzung zu führen. (Das Gleiche gilt für geschiedene Mütter, die versuchen, jedem Gespräch über den Papa – oder Väter im allgemeinen – auszuweichen usw.) Abgesehen davon, daß solche Illusionen nicht auf Dauer aufrechterhalten werden können, signalisieren die Eltern dem Kind unterschwellig, daß es sich hier um einen Makel handelt und fördern somit die Tendenz des Kindes, sich dessen zu schämen und – als Reaktion – die Tatsachen zu verleugnen. Wenn die Eltern (Großeltern, Verwandte, Bekannte) allerdings ununterbrochen »das arme Kind« bedauern, so ist das wohl auch nicht der rechte Weg. Sie vermitteln dem Kind den Eindruck, das einzig Wesentliche an seiner Person sei die Zöliakie (oder eine andere Behinderung), und diese sei offenbar etwas ganz und gar Schlimmes. Wohl soll das Kind seinem Problem in die Augen sehen; auch hat es das *Recht*, darüber mitunter traurig und zornig zu sein; und es hat auch Anspruch auf unser Bedauern und unseren Trost. *Das Wichtigste* aber ist, dem Kind zu vermitteln, daß seine Zöliakie zwar eine manchmal unangenehme Sache, jedoch *keine Katastrophe ist*:

- daß es nicht das einzige benachteiligte Wesen dieser Welt ist, sondern jedes Kind seine jeweils spezifische Seelenlast trägt;
- daß dem Kind zeitweise wohl Erschwernisse aber keine unüberwindlichen Schwierigkeiten aufgegeben sind;

- daß es deshalb von seinen Eltern um nichts weniger geliebt wird;
- daß sich seine Person nicht auf einen gestörten Stoffwechsel beschränkt, sondern es Eigenschaften und Talente hat, die weit mehr als die Zöliakie zählen.

Wenn es gelingt, dem Kind durch Anteilnahme und erklärende Gespräche zu einer solchen Einsicht zu verhelfen, dann verhindern wir, daß es sein Problem mit Angstphantasien über Verlassenwerden oder soziale Ablehnung koppelt. Und damit haben wir das Wichtigste für die seelische Gesundheit der Kinder schon geleistet.

3. »Ich habe Zöliakie – und was hast Du?«

Einen wichtigen Beitrag können hierbei auch die Gruppenpädagogen (Kindergärtnerinnen, Lehrer) leisten. Kinder sind in ihren Urteilen über andere vom jeweiligen Gruppenklima, aber eben auch vom Erzieher, sehr leicht beeinflußbar. Ablehnung, Bewunderung und Respekt liegen noch ganz eng beieinander. Karins neue Zahnspange kann mit ebenso großer Wahrscheinlichkeit zum Gespött der Kinder werden, wie sie eine Zahnspangenmode (»Ich möchte auch eine!«) auslösen kann; der siebenjährige Georg wurde seiner Zornesausbrüche wegen von seinen Klassenkameraden übergangen und ausgeschlossen. Als die Lehrerin ihnen erklärte, daß Georg nicht schlecht ist, sondern *ein Problem hat*, wurden sie mit ungebrochenem Eifer Georgs »Psychotherapeuten« (»Wir helfen jetzt dem Georg, nicht mehr so zornig zu sein!«). Gruppengespräche über Belastungen, denen die Kinder ausgesetzt sind (ab 4 Jahren möglich), lassen die Kinder erfahren,
- daß sie mit ihrem Problem nicht allein sind;
- daß man sich dessen nicht schämen muß, sondern akzeptiert wird;
- daß man anderen helfen kann und einem selbst geholfen wird.

4. (Schlußbemerkung:) Das elterliche Schuldgefühl

»Man lernt zwar als Mutter mit der Zöliakie zu leben, trotzdem kommen Schuldgefühle auf, wenn man selbst im geheimen einen frischen Faschingskrapfen ißt. Man kann einfach nicht immer alles backen, was in Konditoreien etc. zu sehen ist. Man weiß, daß es schlimmere Krankheiten als die Zöliakie gibt, aber wenn der Sprössling todunglücklich heult, weil er nie Buchstabensuppe essen darf wie die anderen Kinder, sondern nur Ringerlsuppe, ist man als Mutter sehr stark belastet.«

Ich verstehe diese Mutter sehr gut. Aber ich möchte ihr und den anderen betroffenen Eltern zu denken geben: Sind denn Diätanforderungen wirklich das Schlimmste, das wir unseren Kindern antun? Was ist mit den vielen anderen Wünschen der Kinder, für die wir entweder kein Geld, häufiger keine Zeit und oft keine Geduld haben? Und was die Faschingskrapfen betrifft: Wir nehmen doch den Kindern gegenüber *als Erwachsene, als Eltern* andauernd Privilegien in Anspruch, und zwar ohne jedes schlechte Gewissen. Man muß ja die Krapfen nicht unbedingt vor den lechzenden Augen des Kindes schmatzen. Aber zwischen Rücksicht und (»schuldiger«) Heimlichkeit ist doch ein beträchtlicher Unterschied. Ich glaube, daß solche Gewissensbisse sich aus einem mehr oder weniger unbewußten Gefühl herleiten, an der Zöliakie des Kindes *schuld* zu sein. Wenn Eltern eine solche Tendenz bei sich spüren, sollten sie sich vor Augen halten,

- daß im Bereich körperlicher Prozesse (dazu gehört auch die Vererbung) die Machbarkeit durch den Menschen an ihre Grenze stößt und daher Kategorien wie »Schuld« oder »Verdienst« völlig unangebracht sind;
- daß sie das, was dennoch machbar ist, ohnehin tun;
- daß sie aber in allererster Linie *selbst* erkennen müssen, daß Zöliakie eine unangenehme und beschwerliche Sache, jedoch *keine Katastrophe* ist.

Nur dann werden das auch die Kinder glauben können. Und wenn die Eltern sich nicht mehr mit Selbstvorwürfen belasten, wird es ihnen auch viel leichter fallen, mit den Alltagsfolgen der Zöliakie ähnlich *unbefangen* umzugehen, wie sie das mit den vielen anderen Nöten und Enttäuschungen der Kinder zu tun pflegen.

4.
Über die Sexualität der Kinder

Eine Aufklärung für Eltern und Pädagogen
(1988)

Textnachweis:
Erstveröffentlichung:
Figdor, H.: Sexualität und Kindheit. In: Das Wiener Sommersymposion (Hg.): Interaktion 2. Das Nackte und der Hintergrund. Wien (Wr. Sommersymposion/ Eigenverlag) 1989

Editorische Vorbemerkungen
Im Jahre 1988 veranstaltete »Das Wiener Sommersymposion« in Zusammenarbeit mit der Hochschule für angewandte Kunst sein 2. Symposion über Interaktion mit dem Titel »Das Nackte – der Hintergrund«, auf dem H. Figdor einen Vortrag mit dem Titel Sexualität und Kindheit hielt. Im nachfolgenden Text wurden Teile der Einleitung weggelassen bzw. gekürzt.

1.

Mit dem Namen *Sigmund Freuds* verbinden sich im öffentlichen Bewußtsein eine Reihe von Assoziationen: Vater der Psychotherapie; Entdecker des Unbewußten, der Bedeutung der Kindheit für die Charakterentwicklung; Enttabuisierer der Sexualität als mächtiger, natürlicher Triebstrebung u.a.m.

Interessanterweise fällt meist unter den Tisch, daß die *infantile* Sexualität zu den Hauptentdeckungen der Psychoanalyse gehört, ja daß, spricht man in der Psychoanalyse vom »sexuellen Ursprung« neurotischer Bildungen, damit in erster Linie gerade die infantile, nicht die erwachsene, genitale, Sexualität gemeint ist. Es hat ganz den Anschein, als wäre die Sexualität des Kindes die letzte, aber dafür überaus widerstandfähige Bastion, auf die sich das sexuelle Tabu zurückgezogen hat. Dies äußert sich im Ignorieren kindlicher Sexualäußerungen oder in deren Einschätzung als etwas, was nicht sein dürfte. Solche Eltern sorgen sich wegen der Masturbation ihres Buben oder Mädchens; oder sie verbieten ihnen ganz einfach die Berührung ihrer Genitalien; andere wieder (vorzugsweise Berufserzieher/innen) versuchen, das Kind »abzulenken«; fast alle Erwachsenen finden genitale Neugier, Betasten anderer Kinder als bedenklich und als Anlaß für eine – wenngleich individuell sehr unterschiedliche – erzieherische Intervention.

Die infantile Sexualität beschränkt sich allerdings keineswegs auf Masturbation und Neugier bezüglich des Geschlechtsunterschiedes, Regungen, die allen Kindern gemeinsam sind und eine normale Etappe der psychosexuellen Entwicklung darstellen. Bereits im Jahre 1874 wies der Kinderarzt Lindner auf die auffallende Ähnlichkeit der Affekte, die das Lutschen des Säuglings mit jenen des Sexualaktes aufweist, hin. Freud (v.a. 1905d) stellte das Phänomen des »Wonnesaugens« in eine Reihe mit anderen Tätigkeiten bzw. Situationen, die auf (letztlich) körperliche Lustempfindungen gerichtet und auf Erregungen in bestimmten Körperbereichen – den sogenannten »erogenen Zonen« bezogen sind. Als erogene Zonen prädestiniert sind die Schleimhäute des Mund-, des After- und des Genitalbereichs, erregend wirken aber auch die gesamte Hautoberflüche, ferner Reizungen des vestibulär- und kinästethischen Apperats (Streicheln, Wiegen, Schaukeln, Bewegung usw.). Nun fand Freud in seinen Analysen erwachsener Neurotiker (was sich später auch in den Analysen und Beobachtungen von Kindern bestätigte) die gesamte psychische Aktivität des Kindes um jene Lustfunktionen zentriert, gleichzeitig aber auch eine starke, von der Erziehung, der Kultur, aber auch von entgegenstehenden Wünschen oder Werthaltungen des Kindes selbst ausgehende Tendenz zur Einschränkung und Unterdrückung jenes Luststrebens.

Die wohl wichtigste Erkenntnis der Psychoanalyse bestand nun darin, daß jene Luststrebungen den Versuchen ihrer Hemmung ein beträchtliches Maß an Widerstand entgegensetzen, sich offenbar nicht einfach unterdrücken lassen, sondern sich in einem solchen Fall andere, weniger tabuisierte und daher auch ein geringeres Maß an Angst oder Schamgefühlen auslösende Wege der Befriedigung suchen. Das Ergebnis dieser Umwandlungen und Verschiebungen sind aber nichts anderes als jene – scheinbar irrationalen – Handlungen, Strebungen usw., die nun (beim erwachsenen Patienten) als neurotische Symptome imponieren.

2.

Die Unbedingtheit, mit der sich die Luststrebungen des Kindes bemerkbar machen und sich durchsetzen, sowie die körperliche Tönung der erstrebten Lust veranlaßten Freud, von ihnen als von »Trieben« zu sprechen. Doch, warum faßt er sie als »Äußerungen kindlicher *Sexualität*« zusammen?

Betrachten wir dazu einmal, was wir üblicherweise als Sexualität bezeichnen: die psycho-physischen Ereignisse rund um den Geschlechtsverkehr. Nun haben die erst mit der Pubertät gereiften »genitalen Funktionen« zweifellos einen zentralen Anteil am Gelingen des Beischlafs, läßt er sich aber auf die »Genitalität« reduzieren? Wäre nicht ein solcher »rein« genitaler Geschlechtsverkehr seine eigene (perverse) Karikatur: genitale Erregung – genitale Vereinigung – Samenerguss/Orgasmus?

In unserem alltäglichem Verständnis von Sexualität sind die Momente der Neugier, der »taktilen Erotik« (Händehalten, Aneinanderschmiegen, Streicheln), der Oralerotik (Küssen), »aggressive« Tendenzen (Bemächtigen, Festhalten, Umschließen), Gefühle, die wir als Liebe, Leidenschaft usw. bezeichnen, u.a.m. selbstverständlich vorausgesetzt. Und zwar nicht nur als – vernachlässigbare – Begleiterscheinungen: ohne wenigstens einige jener »Akzidentien« wäre nämlich genitale Sexualität gar nicht denkbar, weil sie für die den Koitus erst ermöglichende Erregung eine unverzichtbare Vorraussetzung darstellen.

Sieht man vom bewußten Endziel – der genitalen Vereinigung bzw. Orgasmus – ab, so findet sich an der erwachsenen Sexualität in der Tat nichts, was nicht schon das Streben der Kinder auszeichnen würde. Aber auch das Studium der sogenannten »Perversionen« und vor allem der Neurosen offenbart unabweisbare Verbindungen zwischen dem infantilen Triebleben und der erwachsenen Sexualität.

Was die infantile von der erwachsenen Sexualität unterscheidet, ist dreierlei:

a) Der infantilen Sexualität fehlt lediglich das *Primat* der Genitalität. D.h., die genitale Erregung existiert höchstens gleichberechtigt neben den anderen Erregungen (den sogenannten »Partialtrieben«) und diese verfolgen ihre Ziele selbständig, sind also nicht auf das genitale Triebziel funktional bezogen.

b) Sinnliche und zärtliche Regungen fallen im Hinblick auf das »Objekt«, also den Liebespartner, beim Kind nicht im gleichen Ausmaß zusammen wie beim Erwachsenen. So haben orale, anale und genitale Strebungen stark autoerotischen Charakter, während die »Liebe« der Kinder nicht mit sinnlichen Zielen gepaart sein muß. (Die Herkunft dieser Erregungen aus den Pflegehandlungen der Mutter, der Bereich der »Zärtlichkeit« sowie die Analyse der unbewußten Wünsche und Phantasien der Kinder gegenüber ihren Eltern schränkt freilich die Gültigkeit dieses Satzes ein und rückt die kindliche der erwachsenen Sexualität wieder ganz nahe.)

c) Der dritte – und vielleicht wesentlichste – Unterschied liegt darin, daß – beim einigermaßen »gesunden« – Erwachsenen das Sexualleben auf die Begegnung der Geschlechter, und die (körperliche) Erregung auf den intimen Lebensbereich konzentriert ist. Die sexuellen Erregungen des Kindes sind dagegen meist weniger intensiv und spektakulär, dafür beherrschen sie und ihre unmittelbaren psychischen Derivate die ganze Breite des täglichen Lebens.

Im Sinne dieser letzten Unterscheidung kann man das typische, sich vom »Erwachsen-Sein« unterscheidende Verhalten der Kinder, also »Kindlichkeit« ganz allgemein, als *ausgebreitet gelebte Sexualität* beschreiben. Der Erziehung käme dann u.a. die Aufgabe zu, die Sexualität in örtlicher, zeitlicher und personeller Hinsicht in die von der Kultur dafür vorgesehenen Räume zu kanalisieren. (Solch ein Vorhaben kann natürlich auch scheitern, wenn die Einschränkungen zu groß und die vorgesehenen Kanäle den Strom nicht aufzunehmen in der Lage sind.)

Demzufolge hätte die Relation *Erwachsener – Kind* viel gemeinsam mit der Relation *Erwachsener – sexuell erregter Erwachsener.* Kinder als auch wir selbst im erregten Zustand sind von den unmittelbar *nächsten Handlungszielen* »besessen« und nicht ohne emotionelle Reaktionen davon abzubringen; dem entspricht eine hohe *affektive Labilität:* Glück und Verzweiflung, Zärtlichkeit, Wut und Angst, Zufriedenheit und Demütigung liegen eng beisammen und können leicht ineinander übergehen; die konkreten Bedürfnisse und

Ziele entsprechen meist nicht dem, was wir rational anstreben und für gut befinden. Daraus folgt meist eine grundsätzliche kritische Einstellung den Kindern ebenso wie unserer eigenen Triebhaftigkeit gegenüber. (Letztere ist wohl auch die psychologische Quelle einer ganzen Philosophietradition, welche »Sittlichkeit« in der Überwindung des Körperlichen zugunsten selbstbestimmter Rationalität realisiert sieht. Aber selbst bei Menschen, die einem solchen Lebensentwurf nicht huldigen, finden wir »intime Bereiche«, die vor der Veröffentlichung verborgen werden bzw. deren Öffentlich-Werden zu Schamgefühlen führt.)

3.

Begleiten Sie mich im folgenden auf einen knappen Streifzug durch Phänomene der Kindheit, deren unmittelbar sexueller Charakter aufgrund der bisherigen Ausführungen deutlich sein dürfte.

Bereits nach den ersten Lebenswochen stillt das Trinken nicht nur den Hunger des Babys, sondern das Saugen bereitet ihm auch Lustempfindungen an den Schleimhäuten der Mundhöhle, nach denen es bald ein selbständiges Bedürfnis entwickelt. Das geht so weit, daß die Befriedigung dieses Bedürfnisses zur notwendigen Voraussetzung für jenen Entspannungszustand wird, der es nach dem Stillen selig einschlafen läßt.

An diesem Wohlbehagen sind aber noch weitere Empfindungen beteiligt: die Körperwarme der Mutter, der von ihrer Haut ausgehende Geruch, ihr Puls. Empfindungen, die der Säugling bereits aus der vorgeburtlichen Zeit kennt und die ihm ein Gefühl des »Alles ist in Ordnung« vermitteln. Dazu kommen die so überaus intensiven Empfindungen aus der Körperlage bzw. deren Veränderungen, die zu großen Ängsten bis zu höchstem Vergnügen führen können.

Berücksichtigt man diese Erlebnisdimension nicht, kann das leicht zu Mißverständnissen und »Erziehungsfehlern« führen. Eltern, die nur den körperlichen Bedarf (Hunger, Wärme, Schlaf) im Auge haben und die Bedeutung der Lust-Unlust-Sensationen vernachlässigen, geben dem Kind bei jeder Unmutsäußerung zu trinken, statt darauf zu »hören«, was es gerade in diesem Augenblick möchte; sie stillen auch noch, wenn es im Grunde nur mehr um das Wonnesaugen geht und der Schnuller genügen würde; sie legen es nieder, wenn es getragen werden will usw. Das Ergebnis ist häufig, daß sich die Kinder nicht beruhigen, zu viel trinken (Dreimonats-Kolik), die Nahrung verweigern u.a.m. Manche Mütter berichten, ihr Kind »lehne den Schnuller ab«, nachdem es ihn drei- oder viermal verweigert hat. Auch das ist ein Mißverständnis, das daraus entsteht, daß es sich beim Saugen nicht einfach um eine »Liebhaberei«, sondern einen sinnlichen Akt handelt, der – wie bei unseren sinnlichen Bedürfnissen – eben seine Zeit hat: das Baby, das den Schnuller gerade ausgespuckt hat, wird vielleicht nur eine Minute später voll Inbrunst daran saugen. Worum es in diesen ersten Wochen und Monaten allein geht, ist, die »Sprache« des Kindes verstehen und also spüren zu lernen, wonach sich *sein Begehren im Augenblick richtet.*

Die Bedeutung der oralen Sensationen nimmt in den folgenden Monaten weiter zu. Über die unmittelbar körperlichen Erregungen hinaus wird v.a. der Schnuller (oder auch ein Finger, eine Windel...) zu einem ersten Symbol für alles Positive, das von der Mutter ausgeht. Weshalb er oder seine Surrogate bis in die späte Kindheit hinein zu einem unverzichtbaren Begleiter des Einschlafens, das ja eine Trennung von den geliebten Personen ist, wird bzw. überhaupt – quasi als Muttterersatz – die Funktion eines Trösters, eines sogenannten »Übergangsobjekts« (Winnicott 1979), übernimmt.

Die besondere Sensibilität der Mundzone führt auch dazu, daß der Mund zunächst das wichtigste Organ darstellt, mit dem das Kind die Welt zu »begreifen« sucht. Die »oralen« Eigenschaften sind die ersten, die der Säugling an den Gegenständen seiner Umwelt kennen lernt. Und die von daher ausgehenden (angenehmen) Reize sind auch ein wichtiger Motor seiner Entdeckungslust.

Recht bald beginnt eine andere, überaus empfindliche Körperzone zur Quelle von Lustsensationen zu werden: die Schleimhäute des Analbereichs. Das beginnt mit der angenehmen Reizung durch die Wärme des Stuhls und des Säuberns; Zurückhalten und Ausstoßen des Stuhls bereiten den Kindern (ab dem 2. Lebensjahr) durchwegs angenehmste Empfindungen. Dazu kommt das Interesse am eigenen Kot, der einerseits als Teil des eigenen Körpers erlebt wird, auf der anderen Seite aber auch die erste »Produktion« des Kindes darstellt. Berücksichtigt man den erotischen (Lust-)Aspekt der Stuhlentleerung, wird klar, daß die Reinlichkeitserziehung einen bedeutenden Eingriff in das – so hoffen wir – bisher weitgehend befriedigte Triebleben des Kindes bedeutet:

- Statt sich nach seinem Bedürfnis zu richten, soll es die Stuhlentleerung nach äußeren Regeln vollziehen.
- Was für das Kind lustvoll und interessant ist, wird von den Erwachsenen als »pfui« verteufelt, was nichts anderes heißt, als daß das Kind in seiner Freude daran sich selbst »als pfui« erlebt.

- Zum ersten Mal verlangen die Eltern konsequent, daß das Kind auf etwas für es Wichtiges und Angenehmes verzichten soll.
- Und nicht nur das: Es soll sogar das teure, zu ihm gehörige bzw. von ihm »gemachte« Stück hergeben.

Zusammen mit den motorischen Einschränkungen, den immer häufigeren »Neins«, welche dieses Alter mit sich bringt, kann dieses Alter von den Kindern als »Vertreibung aus dem Paradies« des (1. Lebensjahres) erlebt werden. Werden die mit der zunehmenden motorischen Selbständigkeit der Kinder unerläßlichen Grenzen nicht behutsam eingeführt, die Reinlichkeitserziehung zu früh (vor Ende des 2. Lj.) begonnen und statt mit Geduld, Nachsicht und Freundlichkeit in kurzer Zeit, konsequent und mittels Strenge realisiert, so kann dieses Lebensalter leicht zum Ausgangspunkt schwerer seelischer Beziehungskonflikte zwischen Kind und Eltern (v.a. der Mutter) und Ausgangspunkt neurotischer Entwicklungen werden (Bettnässen, Einkoten, übermäßige Aggressivität und Trotz, Sprachstörungen, Ängste u.v.m., die in zwangsneurotischen Störungen oder Persönlichkeitszügen münden können.

Spätestens im dritten Lebensjahr beginnen sich die meisten Kinder mit den Geheimnissen der Geburt und des Unterschieds der Geschlechter zu befassen und auf diese brennenden, weil die eigene Herkunft und den eigenen Körper betreffenden Fragen Antworten zu suchen. Bei diesem Bemühen gehen die Kinder ganz logisch vor, die Ergebnisse leiden freilich unter dem Umstand, daß sie von einigen wichtigen Dingen keine Kenntnis haben:

- Fast alle Kinder erfahren heutzutage recht früh, daß die Kinder im Bauch der Mutter wachsen, nicht aber, wie sie »hineingekommen« bzw. nachdem sie groß waren, herausgekommen sind.
- Der Unkenntnis der väterlichen Zeugungsfunktion und der (ja unsichtbaren) weiblichen Körperöffnung entspricht die Unkenntnis darüber, daß dem Penis des Mannes (des Buben) ein (inneres) Geschlechtsorgan bei der Frau (beim Mädchen) entspricht, und sich das Verhältnis Mann-Frau nicht in einem Haben des Penis und einem Nichthaben erschöpft.

Diese, den meisten Drei- und Vierjährigen gemeinsamen Wissensdefizite führen zu skurrilen Theorien, wie etwa, daß die Kinder durch bestimmte Speisen oder durch Vielessen im mütterlichen Bauch wachsen; daß sie schließlich aus diesem herausgeschnitten oder durch die (einzig bekannte) Afteröffnung geboren werden u.a.m. Die »magische« Denkungsart der Kinder (vgl. dazu Fraiberg 1972, Zulliger 1979), d.h. die aus der Unkenntnis von Naturgesetzen stammende Vorstellung, alles Seiende ist »gemacht«, führt sie auch dazu anzunehmen, daß dem Mädchen der Penis vorenthalten oder gar weggenommen wurde, wobei dafür – naheliegenderweise – meist die Eltern, v.a. die für das Entstehen der Kinder ja zuständige Mutter, verantwortlich gemacht wird. Dies umso mehr, als die Kinder den Unterschied zwischen Mädchen und Buben keineswegs automatisch auf Vater und Mutter übertragen und viele Kleinkinder die Mutter mit Penis phantasieren.

Diesen infantilen »Sexualtheorien« muß eine zwar behutsame, kindergerechte aber doch auch realitätsgerechte erste Aufklärung entgegengesetzt werden. Diese hätte vor allem die Befruchtung, den Geburtsvorgang und das dem sichtbaren männlichen äquivalente weibliche Organ und damit die »Gleichwertigkeit« des Mädchens zu umfassen (z.B. »Die Mädchen haben statt des Penis ein Nestchen, in dem später, wenn sie groß sind, die Babys wachsen ...« oder so ähnlich).

Geschieht solche Aufklärung nicht, können aus den unwiderrufenen Theorien der Kinder eine Reihe von Problemen erwachsen: Eßstörungen (Verhinderung oder Herbeiführung von Schwangerschaften), Zurückhalten des Stuhls (etwa zur Verhinderung eines »Abortus«),[36] vor allem der sogenannte Kastrationskomplex, der darin besteht, daß die Mädchen die Buben darum beneiden, »mehr« zu haben, und die Buben auf ihr Glied zwar sehr stolz sind, aber um seinen Verlust fürchten. Der Kastrationskomplex kann beim Mädchen zu Minderwertigkeitsgefühlen, zu bewußten oder unbewußten Vorwürfen gegen die (verantwortliche) Mutter und u.U. in der weiteren Folge zu Problemen mit der weiblichen Identität führen. Auf Seiten der Buben ist Imponiergehabe und Verachtung von Mädchen oft unmittelbarer Ausdruck des Kastrationskomplexes, ebenso aber auch oft die große Angst, durch irgendwelche Vergehen der Männlichkeit wieder verlustig zu gehen. Jene Geringschätzung und gleichzeitige Angst vor der Frau (als kastriertes und kastrierendes Wesen) hat einen prägenden Einfluß auf die spätere Gestaltung der sexuellen Beziehungen des Mannes und ist Quelle sowohl vielfacher (i. w. S) sexueller Störungen als auch zu einem guten Teil des männlichen Herrschaftsanspruchs: mindert doch die Beherrschung der Frau die von ihr ausgehende Bedrohung. (Die Bedrohung ist übrigens nur zum Teil eine phantasierte: entsprechen doch den unbewußten Kastrationsängsten der Männer häufig ebenso heftige unbewußte Kastrationswünsche der Frauen.[37])

---

36 Es muß freilich hier angemerkt werden, daß keinesfalls alle Eß- und Verdauungsstörungen ihren Ursprung in Phantasien des Kinderkriegens haben!

37 Es handelt sich hier um ein sehr komplexes Thema mit vielen Facetten, die hier nicht alle angeführt werden können. (vgl. u.a. Freud 1908c, 1925i; Fenichel 1945, Bd 1, 111 ff).

Spätestens in die Zeit des dritten, vierten Lebensjahres fällt auch die Entdeckung des Genitales als einer Körperzone, die besondere Lustempfindungen zu bereiten in der Lage ist. Selbstbefriedigung, Schau- und Zeigelust sowie gegenseitiges Erforschen und Betasten gehört zu den Freuden aller Kinder. Worin sie sich höchstens unterscheiden ist das Maß an »Öffentlichkeit« bzw. die ungestörte Gelegenheit zu solchen Spielen. Diese frühen Äußerungen der kindlichen genitalen Sexualität sind normal, unbedenklich, für ein natürliches Verhalten zum eigenen Körper und seine Versprechungen notwendig. Daher sollten sie weder unterdrückt noch mehr oder anders beachtet werden als alles andere, was den Kindern wichtig ist.

Als Störung ist lediglich das sogenannte »exzessive« Masturbieren anzusehen. Davon spricht man, wenn Kinder keine Gelegenheit auslassen, sich genitale Lust zu verschaffen und dies allen anderen Betätigungen – Spielen, andere Kinder usw. – vorziehen. Das Bedenkliche ist in solchen Fällen freilich auch nicht die Sexualbetätigung als solche, sondern die offenbare Tatsache, daß Spiel und gemeinschaftliche Tätigkeiten nicht in der Lage sind, annähernd so viel Freude zu spenden wie der eigene Körper. Das Problem ist also nicht ein sexuelles, sondern eines der (sozialen und emotionalen) Beziehungen des Kindes.

Mit dem dritten, vierten Lebensjahr treten die Kinder auch in die sogenannte »ödipale Phase« ein. D.h., auf der einen Seite entdecken sie eine besonders innige Liebe zum gegengeschlechtlichen Elternteil, mit dem sich auch viele der erwähnten sexuellen Phantasien, wie Kinderwunsch, Befriedigung, Heirat u.a.m., verbinden. Auf der anderen Seite wird dem Kind bewußt, daß es nicht den Mittelpunkt der »Beziehungswelt« darstellt, daß also außer den Beziehungen zu ihm auch eine Beziehung zwischen den Eltern existiert. Das führt zu einem Schwanken zwischen Liebe und Eifersucht (vorwiegend gegenüber dem gleichgeschlechtlichen Elternteil) sowie in der Folge zu Schuldgefühlen und Vergeltungsängsten. Nicht umsonst gilt der Psychoanalyse der »Ödipuskomplex« als Hauptquelle späterer neurotischer Entwicklungen.[38] Die erfahrungsgemäß optimale Bewältigung des Ödipuskomplexes, des Konflikts zwischen Liebe und Haß (Eifersucht), besteht in der »Identifizierung« des Kindes mit dem gleichgeschlechtlichen Elternteil, also mit dem »Konkurrenten«. Aus dem »Ich *oder* Du« wird dadurch ein »Wir beide« bzw. ein »Ich *wie* Du«: Um das sechste Jahr herum übernehmen Mädchen Normen und Ei-

38 Tatsächlich ist der Ödipuskomplex ein weit komplizierteres Geschehen, an dem nicht nur die Psychodynamik des Kindes, sondern auch die der Eltern und anderer Bezugspersonen beteiligt ist. (vgl. u.a. Freud 1924d; Fenichel 1931).

genschaften der Mutter, die Buben jene der Väter. Die gleichgeschlechtlichen Elternteile werden zu Vorbildern und ziehen auch ein Gutteil der ödipalen Liebesinteressen an sich. Dazu kommen die Anforderungen der Schule, welche ein großes Maß der Aufmerksamkeit, welche die Kinder zuvor ihren körpernahen Freuden schenkten, absorbiert, sodaß das sinnliche und heterosexuelle Begehren erst wieder mit der Pubertät zur vollen Blüte erwacht, weshalb Freud diese Zwischenperiode als »Latenzzeit« – in welcher die sexuelle Entwicklung also gewissermaßen ruht – bezeichnete. Das dürfte heute so nicht mehr stimmen. Im Gegensatz zur Zeit Freuds wird heute in Familien und in der Schule über Sexualität gesprochen bzw. aufgeklärt, über Plakate und Medien bildet sie einen unübersehbaren Bestandteil des Alltags auch der Kinder, und schließlich begegnen Buben und Mädchen einander in derselben Klasse und unterhalten Freundschaften, ja mitunter leidenschaftliche Liebesbeziehungen, sodaß Liebe und Sexualität sich nicht nur im Bewußtsein des Kindes halten, sondern im Gegenteil ein zunehmend präsentes Thema bilden.

Aber wir sehen, daß es sich im Alter zwischen sechs und zwölf offenbar vor allem um äußere, soziale Faktoren handelt, welche die sexuelle Entwicklung bestimmen. Es wird daher nicht verwundern, daß sich die Kinder in dieser Zeit im Hinblick auf die inhaltliche und quantitative Ausprägung ihrer sinnlichen Bedürfnisse und sexuellen Interessen ganz enorm unterscheiden. Meiner Erfahrung nach reicht das (durchaus als »normal« zu bezeichnende) Spektrum von der weitestgehenden Verdrängung – also »Latenzkindern« im Freud'schen Sinn – bis hin zur »seelischen Frühreife«, d.h. Kindern mit voll entfalteten sexuellen Interessen.

Die Bedingungen dieser Differenzierung sind nur im Einzelfall zu bestimmen, zu komplex ist das Zusammenwirken der individuellen Faktoren, wie geistiges Klima des Milieus, Lebensverhältnisse, die Persönlichkeit von Eltern, Verwandten und Lehrern, Freundschaften, soziales Prestige in der Gruppe und zufällige Begegnungen (einschließlich Verführungen), aber auch die »ablenkende Macht« von Hobbys, sportlichen und schulischen Erfolgen u.a.m.

Ein psychoanalytisch-pädagogisches Schlußwort

Mit der Ankunft bei der Pubertät möchte ich den Streifzug durch typische Erscheinungen der kindlichen Sexualität beschließen. Zugleich habe ich versucht, Ihnen eine Idee davon zu geben, wieweit die sinnlichen Strebungen des

Kindes in alle seine Lebensbereiche eingreifen, welche Komplikationen sich daraus ergeben können, aber auch, inwiefern erzieherisches Handeln solchen Komplikationen gegensteuern kann, wenngleich der Anspruch, sie völlig auszuschalten, wohl zu hoch gegriffen wäre. Dies liegt zum einen an der Komplexität der möglichen Verwicklungen, aber auch an der Tatsache, daß dem erzieherischen Zugriff auf die von vielen Seiten gespeisten Phantasien des Kindes Grenzen gesetzt sind. Aber es gibt noch einen weiteren Grund: Auch der Umgang mit der kindlichen Sexualität ist nur zum Teil eine Frage des »richtigen pädagogischen Umgangs«. Pädagogisches Handeln ist untrennbar mit dem *Verstehen* des Kindes, seiner Sehnsüchte, Probleme und Gefühle, verbunden. Wenn es nun stimmt – wie ich oben darzulegen versuchte –, daß im Grunde Kindheit insgesamt gelebte Sexualität ist, so heißt das doch, daß unsere Fähigkeit des Einfühlens in die Psyche des Kindes wesentlich *vom Verhältnis zu unserer eigenen Sexualität* abhängig ist. Oder anders gewendet: Je fremder wir uns selbst im Zustand sinnlich-leidenschaftlicher Erregung sind, je mehr wir dazu neigen, unsere eigenen intimen Wünsche und Neigungen abzulehnen, desto weniger wird es uns möglich sein, die Kinder in ihrem Kindsein zu verstehen (und anzunehmen). Ja noch mehr: die Kinder vermögen dann u. U. sogar zur Gefahr für unsere Verleugnungen und Verdrängungen zu werden, sodaß die Unterdrückung kindlicher Neigungen zur Bedingung der Aufrechterhaltung unseres eigenen seelischen Gleichgewichts wird. Viele scheinbare »Erziehungsfehler« – nicht nur im Rahmen der sexuellen Erziehung i. e. S. – sind die zwangsläufige Folge (unbewußter) psychischer Probleme der Eltern und Erzieher. Umgekehrt bietet dieser Zusammenhang aber auch den *Eltern und Erziehern* eine Entwicklungschance: Wenn sie es fertig bringen, die Kinder *Kinder* sein zu lassen, kann es geschehen, daß sie *an ihnen* ein Stück verdrängter Kindheit wieder erleben und sich mit dem Kind in sich selbst aussöhnen, dessen Unterdrückung nicht zuletzt auch die Liebesfähigkeit des Erwachsenen beeinträchtigt. Eine Chance, die freilich in vielen Fällen nicht ganz ohne professionelle Hilfe realisierbar ist.

5.

Trennung und Scheidung: Katastrophe oder Chance für die Kinder?

(1989)

Textnachweis:
Erstveröffentlichung:
Figdor, H.: Scheidung als Katastrophe oder Chance für die Kinder? In: Achter Deutscher Familiengerichtstag. Brühler Schriften zum Familienrecht. Bielefeld (Gieseking-Verlag) 1990

Editorische Vorbemerkung
1986 wurde H. Figdor vom damaligen Präsidenten der Sigmund Freud-Gesellschaft Wien, Harald Leupold-Löwenthal, mit der Leitung eines Forschungsprojektes betraut, das aus psychoanalytischer Sicht die langfristigen Auswirkungen der Scheidung auf die Persönlichkeitsentwicklung der betroffenen Kinder untersuchen sollte. 1989 wurde er vom Deutschen Familiengerichtstag eingeladen, über die Erkenntnisse aus diesem Projekt zu berichten. (Zwei Jahre später legte H. Figdor die Ergebnisse des Forschungsprojekts ausführlich in Buchform vor: Kinder aus geschiedenen Ehen. Zwischen Trauma und Hoffnung. Erst vor kurzem ist das Buch – in der Zwischenzeit längst ein Standardwerk – im Psychosozial-Verlag in 8. Auflage erschienen.)

Meine sehr geehrten Damen und Herren!

Lassen Sie mich zunächst ein paar Vorbemerkungen machen.

Erwarten Sie bitte von meinen Ausführungen keine eindeutigen Antworten auf die bedrängenden Fragen Ihres Berufsalltags. Eher fürchte ich, Sie in einigen Ihrer Positionen zu erschüttern ohne Ihnen jedoch alternative Sicherheiten bieten zu können. Es gehört zu den größten Verdiensten der Psychoanalyse, uns zu zeigen, daß die Dinge nie so sind, wie sie scheinen. Was freilich im Menschen (bewußt wie unbewußt) vor sich geht, wie er bestimmte äußere Ereignisse erlebt, ist von Individuum zu Individuum verschieden, kann also nur im Einzelfall wirklich ergründet werden, so daß von »den« Auswirkungen »der« Scheidung im allgemeinen gar nicht geredet werden darf, weil es weder »die« Scheidung noch »das« Kind gibt. Ich kann Sie also nur einladen, mit mir einen Blick unter die Oberfläche von Scheidungsphänomenen zu machen.

Meine Ausführungen beruhen auf Erfahrungen aus einer recht intensiven Arbeit mit Scheidungseltern und Scheidungskindern, die sich zum einen auf ein Projekt stützt, das wir in der Sigmund-Freud-Gesellschaft über zwei Jahre lang durchgeführt haben, und zum anderen auf meine eigene psychoanalytisch-pädagogische Praxis, in welcher ich sehr viel mit Scheidungsproblemen und Scheidungskindern zu tun habe.

Scheidung, und das gehört zu meinen wichtigsten Anliegen, Scheidung ist nicht gleich Scheidung. Es gibt keine Scheidung, die so ist wie eine andere. Scheidung ist etwas, was Menschen vollbringen, und zwar ganz konkrete Menschen in einer ganz konkreten Art und Weise. So wie sie unter ganz besonderen Bedingungen geheiratet haben, gehen sie auch auf ganz individuelle Weise auseinander, und es gibt keine zwei Menschen, die ihre Getrenntheit, auch ihre getrennte Elternschaft, gleich leben würden. Kann man aber dann überhaupt Aussagen allgemeiner Natur machen? Ich würde sagen, das, was ich Ihnen heute erzähle, ist eine *Auswahl von Möglichkeiten,* wie Scheidung von den Betroffenen erlebt oder gehandhabt werden *kann.* Dabei habe ich die Auswahl so getroffen, daß jene Möglichkeiten darunter sind, die relativ häufig und mit relativ großer Wahrscheinlichkeit vorkommen. Was ich jedoch in keiner Weise beanspruchen kann, ist, das gesamte Spektrum möglicher Entwicklungslinien nur annähernd abzudecken.

Die zweite Vorbemerkung beruht auf der (schon allein statistisch begründeten) Annahme, daß sich hier im Saal eine Reihe von Damen und Herren befindet, die mit den Problemen von Scheidung und Scheidungskindern nicht nur beruflich befaßt, sondern auch persönlich betroffen sind. Wenn im folgenden von negativen und eventuell traumatischen Auswirkungen der Scheidung auf die Kinder die Rede sein wird, so bitte ich Sie, zweierlei zu bedenken:

Erstens: Es kann so sein, muß es aber nicht! Dies habe ich gerade zuvor betont.

Zweitens: Daß die Scheidung die psychische Entwicklung der Kinder beeinträchtigen kann, heißt noch nicht, daß die Verhinderung der Scheidung für die Kinder besser gewesen wäre. Von den Belastungen, welche andere Ereignisse, darunter auch die Konfliktfamilie, mit sich bringen kann, ist in diesem Vortrag nämlich nur deshalb nicht die Rede, weil dies nicht das heutige Thema ist.

Nun zum Titel des Vortrages. Er lautet: »Scheidung als Katastrophe oder Chance für die Kinder?«

Ich möchte die Frage gleich zu Beginn beantworten: Es handelt sich dabei nicht um eine Alternative. Ich glaube, wenn wir uns vorstellen, wir könnten durch richterliche, psychologische, sozialarbeiterische oder sonstige Maßnahmen die Tatsache, daß die Scheidung für Kinder eine Katastrophe bedeutet, verhindern, dann, glaube ich, obliegen wir alle einer Illusion. Aber »Katastrophe« muß nicht »Katastrophe fürs Leben« heißen. Diese beiden Dinge möchte ich auseinanderhalten. Es geht nämlich darum zu schauen, welche Möglichkeiten wir haben, um zu verhindern, daß aus dem Trauma Scheidung ein Trauma im psychoanalytischen Sinn wird, d.h. der Ausgangspunkt von neurotischen oder sonstigen Persönlichkeitsfehlentwicklungen. Fangen wir an dieser Stelle an.

1. Die Scheidung im engeren Sinn

Der Krise ins Auge sehen

Wenn zwei Eltern sich zur Trennung entschlossen haben, ist die Hoffnung sehr verbreitet, es werde den Kindern nicht so viel ausmachen. Es ist das auch eine sehr verständliche Hoffnung, weil es wohl keine Scheidung gibt, die nicht auch schwere Schuldgefühle bei liebenden Eltern auslösen würde. Ich glaube, daß genau diese Erwartung, die so gut verständlich ist, eine jener ersten Weichenstellungen darstellt, die zwischen einer günstigen und einer ungünstigen Bewältigung von Scheidung entscheiden. In dem Maße, wie ich hoffe, die Krise oder die Katastrophe für das Kind verhindern zu können, öffne ich die Türen für die Mechanismen der Verleugnung, des Wegschiebens und Verdrängens. Diese Eltern merken gar nicht, wie die Kinder unter der Trennung leiden. Sie nehmen die kleinen Zeichen nicht wahr, die sie uns über ihr Unglück oder über ihre Angst senden. Und die Kinder kommen den Eltern darin entgegen, denn sie befinden sich in einer ähnlichen Situation und wollen sich unter Umständen mit der Schwere dieser Irritation ihrer Lebensumstände gar nicht konfrontieren und schieben die Probleme ebenfalls von sich. Aus der Literatur wissen Sie, daß die Scheidung zu jenen Anlässen im Leben eines Kindes gehört, die am häufigsten zu Symptomen führen. Die gesamte Palette neurotischer Symptome finden wir im Zusammenhang mit Scheidung, ob das Einnässen ist, ob Schulschwierigkeiten, Aggressionen, depressive Verstimmungen, Rückzug, Regressionen, größere Abhängigkeit, psychosomatische Erkrankungen, usw. usw. Aber ich konnte feststellen, daß der Anteil jener Kinder, die zunächst scheinbar überhaupt keine Reaktionen zeigen, erstaunlich groß ist. Das schaut so aus, daß eine Mutter ihre beiden Kindern zu sich ruft und sagt: »Papa und Mama lassen sich scheiden.« Dann kommt von den Kindern vielleicht noch die Frage: »Wieso?« »Ja, wir verstehen uns nicht mehr so gut. Wir können nicht miteinander reden. Wir streiten viel miteinander.« Daraufhin fragt die Tochter: »Muß ich dann in eine andere Schule gehen?« »Nein« »Na, dann ist ja alles in Ordnung«, findet sie und verschwindet. Und der Bub: »Muß ich noch zuhören, oder kann ich schon spielen gehen?« und ist schon weg. Und der Mutter fällt ein Stein vom Herzen: »Gott sei Dank, es war nicht so schlimm!« Oft bleibt es dabei, und sowohl Mütter als auch Kinder reflektieren nicht, was in Wirklichkeit die Trennung und die Scheidung für sie bedeutet. Nur manchmal wird diese seltsame Übereinstimmung zwischen den unbewußten Erwartungen von Eltern und Kindern sichtbar. Z.B. in der eben geschilderten Familie. Drei Tage später, als die Mutter nicht zu Hause und der Vater gerade dabei war, seinen Kasten auszuräumen und seine Koffer zu packen, kommen die Kinder und fragen: »Papa, was machst Du denn da?« »Na, ich packe meine Sachen. Ihr wißt doch, ich ziehe aus.« Daraufhin fangen alle zwei Kinder samt dem Vater (die Scheidung war von der Mutter initiiert worden) bitterlich zu weinen an, eben jene Kinder, die nur zwei Tage zuvor die Erklärung der Mutter völlig vernünftig hingenommen hatten. Es kommt hier zu einer diffizilen Koalition zwischen den Erwartungen der Erwachsenen und der Kinder. Kinder spüren das, wenn z.B. die Mutter nicht will, daß die Scheidung den Kindern etwas ausmacht. Sie machen sich gewissermaßen zum »Therapeuten« der Mutter (oder gegebenenfalls des Vaters). Sie zeigen ihren Schmerz nicht, was ihnen umso leichter fällt, als sie ihn ja selbst nicht wahrnehmen wollen. Der offenbarte Schmerz ist jedoch der einzige Schmerz, der auch bewältigt werden kann. Bleibt er hingegen unterdrückt, wird er weggeschoben, kann er nicht verarbeitet werden und hinterläßt schließlich eine unübersehbare Narbe in der Seele des Kindes.

Daß aber die Trennung der Eltern überaus schmerzvoll ist, müssen wir *für alle Kinder* als gegeben annehmen, die zu beiden Eltern Beziehungen aufbauen konnten, selbst wenn diese Beziehungen überaus konfliktbehaftet gewesen sein mögen. Denn die Konfrontation mit der Trennung der Eltern bzw. dem Weggang des einen, ruft bei den Kindern spontan eine ganze Reihe von Ängsten und anderen Affekten hervor. Um Ihnen einige zu nennen:

Spontane Ängste und Gefühle der Kinder

Da ist einmal die Angst, daß sie den Papa überhaupt nie mehr werden sehen können (vielleicht einigen wir uns darauf, daß ich einfachheitshalber den weggeschiedenen Elternteil als »Vater« und den sorgetragenden als »Mutter« bezeichne, was ja mit den statistischen Verhältnissen gut übereinstimmt), also den mindestens zweitgeliebtesten Menschen für immer zu verlieren. Alle Trennungen wissen wir, stehen nicht für sich selber, sondern haben eine innere Vernetzung mit der Vergangenheit eines Menschen. Daher ist jede Trennung, die wir erleben, in irgendeiner Form mit Trennungen verknüpft, die wir schon hinter uns haben. Eine ganze Reihe von mehr oder weniger dramatischen Erlebnissen vermag im Zuge eines solchen neuen Trennungserlebnisses aktiviert werden. Eine andere Angst kommt sehr häufig dazu, speziell bei kleinen Kindern. Häufig begründen Mütter und Väter ihre Trennung mit Sätzen wie: »Wir haben uns nicht mehr lieb, wir streiten viel miteinander usw.« Da kann es sein, daß eine Illusion kaputt geht, die Kinder bis dahin aufrechterhalten konnten. Nämlich der Glaube an die Ewigkeit der Liebe. Plötzlich erleben sie, Liebe kann auch zu Ende gehen. »Wenn aber Liebe zu Ende gehen kann, hier die zwischen Mutter und Vater, wer weiß, ob nicht die Liebe der Mutter oder des Vaters zu mir nicht ebenfalls eines Tages zu Ende geht?« Das heißt eine ganz häufige Angst bei Kindern, die im Zusammenhang mit der Konfrontation der Scheidungstatsache aufkommt, ist, eines Tages ganz allein zurückzubleiben.

Es gibt noch andere traumatische Effekte in diesem Zusammenhang. Man kann die Scheidung bei vielen Kindern auch mit einem teilweisen Identitätsverlust gleichsetzen. Es gibt (z.B. gerade bei Buben) Altersstufen, vor allem um das sechste, siebente Lebensjahr oder die Zeit vor und während der Pubertät, in welchen der Vater zum eigenen Identitätsgefühl unbedingt dazugehört. Das heißt, ein Stück meines gesamten Selbstgefühls erwerbe ich aus dem

Miteinanderleben eines Menschen, der mich mag, der für mich da ist, und den ich bewundern kann. Sein Wegfall nimmt mir also nicht nur einen Partner, sondern er nimmt mir ein Stück meiner selbst. Wir alle haben Trennungen erlebt, und Sie kennen von daher wohl das Gefühl, als sei dadurch zugleich ein Stück aus unserem Herzen, aus unserem Leib gerissen, als hätten wir auch ein Stück unserer selbst verloren. Und in gewissen Entwicklungsstadien der Kinder nehmen die Erwachsenen als Liebespersonen noch viel stärker einen solchen Platz ein, der zur Einheit des Kindes dazugehört.

Es gibt weitere Belastungen, denen Kinder in dieser Zeit ausgesetzt sind. Dazu gehören auch die aggressiven Gefühle, die z. T. eine Gegenreaktion gegen die Ängste darstellen. Zum Teil richten die Kinder ihre Aggressionen gegen einen Elternteil, indem sie ihm die Schuld an der Scheidung zuweisen.

Besonders wichtig ist in diesem Zusammenhang die Tatsache, daß ein unglaublich großer Anteil der Kinder sich selbst die Schuld an der Scheidung gibt, was auch von anderen Autoren beobachtet wurde. Die Schätzungen laufen so um die 50%. Je kleiner die Kinder sind, desto häufiger fühlen sie sich schuldig. Meinen Erfahrungen nach liegt der Prozentsatz eher noch höher. Zumindest ein Stück Schuld geben sich fast alle Kinder. Das hängt zum Teil mit dem Entwicklungsstadium der Kinder zusammen. Kinder sind bis in die Volksschulzeit hinein in einer sehr egozentrischen Erlebnisweise gefangen, d.h. sie fühlen sich als Mittelpunkt der Welt und können sich im Grunde genommen gar nicht vorstellen, daß irgendetwas wirklich ohne ihr Zutun geschieht. Das hat auch etwas mit der Magie des kindlichen Denkens zu tun. Aber wir müssen gar nicht so weit ausholen. In den Familienkonflikten treten ja Kinder sehr häufig als Vermittler auf, versuchen die Eltern wieder zu versöhnen und wenn das nicht klappt, dann ist es ja (für das Kind) wirklich ein Scheitern seiner Bemühungen. Dazu kommt, daß tatsächlich sehr viele Auseinandersetzungen der Partner über die Kinder stattfinden. Viele Konflikte, die Eheleute miteinander haben, werden am Thema Erziehung und Kinder aufgehängt. Dort finden dann tatsächlich die Auseinandersetzungen statt, und das erleben viele Kinder mit. Wir müssen also bei Scheidungskindern mit schweren Schuldgefühlen rechnen. Sie alle wissen, wie wir mit Schuldgefühlen umgehen. Wir können depressiv und melancholisch werden oder wir schieben sie weg und wandeln sie in Vorwürfe um. Ein Teil der aggressiven Symptomatik, die wir im Zuge von Scheidungen erleben, hat mit diesen abgewehrten Schuldgefühlen und abgewehrten Ängsten zu tun.

Nun sind solche Belastungen für ein Kind grundsätzlich nicht unbewältigbar. Eine Scheidung ist eine Krise, die Affekte, Gefühle, Ängste hervorruft. Ein gesundes, einigermaßen normales Kind, was immer das heißen mag, muß auf eine solche Krise reagieren. Alle Hoffnungen, das Kind möge nicht reagieren, gehen eigentlich in eine ganz falsche Richtung. Denn nur jenen Kindern wird dieser Einschnitt im Leben gar nichts ausmachen, deren frühe Beziehungen zu den engsten Personen, zu den Eltern, bereits schwer gestört waren, so daß die Unterbrechung oder Veränderung dieser Beziehungen eher eine Entlastung als eine Belastung darstellt. Ich wiederhole also: Jedes einigermaßen psychisch gesunde und normale Kind muß auf die Scheidung reagieren. Wenn man dem ins Auge schaut, als Mutter und Vater sich darauf einstellt, dann hat man wahrscheinlich schon sehr viel getan.

Die Zeit unmittelbar nach der Scheidung: Was Eltern tun müßten und warum sie dazu kaum in der Lage sind

Der verbleibende Elternteil, also die »Mutter«, müßte zu dieser Zeit unerhört viel Geduld, Toleranz gegenüber diesen Symptomen aufbringen (die in Wirklichkeit ja gar keine »neurotischen« Symptome sind, sondern reaktive Anpassungen an veränderte Umweltsituationen: Symptome, die, wenn diese Anpassung geschehen ist, wenn die Ängste bewältigt sind, von selber wieder weggehen). Es müßte sehr viel Spielraum da sein für die Kinder, um regredieren zu können, so daß sie wirklich am Rockzipfel der Mutter hängen können; es müßte sehr viel an Repressionen, an »Erziehung« überhaupt in dieser Zeit zurückgenommen werden. Es müßten viele Gespräche stattfinden, tagtäglich, stündlich über immer dasselbe: »Warum seid ihr nicht mehr zusammen?« und »Kommt ihr nicht wieder zusammen? und »Erklär mir das nochmal«, usw. Mit viel Geduld und Liebe müßte man den Kindern immer wieder versichern, daß man sie noch lieb hat und immer lieb haben wird, und daß sie den Papa immer weiter sehen werden können, usw. usw.

Dabei geht es nicht nur um die Antwort auf Fragen. Denn, wie erwähnt, fragen viele Kinder von sich aus nicht direkt. Die Eltern müßten ihrerseits diese Gespräche forcieren, und zwar immer dann, wenn die Gefühlslage des Kindes einen Bezug zum Scheidungserlebnis verrät. Wer aber schafft das? Wer schafft jenes Übermaß an »Mütterlichkeit« in einer Zeit, wo man selber emotional in den größten Schwierigkeiten und Konflikten steckt. Das heißt, es ist zu einer Zeit von den Eltern, vor allem von der Mutter, eine Haltung gefordert, in welcher sie – in den meisten Fällen – aufgrund ihrer eigenen psychischen, aber auch sozialen und ökonomischen Situation dazu gar nicht in der Lage ist. Wir wissen doch, daß es uns relativ leicht fällt, uns in die Probleme eines anderen Menschen einzufühlen, wenn es uns selbst gut geht, nicht aber dann, wenn wir selber Probleme haben, die uns über den Kopf wachsen. Die meisten Mütter erleben nach der Scheidung einen sozialen und ökonomischen Abstieg, es kommt zu einer Unterbrechung ihrer sozialen Beziehungen und Kommunikationsmöglichkeiten. Die ganze gescheiterte Liebe und Beziehung ist in keiner Weise aufgearbeitet. Die Spannungen mit dem Ex-Ehemann oder der Ex-Ehefrau sind immer noch vorhanden. Es kommt zu räumlichen Veränderungen. Mütter müssen manchmal eine Arbeit annehmen oder ihre Halbtagsarbeit erweitern. Es ergeben sich neue Abhängigkeiten. Viele Mütter z.B. ziehen zurück zu ihren eigenen Eltern, was dann häufig für die Kinder bedeutet, daß die Mutter zur großen Schwester wird und die Großeltern zu den eigentlichen Eltern werden. Was in Wirklichkeit eine *geschiedene Mutter*, die durchschnittlich unter ihrer Trennung leidet, in diesem Augenblick brauchen würde, wäre ein völlig komplikationsloses Kind, das möglichst selbständig ist, möglichst wenig im Augenblick an Einfühlung und Verständnis und Geduld braucht, bis die Mutter so weit ist, ihm das wieder zu geben. Damit werden aber gerade in dieser kritischen Zeit jene Möglichkeiten versäumt, die es möglich machen würden, diese anfänglichen dramatischen Effekte, die die Konfrontation des Kindes mit der Trennung der Eltern mit sich bringt, wirklich aufzuarbeiten. Ja, noch mehr: In Wirklichkeit zeigen durchschnittliche Mütter in einer solchen Situation, speziell dann, wenn sie alleingelassen sind, wenn ihr Kommunikationsnetz reißt, wenn sie keine Freundinnen oder Freunde, keine Familie oder professionelle Hilfe haben, bei welcher sie ihre Probleme abladen können, weniger Mütterlichkeit als üblich. Das heißt, subjektiv hat das Kind nicht nur seinen Vater oder zumindest dessen Anwesenheit verloren, sondern ein Stück auch seine »Mutter«: ein Stück jener verwöhnenden, empathischen Mutter, die sie im Augenblick nicht sein kann, weil sie selber unter viel zu großen Problemen leidet. (Sie sehen schon, das ist eine Situation, die natürlich wirklich nicht auf die Scheidung beschränkt ist. Immer wieder gibt es im Leben Schicksalsschläge, die uns Eltern nicht in die Lage versetzen, jene Elterlichkeit aufzubringen, die wir üblicherweise aufbringen, und wir sollten nie vergessen, daß Schwierigkeiten von Kindern unter Umständen damit zusammenhängen könnten, daß *wir* Schwierigkeiten in ganz bestimmten Lebensphasen hatten.) Ich muß Ihnen sagen, daß wir die Erfahrung gemacht haben, daß diese Nachscheidungswochen und -monate der eigentlich kritische Zeitpunkt sind, jener Zeitpunkt, wo soviel aufgefangen werden könnte, wo jedoch in vielen Fällen die Angst und die Schwierigkeiten noch in vermehrtem Maße zunehmen.

Die Nach-Scheidungs-Krise

Wenn nun dieser Prozeß der Angstakkumulierung allzu groß wird, kann es zu dem kommen, was wir in psychoanalytischen Termini als einen ganzen oder teilweisen »Zusammenbruch der Abwehr« verstehen. Unter Abwehr verstehen wir, in einfachen Worten, jenes psychische Gleichgewicht, das wir uns unbewußt mit Hilfe von Verdrängungen und Abwehrmechanismen im Laufe unseres Lebens aufbauen, um diverse psychische Konflikte einigermaßen bewältigen zu können. Wenn dieses Gleichgewicht erschüttert ist, wenn diese unbewußten Lösungsstrategien zusammenbrechen, dann kommen die alten Konflikte in ihrer ursprünglichen Stärke wieder hervor und verursachen Panik und Angst, Affekte, mit denen das kleine Kind nicht fertig werden kann. Oder anders ausgedrückt kann man sagen, daß es zu einer Regression in frühere Stadien der Entwicklung kommt. Alte Konflikte, schon lange überwundene Konflikte eines z.B. Fünfjährigen, die aus der Zeit von vor zwei, drei, vier Jahren stammen, kommen plötzlich wieder mit aller Macht an die Oberfläche.

Und hier sehen wir bereits ein weiteres Moment, einen weiteren wichtigen Faktor der Scheidung, den wir nicht unterschätzen dürfen. Die Reaktionen auf die Scheidung hängen eben nicht nur zusammen mit der Tatsache der Trennung, sie hängen nicht nur zusammen mit den Umständen der Trennung, sie hängen nicht nur zusammen mit den Umständen der unmittelbaren Nachscheidungsphase (wie sehr die Eltern in dieser Zeit in der Lage sein können, dem Kind Hilfestellung zu geben), sondern das Ausmaß der Scheidungsproblematik hängt auch mit der Entwicklung *vor der Scheidung* zusammen.

Ich möchte Ihnen ein ganz extremes Beispiel geben, das uns in unserem eigenen Projekt zunächst ganz stutzig gemacht hat, und das wir zunächst nicht verstehen konnten. Wir haben bei jungen Scheidungskindern, d.h. bei Scheidungskindern bis zu 5–6 Jahren, in unseren analytischen Untersuchungen und projektiven Tests so gut wie fast ausnahmslos Störungen der frühesten Mutter-Kind-Beziehungen gefunden, die auf das erste und zweite Lebensjahr zurückgehen. Wir haben uns gefragt, wie das möglich sein kann? Aber das trat mit einer Regelmäßigkeit auf, wie sie schon nicht mehr zufällig sein konnte. Wir haben uns dann mit diesen Fällen weiter beschäftigt und sind auf etwas gekommen, das, wie ich glaube, in der heutigen psychohygienischen Landschaft weitgehend übersehen wird: daß ein großer Prozentsatz von Scheidungen auf Konflikte zwischen den Partnern zurückgeht, die im Moment der Geburt ihres Kindes begonnen haben. Die Geburt des Kindes als Ausgangspunkt ehelicher Konflikte, die binnen einer Frist von drei, vier, manchmal fünf Jahren zur Trennung der Ehepartner führen.

Die Gründe, warum das so ist, sind unerhört vielfältig und subjektiv verschieden. Häufig begegnet uns z.B. eine unerwartete Eifersucht von Vätern auf ihre gerade geborenen Kinder. Es ist das eine Eifersucht, wie sie Kinder erleben, wenn sie jüngere Geschwister bekommen, wenn plötzlich ein anderer ihre zentrale Stelle, den Platz auf dem Thron einnimmt. Hier ist es nicht ein jüngeres Geschwister, das die Zuwendung der Mutter gefährdet, sondern das Kind gefährdet für den Mann die Zuwendung der eigenen Ehefrau. Ein weiteres Problem bildet die bekannte Tatsache, daß im Zuge von Schwangerschaften, Geburten und in der Zeit nach der Geburt das Sexualleben zwischen den Eheleuten häufig zurückgeht, weil viele Frauen zu dieser Zeit weniger Bedürfnis haben, mit ihren Männern zu schlafen. Viele Männer fühlen sich dadurch in ihrer Männlichkeit bedroht. Sie fühlen ihre dominante Stellung in der Familie untergraben, weil sie Platz machen müssen für die »Expertin Mutter«. Sie fühlen sich ausgeschlossen und schließen sich selbst aus, wodurch dann Mütter sich wieder zu wenig beschützt fühlen von ihren Männern. Das sind so mögliche anfängliche Entwicklungen von schweren Enttäuschungen der Ehepartner miteinander, die schließlich auch zum Bruch einer Ehe führen können. Es kann auch umgekehrt sein, daß das Kind bei den Müttern ein derartiges Maß an unbewußten Affekten und Gefühlen auslöst, daß das Kind ab nun zum zentralen Lebenspartner wird, und der Mann langfristig wirklich in die zweite Reihe gedrängt wird und nicht mehr interessant ist. Man spricht immer davon, daß Kinder die Erfüllung einer Ehe sind. Aber wie sehr Kinder auch eine Gefährdung einer Ehe darstellen können, daran denkt man selten.

(Ich meine, daß hier ein Stück psychohygienischer Reflexion einsetzen müßte, wenn man sich schon Gedanken macht, an welchen Stellen Familien oder Menschen geholfen werden müßte und sollte.)

In all den genannten Fällen müssen wir annehmen, daß die emotionalen Probleme der Eltern sich in einer neurotischen Verzerrung der frühen Mutter-Kind-Beziehung ausgewirkt haben.

Wir können also sagen, daß das Scheidungstrauma wahrscheinlich auch umso größer sein wird, je größer und massiver die Konflikte des Kindes vor der Scheidung waren. (Wenn ich jetzt allerdings von Konflikten spreche, dann meine ich das im psychoanalytischen Sinne als innerpsychische Konflikte, die nicht unbedingt nach außen treten müssen. Sie wissen, daß z.B. ein sehr schön angepaßtes Kind, das immer sehr brav ist, mit seiner Umwelt nie Schwierigkeiten hat, keineswegs ein ganz besonders glückliches oder ganz besonders »konfliktfreies« Kind sein muß. Wenn man schon Normen aufstellen will, dann wird man am ehesten sagen: Ein normales Kind ist ein gesund schlimmes Kind, d.h., ein durchschnittlich schlimmes Kind, das, wenn es sein muß, auch angepaßt sein kann, aber von sich aus nicht unbedingt angepaßt ist. Ich arbeite in meiner therapeutischen Praxis viel mit Pubertierenden und Adoleszenten, die an neurotischen Störungen oder Persönlichkeitsstörungen leiden. 80% dieser Jugendlichen waren ihr Leben lang Liebling aller Großmütter, Mütter, Väter, Kindergartentanten, Volksschullehrer gewesen, weil sie immer die allerliebsten, kooperativsten, selbständigsten und höflichsten Kinder waren. Also wenn ich hier vom Ausmaß der Vorscheidungskonflikte als einem Mitfaktor für die traumatische Wirkung der Scheidung spreche, meine ich nicht äußere Konflikte, sondern *innerpsychische Konflikte.*

Die »Triangulierungsfunktion« des Vaters

Es gibt noch einen weiteren ganz wichtigen Faktor, der auf der einen Seite solche frühen Konflikte vor der Scheidung verdeckt und der auf der anderen Seite diese Konflikte dann so massiv werden läßt wenn die Scheidung vollzogen ist: ein Phänomen, das wir die »Triangulierungsfunktion des Vaters« nennen. Mit Triangulierungsfunktion meinen wir, daß jedes Beziehungsdreieck für alle Beteiligten eine sehr große Entlastungsfunktion hat. Wenn ich mich z.B. mit der Mama streite, und die Mama ist böse auf mich, und ich bin wütend auf die Mama – in einer solchen Situation wünsche ich als Kind sie mir vielleicht überhaupt weg und will eine ganz andere Mama haben – so kann ich mir diese Phantasien wenigstens teilweise erlauben, denn ich denke mir ganz einfach: Ich habe den Papa viel lieber. Ich gehe zum Papa ins andere Zimmer. Oder ich weiß, am Abend kommt der Papa. Ich kann auch schmollen oder trotzen. Vielleicht rufe ich den Papa an... wie auch immer. Er muß gar nicht unbedingt da sein, wichtig ist vor allem, daß ich mir vorstellen kann, ich hab hier einen anderen, zu dem ich gehen und ausweichen kann. Wenn ich beim Papa bin und mich mit diesem zusammengetan habe, entweder in Gedanken oder in Wirklichkeit, ist natürlich meine Wut auf die Mama schon wieder längst vorbei. Auch die Mama ist nicht mehr böse auf mich. Im Grunde genommen ist schon wieder alles in Ordnung, und ich kehre zu meinen normalen Beziehungen zurück. Diese Selbstverständlichkeit des Ausweichens im Beziehungsdreieck ist empfindlichst gestört, wenn dieser dritte Partner plötzlich nicht mehr da ist. Denn dann sind zwei Menschen auf Gedeih und Verderb mit ihrer gesamten Liebe, aber auch mit der gesamten Wut und ihren Sorgen – und es gibt ja, wie bekannt ist, keine Liebesbeziehung ohne Enttäuschung und Wut –, also mit der ganzen Ambivalenz ihrer Beziehung aufeinander angewiesen. Dann macht aber jeder Konflikt entsetzlich angst, weil man nicht ausweichen kann, weil man nur diesen einen Partner hat. Das heißt, viele Beziehungskonflikte des Kindes mit Vater oder Mutter bleiben vor der Scheidung »latent«, kommen gar nicht zum Ausdruck oder Ausbruch, weil die Kinder innerhalb des familiären Dreiecks ausweichen können. Plötzlich steht ihnen diese Möglichkeit aber nicht mehr offen, wenn der Vater ausgezogen ist und sie mit der Mutter zusammen alleine sind. Es ist das ganz allgemein eine Problematik der Einelternfamilie. Ich werde dann darauf noch zurückkommen.

Dreierlei Arten von Symptomen bzw. psychischen Reagierens.

Wenn ich kurz zusammenfassen darf, so haben wir es bei der Scheidung im Grunde mit dreierlei Arten von »Symptomen« zu tun, die alle einen sehr unterschiedlichen pathogenen Stellenwert haben.

Erstens: Die unmittelbaren spontanen Reaktionen auf die Konfrontation mit der Tatsache, daß Mama und Papa auseinandergehen. Das sind keine Symptome im psychoanalytischen Sinn, das sind adaptive Reaktionen, die auch wieder vorbeigehen können, wenn die damit verbundenen Befürchtungen sich allmählich angesichts der Realität mildern oder korrigiert werden. Dann gibt es eine zweite, schon ernstere Ebene von Symptomen. Sie treten auf, wenn diese mit den ersten Symptomen verbundenen Ängste und Phantasien nicht bearbeitet werden können, wenn im Zusammenhang mit anderen Faktoren, z.B. dem Streß der Mutter und dem Wegfall des triangulierenden Vaters, es zu einem Zusammenbruch der Abwehr kommt. Hier handelt es sich nicht mehr nur um Reaktionen, sondern um massive *Regressionen.* Dann haben wir es noch mit einer dritten Art von Symptomen zu tun: Wenn an dieser Stelle der Regression keine massive Hilfe für die Kinder eintritt, dann kommt es zu neurotischen Prozessen im klassischen Sinn: Die im Zuge der Regression auf frühere Konflikte aufbrechenden (frühinfantilen) Ängste werden alsbald so quälend, daß die Konflikte von Neuem verdrängt, projiziert, somatisiert... (und was es noch alles an unbewußten Konfliktlösungen gibt) werden. Es kommt also zu »post-traumatischen Abwehrprozessen«, die unspezifisch sind, d.h. in jede bekannte neurotische Entwicklung münden können.

Diese Ebene von Scheidungsfolgen muß allerdings nicht unmittelbar sichtbar werden. Viele neurotische Entwicklungen, auch wenn sie in der Kindheit grundgelegt sind, kommen erst viel später zur Geltung. Etwa in der Pubertät oder auch im Erwachsenenalter.

Was dem Kind helfen könnte

Ich komme noch einmal darauf zu sprechen, was man tun könnte, um den Kindern in dieser schwierigen Krise zu helfen – wenigstens prinzipiell tun könnte –, wenn man als Mutter und Vater die innere Kraft dazu aufzubringen in der Lage ist.

1. Der Tatsache ins Auge sehen, daß es sich um eine Krise handelt, d.h. sich darauf einstellen, daß es zu Reaktionen, Symptomen der Kinder kommen muß.

2. Für sich selbst Hilfe suchen: denn nur, wenn ich einigermaßen in der Lage bin, den Scheidungsprozeß für mich selber zu bewältigen, kann ich auch weiter eine gute Mutter oder ein guter Vater sein und in dieser Situation dann versuchen, dem Kind möglichst viel Raum zu geben, mit seiner Enttäuschung, Trauer, Wut, seinen Ängsten fertig zu werden. Wenn das nicht möglich ist, wenn es zu dramatischen Veränderungen und Regressionen kommt, dann bleibt eigentlich kaum eine andere Möglichkeit, als professionelle Hilfe in Anspruch zu nehmen. Sie ist wohl dann auch wirklich am Platz. Faszinierend ist, daß es in diesem Prozeß einen Punkt gibt, der für Kinder eine Chance bietet, die weit über die bloße Bewältigung der Scheidung hinausgeht. Und zwar am Höhepunkt der Krise, die durch Regressionen angesichts massiver Ängste hervorgerufen wird. Warum? Eine analytische Psychotherapie geht ja normalerweise so vor sich, daß Abwehr (»Verdrängungen«) aufgearbeitet werden und man schaut, was dahinter liegt. Die dabei zum Vorschein kommenden, meist infantilen Wünsche und Bedürfnisse und Ängste können dann bearbeitet werden, so daß man die pathogene Abwehr nicht mehr braucht. Was mühsam in einer Psychotherapie zustande gebracht werden muß, dieses Aufbrechen und Aufarbeiten von Widerständen und Abwehr, das hat hier die Scheidung mit ihren ganzen dramatischen Folgen und Ängsten vollbracht. Das heißt, wir haben bemerkt, daß es uns oft gelungen ist, zum Zeitpunkt der Scheidung bereits sehr neurotische Kinder, die durch dieses Trauma der Scheidung und der unmittelbaren Nachscheidungszeit durchgehen und eine derartige Regression durchmachen, am Höhepunkt der Krise »aufzufangen«, wenn wir ihnen Stützung und therapeutische Hilfe geben. Dadurch können solchen Kindern neue Entwicklungschancen eröffnet werden, die sie vorher nicht gehabt haben.

3. Die nächste Phase möglicher Hilfestellungen ist die Zeit der bereits »etablierten geschiedenen Verhältnisse«. Ich glaube, es gibt in der gesamten psy-

chologischen Literatur über Scheidung keine einzige Meinung und Ansicht, die dahingeht, daß der Fortbestand der *Beziehungen zum Vater* nach der Scheidung nicht von existentieller Wichtigkeit wäre.
Ich glaube, ich brauche das hier nicht weiter auszuführen, es erklärt sich im Grunde genommen ja aus dem, was ich bisher gesagt habe: aus Ängsten, den geliebten Vater zu verlieren; aus seiner Triangulierungsfunktion; aus dem Anteil des Vaters am Gefühl der eigenen Identität usw.

2. Das Leben mit geschiedenen Eltern

Loyalitätskonflikte der Kinder durch anhaltende Spannungen zwischen den Eltern

Für uns war es daher besonders interessant zu schauen, welche Probleme entstehen können, wenn es zum Aufbau der neuen Beziehung zum Vater kommt. Sie wissen, wenn die beiden Eltern sich nicht miteinander verstehen, kommt es zu massiven Loyalitätskonflikten bei den Kindern. Es ist ganz schlimm, wenn ich zwei Menschen lieb habe und gleichzeitig merke, daß ich das eigentlich nicht dürfte und sollte, wenn ich das Gefühl habe, die Mama erwartet eigentlich, daß ich den Papa ebenso wenig mehr lieb habe wie sie (und umgekehrt). Ich komme mir dann leicht als Verräter an Mama oder Papa vor. Aber noch mehr: Für ein kleines Kind haben die Wertungen der Eltern ein ganz besonders großes Gewicht. Wenn ich dann spüre, ein Stück meiner Gefühle sollte nicht sein, dann bedeutet das, daß mit mir selbst etwas nicht ganz in Ordnung ist.

Was häufig vorkommt, ist, daß es angesichts dieser Loyalitätskonflikte zu einem Prozeß kommt, den man vielleicht als »Delibinisierung der Liebesbeziehungen« bezeichnen kann. Das heißt, Kinder ziehen ein gewisses Maß an Zärtlichkeit und Intensität ihrer Gefühle von ihren so konfliktuösen Beziehungen zurück, und an Stelle der Liebe tritt ein Stück »egozentrisches oder egoistisches Sichnehmen«: »Wenn ich durch meine Liebe nicht bekommen kann, was ich brauche, oder es mir so schwer gemacht wird zu leben, wie ich leben möchte, dann nehme ich mir wenigstens das, was sich aus dieser Situation maximal herausholen lässt.« Diese Kinder beginnen ihrerseits, die Eltern zum eigenen Vorteil gegeneinander auszuspielen. Es kommt quasi zu einer (unbewußten) Koalition der Kinderwünsche mit den Neigungen und Phantasien der weiterhin streitenden Eltern, indem sich diese gegenseitig überbieten mit dem, was sie den Kindern – meist an materiellen Erfüllungen – bieten.

»Spaltung« Die gute Mutter und der böse Vater (und umgekehrt)

Man darf nicht übersehen, daß Probleme in der Beziehung mit dem Vater nicht nur von den Eltern ausgehen, sondern auch von den Kindern selbst. Die Psychoanalyse kennt den Prozeß der »Spaltung«: In einer schwierigen persönlichen Situation, speziell wenn man große Aggressionen einem geliebten Menschen gegenüber hat, neigt man mitunter dazu, seine Gefühle aufzuspalten, indem man den einen zu einem ganz guten und den anderen zu einem ganz bösen Menschen macht. Idealisierung wie totale Abwertung kann einmal die Mutter und einmal den Vater treffen. Wenn es nun der Vater ist, der vom Kind zum »Bösen« gemacht wird, dann nimmt er ein Stück bedrohlicher Qualität an. Dann kann es dazu kommen, daß die Fortsetzung der Beziehung zum Vater von seiten der Kinder selbst verweigert wird.

Besuchsverweigernde Mütter, »irritierte« Kinder und »verantwortungslose« Väter

Eine ganz große Rolle spielt nicht nur die Fortsetzung der Konflikte zwischen den Eltern, sondern auch die Ängste der Eltern vor der Zukunft, vor allem vor der Zukunft ihrer Beziehung zu den Kindern. Sehr viele der Mütter, die ihre Kinder dem Vater zu den Besuchszeiten verweigern, schlecht von ihm reden u. a. m., sind nicht einfach gewissen- und verantwortungslos, sondern Mütter, die unerhörte Angst haben, die Liebe ihrer Kinder an den Vater zu verlieren, weil eben der Vater z. B. die Kinder sehr verwöhnt, weil der Abwesende häufig derjenige ist, der idealisiert wird. (Abgesehen davon, daß es sich dabei um ein Stück Realität handelt, denn als Wochenendvater werde ich von meinem Kind wenig verlangen und dafür alles geben, während die Wochentagsmutter das Kind wesentlich weniger verwöhnen kann und ein wesentlich größeres Maß an Grenzen und Verboten setzen muß.)

Es gibt noch einen anderen Grund, der viele Mütter veranlaßt, Besuche zu unterbinden und die dabei leider eine sehr unheilvolle Koalition nicht nur mit Richtern, sondern leider auch mit vielen Psychologen eingehen. Es geht um die Tatsache, daß eine gewisse Zeit lang nach der Scheidung ein großer Teil der Kinder deutliche Irritationen im Zusammenhang mit den Besuchen bei den Vätern zeigt. Diese Kinder sind ruhig, sind ganz zufrieden, dann fahren sie zum Papa am Wochenende auf Besuch. Mag schon sein, daß sie erst gar nicht hinfahren wollen, wenn sie erst zurückkommen, sind sie zwei, drei, vier Tage aggressiv, unbändig, man kann mit ihnen nichts anfangen, sie haben körperliche Beschwerden und alles mögliche mehr. Mütter geben dann zu Protokoll, daß es mitunter eine ganze Woche dauert, bis das Kind wieder »normal« ist, und dann kommt schon wieder das nächste Wochenende, wo es zum Vater muß. Allerdings werden auch viele Väter ähnliches berichten können: daß die Kinder dann am Wochenende nicht mehr zurückwollen (obwohl sie vielleicht ursprünglich gar nicht zum Vater hin wollten). Wenn man aufgrund einer solchen Konstellation nun das Besuchs- bzw. Umgangsrecht einschränkt oder gar einstellt, verwechselt man hier zwei Dinge: nämlich das augenblickliche seelische Gleichgewicht des Kindes mit dem, was mittel- oder langfristig für ein Kind wichtig ist. Ich will das näher ausführen.

Sie haben wohl in Deutschland, ebenso wie in Österreich heute (Gott sei Dank) die Gepflogenheit, daß Sie Ihre Kinder, wenn sie krank sind im Kinderspital jeden Tag besuchen können. Das war vor einigen Jahren noch nicht selbstverständlich. Da konnte man die Kinder einmal in der Woche eine Stunde sehen oder einmal in 14 Tagen. Diejenigen, die dieses alte Regime am Leben erhalten haben, waren vor allem die Schwestern, und das mit einem guten, nämlich durchaus zutreffenden Argument: Jedes Mal wenn Mama und Papa von den Besuchen weggehen, gibt es Schreierei, gibt es Heulerei. Die Kinder sind unruhig und schwer zu bändigen. Wenn die Eltern hingegen nur einmal in der Woche zu Besuch kommen, dann hat man am ersten Tag danach vielleicht noch kleine Schwierigkeiten, aber die Kinder finden sich mit dem Alleinsein schließlich ab. Dann sind sie leichter lenkbar, alles scheint in Ordnung und für die Kinder wie für das Personal alles viel einfacher zu sein. Die Beobachtung stimmt. Nur, was fehlt, ist der Umstand, daß diesem äußeren Verhalten ein innerer Prozeß entspricht. Daß die Tatsache, eine Woche lang von den Eltern nicht besucht zu werden, zu einer Art Resignation, zu einer tiefen Enttäuschung und Erschütterung jenes Grundvertrauens führt, daß das Kind in die Beziehung zu seinen Eltern gehabt hatte. Sehr viele Eltern wissen auch, daß ihre Kinder nach solchen langen Trennungen ihnen ganz anders begegneten, als sie sie verlassen hatten: mit Abwehr, mit Distanz, manchmal auch mit Wut. Oder zumindest mit einer Art von Freude, deren Tränen die erlittene Verzweiflung verraten. Auf die Scheidung angewandt, geht es also um die Frage, ob jene Ruhe, die uns die Einstellung der Besuche beim Vater beschert, wirklich das ist, was langfristig für die Kinder gut ist?

Ich vertrete hier eine radikal andere Position. Ich glaube, daß es unerhört schwierig ist für ein Kind, aus der Erfahrung einer Dreierbeziehung plötzlich in die Erfahrung von zwei getrennten Zweierbeziehungen zu wechseln. Nämlich die Erfahrung, daß ich die Beziehung mit dem einen Elternteil immer nur haben kann, wenn ich gerade auf den anderen verzichte, mich von dem anderen trenne. Dazu kommen noch die Ängste, Papa oder Mama zu verlieren: Wenn ich ein kleines Kind bin, dann weiß ich ja nie, was passiert, wenn ich den Papa besuche. Wer weiß, ob die Mama übermorgen noch da ist, ob ihr inzwischen nichts passiert ist, und sei es, daß ihr etwas passiert, weil ich aggressive Phantasien gegen sie habe. Oder was mit dem Papa in 14 Tagen sein wird, wenn ich ihn jetzt verlasse, wenn ich zur Mama zurückgehe. Die ganze Trennungsproblematik der Scheidung, wie ich sie ganz am Anfang skizziert habe, wird durch die Besuche ununterbrochen reaktiviert. Nur, wenn ich das nicht vermeide und verhindere, sondern wenn ich versuche, mit den Kindern darüber zu reden, oder, selbst wenn es nicht geht, mit ihnen darüber zu reden, sie die Erfahrung machen können, daß ihre Ängste in der Realität nicht eintreten, – nämlich der Papa regelmäßig in 14 Tagen immer noch da ist, die Mama immer noch da ist, wenn ich zurückkomme, und auch ihre Liebe bestehen bleibt –, dann können die Kinder aus dieser Krise, die sie durch ihre Irritation manifestieren, auch gestärkt und mit neuen Erfahrungen herausgehen. Deshalb bin ich dafür, Besuche nie oder nur in den allerschwersten Fällen wegen solcher Irritationen einzustellen.

Ein Wort noch über den »verantwortungslosen« Vater, den es ja auch gibt, über jenen Vater also, der sich um die Kinder nicht kümmert, der nicht anruft, der die Besuche, nicht einhält, usw.

Es mag schon sein, daß es wirklich Menschen gibt, die man als verantwortungslos bezeichnen muß. Die Mehrzahl ist es nicht. Und auch die Mehrzahl jener, die verantwortungslos erscheinen, ist es nicht. Zumindest habe ich die Erfahrung gemacht, daß sehr viele Väter, die den Ex-Gattinnen als böse, verantwortungslos, desinteressiert erscheinen, Männer sind, denen es in Wirklichkeit nur schlecht geht. Bei einem großen Teil jener Fälle, in denen sich Väter um ihre Kinder nicht kümmern, hängt das damit zusammen, daß die Väter es nicht schaffen, ihrer Ex-Gattin unter die Augen zu treten; daß es ihnen schrecklich ist, in die eheliche Wohnung zu kommen; daß sie die Konfrontation mit ablehnenden Haltungen der Kinder nicht aushalten, Angst vor Ablehnung haben und vor der bedrückenden Situation – in einer durchaus als infantil zu bezeichnenden Weise – davonlaufen. Auch die sich nicht kümmernden Väter sind Väter mit sehr vielen Ängsten und sehr vielen Problemen, genauso wie die »bösen« Mütter, die ihre Kinder den Vätern nicht herausgeben. Mir ist das auch aus folgendem Grund so wichtig zu betonen: Es gibt in letzter Zeit rechtspolitische Väter-Initiativen, z.B. bei uns in Österreich gibt es einen Verein, der sich »Recht der Kinder auf beide Eltern« nennt und (zumindest in den Anfangstagen der Vereinsgründung) das Programm hatte, den geschiedenen Vätern müßte mehr Macht in die Hand gegeben werden, um die Mütter zu zwingen, ihre Kinder herauszugeben. U.a. forderten sie Verstärkung der Beugemaßnahmen. In meinen Augen gehen solche Ansätze an der wirklichen Problematik völlig vorbei und zwar genauso wie die Forderung vieler Mütter nach Einstellung des Besuchsrechts. Denn die wirkliche Problematik liegt darin, daß mit der Scheidung, einem juristischen_Akt, die ganzen psychischen Probleme nicht aufgearbeitet sind, und daß genau diese Probleme es auch sind, die dann die Schwierigkeiten nach der Scheidung schaffen.

Unbewußte Trennungsmechanismen als Hindernis elterlicher Kooperation nach der Scheidung

Viele Auseinandersetzungen zwischen geschiedenen Eltern gründen ebenfalls in einer besonderen Form (unbewußter) »Spaltung«.

Sie dürfen nicht vergessen, daß sehr viele Menschen überhaupt nur in der Lage sind, sich von ihrem Ehegatten zu trennen, wenn sie ihn als bösen Teufel oder als böse Hexe erleben. Jede Liebesbeziehung ist eine unerhört ambivalente Sache. Selbst wenn eine Ehe scheitert, wissen alle, die schon Trennungserfahrungen gemacht haben, daß es Zeiten gibt, in denen man zwar weiß, in dieser Partnerschaft nicht mehr glücklich werden zu können, weil sie nicht das ist, was ich mir einst erträumt und erhofft habe. Trotzdem gelingt es mir noch nicht, mich vom Partner zu trennen. Eine Partnerschaft ist eben etwas sehr kompliziertes, und eine eventuelle Enttäuschung heißt noch keineswegs, daß der Partner alle seine bedeutsamen Funktionen für mich verloren hätte. Außerdem macht das Ende jeder Beziehung mehr oder weniger Angst. Oft schaffe ich daher diesen Schritt, endgültig nein zu sagen, nur, wenn ich mich – natürlich unbewußt – des gleichen Abwehrmechanismus bediene, von dem schon vorher, bei den Kindern, die Rede war: der »Spaltung«. Ich spalte mein Selbstbild und das Bild, das ich von meinem Partner habe, in ein radikal gutes und ein ebenso radikal böses Bild auf: Dann sehe ich mich als den moralisch Unschuldigen, der bestenfalls Opfer ist und sich redlich um die Ehe bemüht hat, während vom Ehepartner nichts als Bosheit, Verantwortungslosigkeit, Gefühlskälte, Egoismus usw. übrig bleibt. Von einem *solchen* Menschen mich zu trennen, fällt freilich um vieles leichter. Für unsere optimistischen Hoffnungen, die geschiedenen Partner mögen nach der Scheidung kooperationswillige Eltern bleiben, sind derartige psychische Problemlösungen allerdings eine Katastrophe.

»Wohl des Kindes« und »Wohl der Eltern«

Was ich eben erzählt habe, hängt mit einer weiteren psychologischen Einsicht zusammen: das »Wohl des Kindes« ist immer auch davon abhängig, *wieweit die Eltern* sich wohl fühlen können. Ich glaube, es gibt in letzter Konsequenz kein glückliches Kind, wenn es nicht Eltern hat, die auch ein Mindestmaß an Glück in ihrem Leben finden können: wirklich problembelastete Eltern können auch keine guten Eltern sein.

Ich glaube, diesen Zusammenhang sollte man als Familienrichter auch nicht aus den Augen verlieren. Es nötigt einen manchmal zu Kompromissen, bei denen man zwar das Gefühl hat, psychologisch, entwicklungspädagogisch scheinen andere Lösungen günstiger zu sein, aber vielleicht ist es doch für das Kind das beste, wenn die Eltern damit leben können.

Um ein Beispiel aus jüngster Vergangenheit zu geben: Ich war bislang eher ein Gegner des »Shared parenting«, also wenn beide Eltern das Sorgerecht haben und das Kind die Hälfte der Zeit bei dem einen und die Hälfte der Zeit bei dem anderen Elternteil verbringt, also de facto zwei Zuhause hat. Es gibt empirische Untersuchungen aus den Vereinigten Staaten, die ein hohes Maß an Zufriedenheit *der Eltern* zeigen. Es gibt keine Untersuchungen über die Auswirkungen dieser Arrangements auf die Kinder. Ich kann nur sagen, daß die Aufgespaltenheit des Zuhauses in zwei Zuhause etwas ist, was für die Entwicklung vieler vor allem sehr kleiner Kinder nicht günstig ist. Man muß als Scheidungskind lernen, daß sich die Verhältnisse verändert haben, daß ich jetzt einen Vater habe, mit dem ich eine von der Mutter getrennte Beziehung lebe; aber, wo das »richtige« Zuhause ist, muß das Kind wissen. Dennoch habe ich in den letzten Wochen mit intensivem Engagement in der Beratungsarbeit mit zwei Eltern eine derartige Regelung sogar gefördert, weil ich das Gefühl hatte, daß dies im Augenblick das einzige ist, womit diese beiden Eltern zur Zeit leben können, ohne das Kind, wie im kaukasischen Kreidekreis, auseinander zu reißen. Ich glaube nicht, daß die gefundene Lösung von Dauer sein kann. Irgendwann werden die Eltern spüren können, daß es so nicht geht, daß das Kind das Gefühl braucht: »Hier bin ich zu Hause.« Wir befinden uns jetzt gerade in einer neuen Krise. Das Kind zeigt – Gott sei Dank, weil es ein gesundes Kind ist – Symptome (man muß ja auch Symptome immer wieder sehen als eine Art Sprache, als Mitteilung über eigenes Leid): Das Kind fängt jetzt an einzukoten und einzunässen. Beide Eltern sind alarmiert. Ich glaube, sie finden langsam ihre elterliche Empathiefähigkeit wieder, die es ihnen erlaubt, andere Lösungen akzeptieren zu können, um *dem Kind* zu helfen. Aber ich meine, vor vier Monaten wäre das nicht möglich gewesen.

Angesichts der fortschreitenden Zeit will ich das Thema der Elternkonflikte verlassen und mit ein paar Gedanken zu langfristigen Auswirkungen der Scheidung schließen.

3. Einige langfristige Auswirkungen der Scheidung

Ich will damit beginnen (auch um die Wichtigkeit der fortgesetzten Beziehung zum Vater sowie die große Chance, die neue Partnerschaften der Eltern beinhalten, zu unterstreichen), daß ich skizziere, welche Probleme eine isolierte Alleinerzieherfamilie für das Kind mit sich bringen kann (freilich nicht muß).

Die vaterlose Familie

Sie müssen sich vorstellen, daß es für ein kleines Mädchen nicht einerlei sein kann, wenn die große Liebe der frühen Lebensjahre dadurch geprägt war, daß der allererste Mann, der als Liebespartner auftrat, das Kind verlassen hat. Scheidung ist nicht einfach Verlust des einen Elternteils, sondern immer auch ein Verlassenwerden. Gerade im Hinblick auf die egozentrische Weltsicht der Kinder ist das ein Schock: »Wenn schon Mama und Papa sich nicht verstehen, ich bin doch viel wichtiger, sie haben doch noch mich. Warum bleibt er denn nicht da?« Das heißt, jede Trennung ist auch immer ein Verrat an der Liebe zwischen dem Kind und dem weggehenden Elternteil, mit großen narzißtischen Kränkungen verbunden und mit großen Einbußen an Selbstwertgefühl. Dies ist gar nicht schwer nachvollziehbar. Wenn Sie, wie es wahrscheinlich ist, schon einmal von einem Partner verlassen worden sind, dann wissen Sie, daß das immer mit Überlegungen von der Art einhergeht: War ich vielleicht nicht gut genug? Habe ich seine oder ihre Erwartungen nicht erfüllt? Jedes Verlassenwerden nimmt uns auch ein Stück unseres Selbstwertgefühls. Ebenso können Sie sich wohl unschwer vorstellen, daß es nicht gleichgültig sein kann für den kleinen Buben, wenn jener Mensch, der ihm seine sexuelle Rollenidentität vermittelt, das große Vorbild darstellt, plötzlich weg ist. Denn der Bub lebt mit einer Frau zusammen, die zwar Geliebte, aber gleichzeitig Familienoberhaupt ist, die also das Sagen hat und die die Stärkere ist. Der Bub wächst somit unter Sozialisationsbedingungen auf, in welchen er die Frau als die Starke, Beherrschende und sich als den kleinen Beherrschten erlebt.

Sie kennen wahrscheinlich den psychoanalytischen Begriff der Übertragung, d.h. man überträgt infantile Beziehungserfahrungen unbewußt auch auf spätere Beziehungen. Wenn sich zwei Erwachsene begegnen, begegnen sich niemals nur die beiden Erwachsenen, sondern sie sehen im anderen auch immer (Aspekte) ihrer infantilen Beziehungspersonen, die jeder Mensch sozusagen als Stück seiner selbst in sich trägt. Sie können sich vorstellen, daß derartige Erfahrungen aus früher Kindheit nicht günstig sind für das Schicksal auch späterer Partnerschaften: sei es, daß solche Kinder in sehr hohem Maße von Müttern abhängig sind und insbesondere die Buben oder die jungen Männer dann sehr lange in dieser Abhängigkeit bleiben oder sich Hals über Kopf in die erste Partnerschaft stürzen, die es ihnen ermöglicht, aus dieser Abhängigkeit herauszukommen; oder sei es, daß die Phantasien, die unbewußten Muster vom anderen Geschlecht auf den neuen Partner übertragen werden: der Mann also in seiner Frau die beherrschende Mutter sieht, erwartet oder fürchtet, bzw. die Frau in ihrem Mann jenen sieht, erwartet oder fürchtet, der sie einstens wie der Vater verlassen hat. Mitunter kommt es vor, daß schon die Partnerwahlen (natürlich unbewußt) entsprechend getroffen werden: daß Männer wirklich solche beherrschenden Mütter suchen, und die Frauen solche Männer, die sie dann tatsächlich verlassen. Selbst wenn das nicht der Fall ist, schon die diesbezüglichen Phantasien und die Befürchtungen sind bereits sehr ungünstige Startbedingungen für eine Partnerschaft. In diesen Zusammenhängen liegt auch einer der Gründe, warum so viele Scheidungen von Männern und Frauen vollzogen werden, die einst selbst Kinder von Eltern waren, die sich scheiden ließen.

Neue Partnerschaften der Eltern

Daher halte ich es auch für eine große Chance, wenn die geschiedenen Eltern, speziell jener Elternteil, bei dem das Kind aufwächst, eine neue Partnerschaft eingeht. Allerdings kann dabei auch wieder viel schief gehen. Es kommt sehr auf den Zeitpunkt an, und es kommt darauf an, wie sensibel dieser Beginn der neuen Partnerschaft von den Eltern und neuen Partnern an das Kind herangebracht wird. Eine Gefahr besteht darin, daß dies zu einer Zeit geschieht, wo das Kind die Scheidung noch überhaupt nicht verkraftet hat. Dann kann es leicht geschehen, daß das Auftreten des neuen Partners das Kind fürchten läßt: »Jetzt wird mir die Mutter auch noch weggenommen!« Oft halten Kinder noch lange Zeit nach der Scheidung an der Illusion fest, irgendwann würden die Eltern doch wieder zusammenkommen. Wenn dann einer von den beiden jedoch neuerlich heiratet, dann bricht dieser Traum zusammen. Wut und Enttäuschung greifen dann Platz und richten sich unter Umständen gegen diesen neuen Partner. Der mag vielleicht mit großer Begeisterung und Engagement in diese Beziehung zu seinem künftigen möglichen Stiefkind gegangen sein, um dessen Herz zu gewinnen. Was er dagegen erfährt, ist Ablehnung, und dies hält man nur eine beschränkte Zeit aus. Dauert die Ablehnung zu lange, zieht sich der- oder diejenige selbst zurück oder antwortet nun seinerseits mit Ablehnung. Sehr schwierige Konstellationen entstehen mitunter auch dadurch, daß die Mütter in Loyalitätskonflikte zwischen dem neuen

Partner und dem eigenen Kind, das die Mutter auch weiterhin allein für sich haben will, geraten. Plötzlich wird das Kind für die Mutter zur Bedrohung der neuen Partnerschaft, was zu einer schwerwiegenden Krise zwischen Mutter und Kind führen kann.

Was ebenso häufig vorkommt, sind Loyalitätskonflikte des Kindes zwischen dem neuen Stiefvater, den man vielleicht ganz gern hätte, und dem eigenen Vater, den man liebt. Schwierigkeiten können auch dadurch entstehen, daß die neuen Partner viel zu schnell »Väter« sein wollen, d.h. von Anfang an die Vaterposition einzunehmen trachten, insbesondere was die erzieherische Autorität betrifft. Das geht fast immer schief. Ich glaube, ein neuer Partner einer geschiedenen Mutter mit Kind muß sich klar sein, daß dieses Kind erobert werden muß. Mit Grenzen, Geboten und autoritären Erziehungsmaßnahmen erobert man niemanden. Das Kind muß erst eine Beziehung hergestellt haben, soviel Vertrauen und soviel Liebe entwickelt haben, daß es bereit ist, Gebote, Verbote und Grenzen zu akzeptieren. Hier muß man dem Kind Zeit lassen, sehr viel Zeit lassen, sehr wenig Druck ausüben, und sich nicht kränken über anfängliche Ablehnungen. Man muß darauf vertrauen, dass, bei aller Ambivalenz des Kindes gegenüber dem neuen Partner, fast alle Kinder eine große Sehnsucht nach einer vollständigen Familie haben, die sich aber erst dann durchsetzen kann, wenn es vor dem neuen Partner keine, wie auch immer geartete, Angst zu haben braucht.

Noch ein wichtiger Hinweis in diesem Zusammenhang: Die Gründung einer neuen Familie, so groß ihre Chance sein mag, enthebt die Beziehung zum leiblichen Vater nicht ihrer grundsätzlichen entwicklungspsychologischen Wichtigkeit: die bleibt weiter bestehen. Denn es geht nicht bloß um das Dreier-Familiensystem, sondern es geht auch um die vielen bewußten und unbewußten Persönlichkeitsanteile, die in der Beziehung zum leiblichen Vater aufgehoben sind. Kinder brauchen dieses Gefühl, auch einen leiblichen Vater zu haben, der sich um sie kümmert, sich für sie interessiert, den sie haben können, wenn sie möchten. Es sind das dann eben Kinder mit »zwei Vätern« oder vielleicht gar mit »zwei Familien«.

Meine sehr geehrten Damen und Herren! Ich habe Vieles nicht gesagt, was ich eigentlich noch sagen wollte. Aber ich habe meine Redezeit bereits beträchtlich überzogen. Ich komme daher zu meinem Schlußwort, in welchem ich mich speziell an Sie, in Ihrer Funktion als Familienrichter, wenden möchte. Ich hoffe, es ist mir einigermaßen gelungen, Ihnen zu zeigen, wie komplex und zugleich individuell besonders sich das Problem Scheidung von Fall zu Fall darstellt. Damit aber auch, daß das »Wohl des Kindes« nicht unabhängig von den Problemen (und auch dem »Wohl«) der Eltern betrachtet werden kann. Viele Eltern müßten zunächst in ihren persönlichen Gefühlen und Ängsten entlastet werden, um sich bewußt machen zu können, auf welche Art sie *ihre* Probleme in die Interaktion mit dem Kind hineintragen und ihm damit u. U. schaden. Dann erst werden viele Eltern wieder frei dafür sein, sich vernünftig zu überlegen, was *für ihr Kind wirklich gut wäre*. Natürlich kann diese Aufgabe kaum von Ihnen, den Familienrichtern, selbst geleistet werden. Aber Ihre diesbezügliche Funktion könnte in einigen Fällen darin liegen, daß Sie das, was Ihnen von den Eltern *als Streitfall* präsentiert wird, den Sie *entscheiden* sollen, als *Aufgabe* an die Eltern »zurückgeben« und sie für die Inanspruchnahme fachkundiger Hilfe zu motivieren versuchen. Ich meine, daß der Familienrichter gerade auch kraft seiner Autorität eine Chance hat, dem Verlauf so manchen Falles eine Wende zu geben: von der Frage, *wer Recht hat, zur Einsicht*, daß es sich um ein *Problem*, und zwar ein Problem *aller Betroffenen* handelt, das es gemeinsam zu lösen gilt.

6.

Zwischen Trennungsillusionen und verantworteter Schuld

Probleme und Chancen psychoanalytisch-pädagogischer Beratung von Eltern nach Scheidung bzw. Trennung (1992)

Textnachweis:
Erstveröffentlichung:
Figdor, H.: Zwischen Trennungsillusionen und verantworteter Schuld. Ansätze psychoanalytisch-pädagogischer Elternberatung. In: Kriegl, H. (Hg.): Enquete »Kinder zwischen Verlust und Neubeginn. Eine Familie geht auseinander.« Tagungsbericht. Klagenfurt (Amt der Kärntner Landesregierung)

Editorische Vorbemerkung:
Vortrag auf der Enquete »Kinder zwischen Verlust und Neubeginn – Eine Familie geht auseinander«, die 1992 vom Amt der Kärntner Landesregierung und der Abteilung für Neuropsychiatrie des Kindes- und Jugendalters und Heilpädagogik am Landeskrankenhaus Klagenfurt veranstaltet wurde.

Meine sehr geehrten Damen und Herren, liebe Kolleginnen und Kollegen!

Dieser Vormittag verläuft eigentlich nach einer schönen Dramaturgie: Der erste Vortrag galt den allgemeinen gesellschaftlichen Bedingungen von Ehe und Scheidung, anschließend erfuhren wir über die dynamischen Zusammenhänge des Familiensystems mit Erlebnisweisen von Kindern und Eltern. Ich kann nun, ohne jetzt das Gefühl zu haben, furchtbar viel Wichtiges wegzulassen, mich auf den Bereich der *Beratung* konzentrieren. Natürlich komme ich auch zu sprechen auf Erlebnisweisen und auf psychische Prozesse der Beteiligten, aber fokussiert auf die Probleme, die sich uns im Prozeß der Beratung stellen.

Wovon ich reden werde, hat auch ein bißchen etwas zu tun mit jener schwierigen Klientel, von der meine Vorrednerin, Frau Dr. Katschnig, gesprochen hat, jenen 50 %, bei welchen sich wie es scheint eine Verständigung oder eine Veränderung der Konflikte nach der Scheidung gar nicht herstellen läßt.

Ich übertitele den ersten Teil mit »Erste Hilfe«, den zweiten Teil meines Vortrages mit »Böse Eltern«, und den dritten Teil mit »Hilflose Helfer? – Reiche Helfer!« (womit, wie Sie wahrscheinlich richtig vermuten werden, nicht die finanzielle Seite unserer Arbeit gemeint ist). Ich glaube, daß wir auf Grund unserer professionellen Situation – bei allen Schwierigkeiten und auch Ohnmachtserlebnissen – geschiedenen Eltern, wenn wir Gelegenheit haben, mit ihnen zu arbeiten, in Wirklichkeit sehr viel geben können, was schließlich langfristig auch den Entwicklungsinteressen der Kinder zugute kommt.

Da ich mich kurz fassen muß, werde ich mich auf typische psychodynamische Verläufe konzentrieren, hoffe aber trotzdem, daß Sie daraus allmählich eine Idee davon gewinnen können, was ich mit *psychoanalytisch-pädagogischer Elternberatung* meine. Was ich sicher nicht meine – dies vorweg, um Mißverständnisse zu vermeiden –, ist eine Art verhatschter Psychoanalyse mit Eltern in Scheidungsproblemen, sondern ich meine durchaus Erziehungs*beratung* oder Eltern*beratung*, wenngleich auf der Basis eines psychoanalytisch geleiteten Verständnisses der Probleme, um die es geht, und auch der Psychodynamik, die sich im Prozeß der Beratung selbst abspielt.

1. Erste Hilfe

Ich möchte von drei, wie mir scheint, kategorialen Fehlschlüssen zu sprechen beginnen, denen man als Berater leicht und immer wieder erliegt, die aber gleichzeitig von ganz unmittelbarer Relevanz für die Beratung sind:

Fehlschluß 1: Aus der Stärke der Symptome kann auf das Ausmaß des Leidens des Kindes geschlossen werden.

Fehlschluß 2: Aus der Stärke der Symptome kann auf die neurotische Bedrohung (sprich: auf die langfristigen Entwicklungsbeeinträchtigungen) des Kindes geschlossen werden.

Fehlschluß 3: Vom Verschwinden der Symptome kann auf eine weitgehende Bewältigung des Scheidungstraumas geschlossen werden, was auch heißen würde, daß das Verschwinden von Symptomen ein zentrales Ziel von Beratung sei, bzw. das Verschwinden von Symptomen ein Kriterium gelungener Beratung darstellte.

Alle drei Vorstellungen – wie Sie merken – hängen eng miteinander zusammen. Sie haben auch eines gemeinsam, nämlich die Überschätzung des äußeren, beobachtbaren Verhaltens gegenüber innerpsychischen Prozessen. Es war diese Relation zwischen äußerlichem und innerpsychischem Geschehen, die mich als Psychoanalytiker natürlich besonders interessiert hat. Zwischen 1986 und 1988 hatte ich die Gelegenheit, im Rahmen der Sigmund-Freud-Gesellschaft in Wien ein sehr schönes, interessantes Forschungsprojekt zu leiten, das sich genau mit diesen Aspekten und mit der Relevanz der innerpsychischen Prozesse auf die langfristige psychische Entwicklung der von Scheidung betroffenen Kinder beschäftigte. Aus diesen Befunden und aus meiner persönlichen laufenden klinischen Erfahrung möchte ich diesen drei Fehlschlüssen bzw. dieser Überschätzung des Äußeren drei Thesen entgegenstellen:

1. Von schwer pathologischen Fällen einmal abgesehen, gibt es in Wirklichkeit nur zwei Gruppen von Scheidungskindern:
a) diejenigen, deren psychische Irritation und Leid wahrnehmbar werden, und
b) die anderen, die ebenso leiden, nur daß ihr Leid nicht bemerkt wird.

Letzteres aus verschiedenen Gründen: erstens, weil die Wahrnehmung von Trennungsschmerzen, Liebeskummer, Enttäuschung eine Sache ist, die wir überhaupt schwer ertragen, und es auch für das Kind viel einfacher ist, sich zu sagen: »Die Sachen machen mir nicht soviel aus!«. Und zweitens, weil sehr viele Kinder, wie Sie aus Ihrer Beratungspraxis wohl wissen, unerhört sensible Antennen haben für Unausgesprochenes, und genau damit, daß ihnen die Trennung anscheinend nichts ausmacht, ihre Eltern zu schonen suchen.

2. In der überwiegenden Mehrzahl der Fälle sind die der Scheidung unmittelbar folgenden Auffälligkeiten keine neurotischen Symptome im engeren Sinn, sondern gesunde Reaktionen auf eine verrückte Lebenswelt.

Walter Spiel spricht im Zusammenhang von Verhaltensweisen, die neurotischen Symptomen gleichen, es aber in psychodynamischer Hinsicht nicht sind, von Erlebnisreaktionen. Nicht nur aber, daß ein großer Teil dieser Reaktionen keine neurotischen Symptome im engeren Sinn sind, sie sind auch nicht bloß Reaktionen, sondern sie sind ganz unerläßliche *Aktionen* des Kindes zur Wiedererlangung seines psychischen Gleichgewichts – ich werde das später ein bißchen näher ausführen –, woraus auch folgt, daß es uns in einem sehr sensiblen Stadium der Nachscheidungszeit in der Beratung eigentlich eher darum gehen müßte, Kindern das Spüren von Leid und Schmerz und das Äußern ihrer Symptome zu erleichtern, statt uns großartige Gedanken mit den Eltern zu machen, wie wir die Symptome wieder zum Verschwinden bringen könnten.

3. Was schließlich das allmähliche oder plötzliche Abklingen oder Verschwinden dieser unmittelbaren Scheidungsreaktionen betrifft, ist dies leider in den meisten (natürlich nicht in allen) Fällen kein Indiz dafür, daß jene Reaktionen des Kindes erfolgreich waren, und sie ihr psychisches Gleichgewicht wieder herstellen konnten. Vielmehr hängt das Verschwinden oder Abklingen der unmittelbaren Scheidungssymptome mit dem aus der Psychoanalyse bekannten Prozeß der *Verdrängung beunruhigender Gefühle, Affekte* und *Phantasien* zusammen, sodaß die äußere Beruhigung der gesamten familiären Situation und auch des Verhaltens der Kinder sehr oft darauf hindeutet, dass jetzt erst die (im engeren Sinn) neurotische Entwicklung und damit die Gefährdung der künftigen langfristigen Entwicklung durch die Auswirkungen der Scheidung *begonnen* hat. Bis dahin hatte das Kind gesund reagiert und war noch dasselbe, daß es früher war. Ab da ist es nicht mehr dasselbe.

Zur Erläuterung dieser drei Thesen:

Kinder reagieren auf die Scheidung der Eltern (die ja in Wirklichkeit, d. h. im Erleben des Kindes, keine Scheidung *der Eltern* ist, sondern die Scheidung eines Elternteils *von mir* (vom Kind), begleitet von Verzweiflung und Angst; massiver Angst, den wegscheidenden Elternteil zu verlieren, aber auch der Angst, möglicherweise nun auch noch den verbliebenen (meistens die Mama) zu verlieren: Wird doch den Kindern immer gesagt: »Wir verstehen uns nicht, wir haben soviel gestritten« – aber: Welches Kind streitet nicht mit seinen Eltern? Welches Kind streitet nicht gerade nach der Scheidung, in jener sensiblen Zeit, viel mit der Mutter und muß sich nun denken: »Wer weiß, wann der Zeitpunkt kommt, wo sich die Mutter nicht nur vom Vater, sondern auch von mir scheiden wird?«

Kinder reagieren ferner mit Wut, mit ohnmächtiger Wut; auch wir kennen das, wenn wir verlassen werden. Sie reagieren auch mit *Schuldgefühlen* – darauf hat Frau Dr. Katschnig schon Bezug genommen –, etwa aufgrund der Vorstellung: »Ich selber als Kind habe versagt; sonst würde der Papa bzw. die Mama nicht weggehen«. Solche Gedanken gehen dann auch mit einem massiven Verlust an Selbstwertgefühl einher: »Ich bin eben nicht liebenswert genug, den anderen zu halten«. Ein schönes Beispiel dafür ist die Antwort einer Neunjährigen, der die Mutter mitteilte, daß der Papa ausziehen werde, weil er und die Mama dauernd streiten müssen: »Ich versteh schon, daß ihr euch nicht mehr versteht und nicht mehr mögt. Aber deshalb braucht der Papa doch nicht ausziehen, er kann doch zu mir ins Zimmer ziehen!« Schließlich reagieren die Kinder auf die Trennung der Eltern mit Trauer. Wir wissen alle ganz genau, was für ein wichtiger psychischer Prozeß die Trauer zur Bewältigung gerade von Trennungs- und Verlusterlebnissen ist.

Diese Reaktionen, diese psychischen Prozesse, die müssen so sein. Und es ist gesund, wenn sie kommen. Und sie sind ganz normal und: sie sind wichtig! Damit komme ich also zur Anpassungs- oder Wiederherstellungsfunktion dieser Reaktionen: Die Angst der Kinder läßt die meisten Kinder regredieren, sie hängen sich wieder an den Rockzipfel der Mutter. Aber diese Regression ist nichts anderes, als der Versuch, das einst schon einmal gewonnene Vertrauen, nicht allein gelassen zu werden, welches jedoch durch die Scheidung so schwer erschüttert wurde, wieder aufbauen zu können, indem die Nähe zwischen mir (dem Kind) und dem verbleibenden Elternteil (meistens die Mutter) von mir nochmals wie früher kontrolliert werden muss, und das Vertrauen erst langsam wieder gesteigert werden kann. Die Wut der Kinder beinhaltet auch die Frage: »Wie konntet Ihr mir so etwas antun? Liebt Ihr mich noch, oder muß ich annehmen, daß all das, was passiert ist, ein Zeichen dafür ist, daß Ihr aufgehört habt, mich liebzuhaben?« Die Schuldgefühle verlangen geradezu nach ihrer Falsifikation, sind eine Aufforderung an die Eltern, die Verantwortung für das Schlimme auf sich und von den Schultern der Kinder wegzunehmen. Und trauern muß man auch lassen. Man muß auch mittrauern oder auch nur trauern, damit das Kind trauern kann.

Leisten Eltern diese »Erste Hilfe« nicht, dann bleiben die Ängste aufrecht. Sie erhöhen sich angesichts des Anstiegs äußerer Konflikte, gerade aggressiver Konflikte zwischen Eltern und Kindern. Die eigene Angst und Wut erscheinen dem Kind geradezu als Auslöser dieser Konflikte und daher bedrohlich, und auch die Liebe zum weggeschiedenen Elternteil, die ja letzten Endes der Keim alles Übels ist, wird zur Gefahr: Denn wäre sie nicht, müßte ich mir aus der ganzen Geschichte ja nichts machen. Wo aber eigene Liebe und/oder Aggression bedrohlich werden, formiert sich der klassische neurotische Konflikt, der Konflikt zwischen unterschiedlichen Strebungen, zwischen Liebe und Haß oder zwischen Aggression und Sicherheitsbedürfnis usw. Und dort, wo diese inneren Konflikte unerträglich werden, setzt Verdrängung ein.

Die neurotische Abwehr oder Symptombildung im Zuge solcher Verdrängungen muß nun nicht unmittelbar auffällig sein, im Gegenteil: Auch die neurotische Abwehr und der neurotische Konflikt hat Anpassungsfunktion, indem er die existentiellen Ängste beruhigt. Daher werden viele Kinder als Folge solcher Verdrängungsprozesse ruhiger. Aber diese Abwehrformationen sind ein psychisches Korsett, das eine mächtige Disposition für mittel- oder langfristige neurotische Störungen darstellt, welche psychische Entwicklungschancen herabsetzen können und später – wenngleich vielleicht Jahre und Jahrzehnte später – auch Ausgangspunkt schweren psychischen Leides sein können.

Somit haben wir aber auch schon *ein erstes zentrales Beratungsziel* gewonnen: Eltern zu befähigen, auch psychisch zu befähigen, diese in den ersten Monaten nach der Scheidung so wichtige »Erste Hilfe« leisten zu können. Wie aber können wir das bewerkstelligen? Das Vorhaben ist wohl an sich schon schwer genug; wie schwer ist es erst, wenn die Kinder ihre psychischen Reaktionen – wie erwähnt – gar nicht zeigen. Wie soll man denn jemandem helfen, der sich gar nicht als hilfsbedürftig offenbart, sein Leid und seine Hilfsbedürftigkeit nicht zu erkennen gibt?

2. Böse Eltern

Um diese Frage soll es unter anderem in diesem zweiten Teil gehen: um die Situation der Eltern im Zusammenhang mit dem Beratungsziel bzw. der Notwendigkeit, Kindern »Erste Hilfe« leisten zu können.

Die eingangs erwähnten Fehlschlüsse – diese drei Mißverständnisse über das Verhältnis zwischen sichtbaren Reaktionen und psychischem Geschehen, die ich Ihnen genannt habe – finden wir ja auch bei den Eltern, und zwar in Gestalt der großen Hoffnung, das Kind würde auf die Trennung der Eltern gar nicht reagieren. Wenn es dann tatsächlich unauffällig bleibt: Gott sei

Dank! Und wenn es auffällig wird: um Gottes Willen! Statt Hilfe zu leisten, werden die Äußerungen des Kindes bekämpft, z.B. indem die Regression verweigert wird; oder die Angst des Kindes wird (indirekt/unbewußt/unbeabsichtigt verstärkt (etwa die Angst des Kindes, den Vater ganz zu verlieren), indem es zu Schwierigkeiten in den Besuchsregelungen kommt; oder die Angst, auch die Mutter (den verbleibenden Elternteil) zu verlieren, wird dadurch verstärkt und vertieft, daß das Kind erlebt, welche Wut und welchen Zorn die Mutter auf das Kind selbst entwickelt – auf Grund seiner Symptome und Reaktionen; schließlich ist zu bedenken, welche Schwierigkeiten es für das Kind mit sich bringt, wenn von einem Elternteil der andere verteufelt wird, und ich (als Kind) merke, daß etwas in mir – nämlich meine verbliebene Liebe zu dem Verteufelten – etwas Unausrottbares ist, daß also an mir etwas ist, was den Erwartungen der Mama oder des Papas widerstrebt. Wie sollen sie mich weiter lieben können, wenn ich ihren Erwartungen so wenig entsprechen kann?

Was tun in dieser Situation?

Ich möchte mich zunächst auf Grund meiner Erfahrungen in Fallbesprechungen und Supervisionen einer, wie ich glaube, sehr verbreiteten, aber meines Erachtens sehr problematischen Beratungsstrategie zuwenden: Ich möchte sie als Überich-Botschaften bezeichnen. Zum Beispiel: Die Vermittlung von Botschaften an Eltern, wie: »Vielleicht macht es Ihrem Kind doch mehr aus, als Sie wahrhaben wollen?« oder: »Auch wenn Sie anders denken, Ihr Kind braucht seinen Vater!« oder: »Ihre Partnerschaft ist zwar zu Ende, nicht aber Ihre elterliche Verantwortung!« oder: »Ich weiß schon, daß Sie enttäuscht und wütend sind auf Ihren Ex-Partner. Aber Sie müssen an das Kind denken!« oder: »Sie dürfen Ihr Kind nicht zum Ersatzpartner machen!«

Verstehen Sie mich nicht falsch: Nicht daß ich glaube, daß diese Botschaften *inhaltlich* falsch wären. Meine Bedenken sind methodischer oder »technischer« Art. Es ist dies eine Beratungsstrategie, die ich deshalb als Überich-Botschaften bezeichne, weil sie sich im wesentlichen an das Gewissen wenden und erhoffen, daß über rationale und kognitive *Einsicht* Eltern ihr Verhalten und ihre Haltungen wechseln oder verändern könnten. Der Erfolg ist sicher nicht bei allen, aber bei einem großen Teil der Eltern fraglich, da erstens einmal – wir müßten das alle spüren – sich in uns sehr schnell ein erheblicher Widerstand gegen den erhobenen pädagogischen Zeigefinger breit macht, wobei ja dieser pädagogisch erhobene Zeigefinger auch ein Stück moralischer Verurteilung in sich birgt: »Denke nicht an Dich, denke an das Kind!« Vor allem aber – und darauf kommt es mir jetzt in diesem Abschnitt an – weil meiner Erfahrung nach die Eltern in ihren Fehlhaltungen und Fehlverhaltensweisen weit weniger egoistisch oder böse sind, als wir annehmen mögen. Ich dagegen glaube, *sie können gar nicht anders.* Was ich mit diesem Nichtanders-können meine, möchte ich in Form von fünf Thesen kurz erläutern:

These 1:
Kinder benötigen nach der Scheidung Eltern, die so perfekt sind, wie sie kaum je sein mußten. Eltern – vor allem der beim Kind verbleibende Elternteil – brauchen dagegen in dieser Zeit nach der Scheidung Kinder, die so anspruchslos, selbständig und vernünftig sind, wie sie noch nie sein mußten. Meine These geht dahin, daß z. B. eine Mutter auf Grund der psychischen, sozialen, ökonomischen und zeitlichen Belastungen – davon war heute auch schon die Rede –, welche die Scheidung für sie mit sich bringt, zu jener für die sogenannte »Erste Hilfe« erforderlichen Ruhe, Geduld und Empathie zumeist überhaupt nicht in der Lage ist oder schlicht keine Zeit hat.

These 2:
Kooperation, geteilte Erziehungsverantwortung setzt ein Mindestmaß an Vertrauen in den anderen Elternteil voraus. Gerade das Vertrauen aber ist bei den meisten Scheidungspaaren bis zu den Grundfesten erschüttert. Der Ex-Partner ist häufig im Erleben des anderen zu einem durch und durch egoistischen, bösen und bedrohlichen Menschen geworden. Wenn das aber so ist: Welche liebende Mutter oder welcher liebende Vater würde denn sein geliebtes Kind einem »Teufel« oder einer »Hexe« ausliefern?

Diese extrem negativen Bilder kommen über sogenannte Spaltungsmechanismen zustande, die nicht nur das Ergebnis schmerzvoller Erfahrungen sind, sondern auch unbewußt von Eltern oder von Paaren eingesetzt werden, um sich vom ehemals geliebten Partner überhaupt trennen zu können. Es gibt oft einen kritischen Punkt in der Entwicklung sehr vieler Scheidungsgeschichten, jenen Punkt, wo die Erwartungen an die Partnerschaft, die ja – wie wir heute schon gehört haben – mitunter sehr hoch sind, bereits enttäuscht wurden, aber die Trennung und Loslösung vom Partner noch nicht möglich ist, weil dieser immer noch viel zuviel bedeutet. Und in diesen Situationen kann es unerhört »hilfreich« sein – das sind natürlich unbewußte Prozesse –, wenn ich mir allmählich klarzumachen versuche, daß dieser Mensch nichts wert ist, wenn ich allmählich alles an negativen Eigenschaften auf die Schultern dieses Partners projiziere, sodaß zum Schluß nur mehr eine Karikatur vom Partner übrig bleibt. Ist es mir erst »gelungen«, den Partner als nur-bösen, nur-egoistischen, gefühllosen u. s. w. Menschen und mich als gutes und unschuldiges Opfer zu sehen, fällt die Trennungsentscheidung freilich nicht mehr so schwer, ja von so einem Menschen muß ich mich geradezu trennen. Das heißt aber, daß ein großer Teil der Kämpfe, die Eltern über ihre Kinder austragen, z.B. die Besuche und Kontakte zum anderen Elternteil zu verhindern, im *bewußten* Erleben der Eltern durchaus »zum Wohle des Kindes« geschehen, um das Kind vor Schaden durch den bösen (bzw. böse gemachten) Elternteil zu bewahren.

These 3:
Die Scheidung ist für viele Eltern selbst unmittelbar traumatisch, indem sie alte Trennungs- und Einsamkeitsängste aktiviert. In solchen Situationen der Gefahr der Vereinsamung brauchen wir alle die unbezweifelbare Liebe wenigstens eines Menschen. Wer anderer sollte das aber in erster Linie sein, als das eigene Kind. Damit meine ich, daß geschiedene Eltern ihre Kinder mitunter als Liebespartner weniger mißbrauchen (zum persönlichen Lustgewinn), sondern *benötigen,* um psychisch überhaupt überleben zu können. Das bedeutet aber, wenn das stimmt, daß solche Mütter oder Väter sich diese Liebe auch sichern müssen, nämlich durch Bindungsstrategien. Und diese richten sich natürlich in erster Linie gegen den so bedrohlich gewordenen Ex-Partner.

Zweitens wird damit aber auch die Verwundbarkeit der Eltern durch ihre Kinder klar. Es läßt sich leicht sagen, Eltern sollten nach der Scheidung in der Lage sein, die Aggression ihrer Kinder »anzunehmen«. Ich glaube, die meisten können es nicht, weil sie sich in einem Stadium allerhöchster Verletzbarkeit befinden.

These 4:
Die Bewältigung der Schuldgefühle der Eltern gegenüber ihren Kindern ist vielleicht das schwierigste psychologische Problem von Eltern, die sich trennen. Neben der Schuldzuweisung an den bösen Ex-Partner dient der Bewältigung dieser Schuldgefühle – die kaum auszuhalten sind – vor allem auch die bereits kennen gelernte Hoffnung, es werde den Kindern schon nicht so viel ausmachen. Diese Hoffnung aber wird zum mächtigen unbewußten Motiv, den Schmerz und die Probleme der Kinder zu verleugnen bzw. nicht wahrzunehmen; oder wenn man sie bemerkt, nicht als Scheidungsreaktionen wahrzunehmen, sondern sie als Spinnereien abzutun oder als bloße Lästigkeit oder als Undankbarkeit des Kindes oder als Folge der Beeinflussung und Aufhetzung durch den Ex-Partner. Genau das aber hindert dann die Eltern, die Reaktionen der Kinder wirklich als Hilferufe zu verstehen und entsprechende Unterstützung (»Erste Hilfe«) zu geben.

These 5:
Schließlich sollten wir nicht vergessen, daß unsere Lebensfähigkeit – unsere seelische – auch an einem Mindestmaß an narzißtischem Gleichgewicht hängt. Und mit dem narzißtischen Gleichgewicht, mit dem Selbstwertgefühl (in diesem Sinne meine ich hier den Begriff) steht es bei geschiedenen Eltern ohnehin schon sehr schlecht: Mein Lebenskonzept ist kaputt gegangen, ich erlebe mich als gescheitert, erleide sozialen Abstieg und unter Umständen Isolation. Ich erliege existentiellen Ängsten, wie einst als kleines Kind. Ich habe Angst vor Einsamkeit und laufe u.U. – wie heute auch schon erwähnt worden ist – zurück zu den eigenen Eltern. Ich habe massive Schuldgefühle, denn ich war nicht gut genug. Ich bin gekränkt, weil ich verlassen worden bin. An all dem leiden Scheidungseltern.

Um sich wieder in die Augen schauen zu können, bedürfen viele Eltern/Elternteile – wie menschlich, allzu menschlich! – eines Mindestmaßes an Rache und Vergeltung gegenüber dem Ex-Partner, der einem all dies angetan hat. Es ist z.B. für viele kaum auszuhalten, daß sich der Mann (im Erleben der Frau), der sie so schmählich verlassen hat, in der Liebe seiner Kinder weiter sonnen soll; ja vielleicht sogar noch als toller Wochenendvater, bar aller Verantwortung, in wesentlich besserer finanzieller Situation, der weder darauf achten muß, daß die Kinder schlafen gehen, ihre Aufgaben machen oder überhaupt Grenzen einhalten müssen. Vielmehr kann er jederzeit in jeder Form für sie da sein, und alles Unangenehme von Erziehung und Alltag bleibt auf den Schultern der Mutter lasten. (Natürlich gibt es Vergeltungs- und Rachephantasien umgekehrt bei Vätern – mit anderen inhaltlichen Vorzeichen – genauso)

3. Hilflose Helfer? – Reiche Helfer!

Was die Beratung scheinbar so schwierig macht, ist also der Umstand, daß die Fehlhaltungen vieler Eltern nicht bloß Fehlhaltungen sind, Irrtümer, die Folge falscher Informationen, Einstellungen etc., sondern selbst eine wichtige *psychologische Funktion* erfüllen. Sie stehen nämlich im Dienste existentieller Bedürfnisse und Strebungen. Z.B.: Damit ich mich überhaupt von meinem Partner trennen kann, mußte der Partner böse werden und die Kinder möglichst unbeeindruckt bleiben. Andere Funktionen die »mit Hilfe« pädagogischer Fehlhaltungen erfüllt werden: endlich auch an mich denken können; das Kind vor dem bösen anderen schützen; meine eigene Verzweiflung und Angst vor Einsamkeit bewältigen; Vergeltung üben können usw.

Aus gerade diesen Gründen, eben weil diese so typischen Verhaltensweisen von Eltern nach der Scheidung eine so wichtige psychologische Funktion haben, werden wir in vielen Fällen mit unserer *Überich-Beratung* sehr wenig ausrichten. Warum? Was wir nämlich mit unseren Belehrungen, Ratschlägen oder Ermahnungen von den Eltern verlangen, ist nicht weniger, als daß sie auf die zentralen Strategien ihrer Krisenbewältigung verzichten sollen. Das können sie aber nicht, weil sie sonst nämlich ins Chaos stürzen würden.

Was bleiben uns also angesichts dieser Überlegungen für Möglichkeiten? Nun: Wenn es stimmt, daß es sich bei vielen problematischen Elternverhaltensweisen nach der Scheidung um Krisenbewältigungsstrategien der Eltern handelt, müssen wir ihnen erstens einmal zeigen, inwieweit diese Strategien auf Illusionen aufbauen. Zweitens, daß diese Strategien – betrachtet man sie näher – sehr häufig *nicht geeignet* sind, jene Ziele wirklich zu realisieren, die mit diesen Strategien in der Vorstellung der Eltern verbunden sind, mitunter genau das Gegenteil bewirken können. Drittens, aber muß es uns gelingen, den Eltern für den intendierten Verzicht auf jene unheilbringenden Sicherungsstrategien alternative *Möglichkeiten* zu eröffnen, wie sie mit ihren eigenen Schwierigkeiten, mit ihrer eigenen Krise umgehen können, wie sie ihr eigenes Gleichgewicht sichern können und *gleichzeitig als Eltern* verantwortlich handeln können.

Gespräche z.B. darüber, daß es ganz normal ist, daß Kinder nach einer Trennung reagieren müssen; daß das augenblickliche Leiden der Kinder nicht identisch ist mit der Frage, ob damit langfristige Entwicklungschancen des Kindes beeinträchtigt oder gefördert werden, daß das augenblickliche Leid mit einer Verringerung langfristiger Entwicklungschancen nicht zusammenfällt; daß unter Umständen das Fortbestehen der Konfliktfamilie für die Kinder viel schlimmer sein kann als das Leid der augenblicklichen Trennung; was für eine Belastung es für Kinder ist, unglückliche Eltern zu haben, die des Kindes wegen zusammengeblieben sind, und ihr Leben lang die Schuld dafür tragen, daß die Eltern in einer wichtigen Etappe ihres Lebens keine zweite Chance mehr ergriffen haben usw. Besondere Bedeutung haben meiner Erfahrung nach Gespräche mit der Mutter darüber, daß die Beziehung zum Vater mittelfristig die Beziehung der Mutter zum Kind nicht belastet, sondern entlastet. Wir sprechen in der Psychoanalyse in diesem Zusammenhang von »Triangulierung« (bezeichnen mit »Triangulierung« aber ein anderes Phänomen als die Familientherapeuten). Wir meinen mit Triangulierung, daß eine dritte Person gegenüber einer Zweierbeziehung eine ganz wichtige Entlastungsfunktion hat, da diese beiden, miteinander in einer engen Beziehung stehenden Menschen, nicht mehr auf Gedeih und Verderb mit all ihrer Liebe und ihrem Haß einander ausgeliefert sind, sondern die dritte Person einen Puffer darstellt: Wenn ich die Mama nicht mag, wünsche ich sie weg und gehe zum Papa. In der Zwischenzeit ist die Wut weg, die Mama ist immer noch da. Die Wut der Mama ist auch weg, und wir können beginnen, wo wir aufgehört haben. Wenn aber die Mama die einzige ist, die ich habe, dann kann ich mir es unter Umständen gar nicht leisten, sie – wenn auch nur vorübergehend – nicht zu wollen oder wegzuschicken. In Alleinerzieherfamilien, oder dort, wo der Kontakt zu Vätern fehlt, machen wir daher immer wieder die Beobachtung, daß die Mutter-Kind-Beziehung viel konfliktgeladener, die Ambivalenz wesentlich höher ist, und daß genau der Wegfall des entlastenden dritten Elternteils (des Vaters) die Gefahr erhöht, die so viele Mütter fürchten (und daher den Kontakt zum Vater *unterbinden* wollen): Daß unter Umständen in der Pubertät, wenn die Kinder dann auch über ihr eigenes Schicksal frei entscheiden können, genau dieser Ausschluß des Vaters sich als mächtiger Motor erweist, sich aus dieser engen, ambivalenten Beziehung zu befreien. Bei anderen Kindern, die diese Kraft nicht haben, kann es hingegen passieren, dass sie selbst den allmählichen Loslösungsprozeß in der Pubertät überhaupt nicht schaffen. Entlastend ist es auch, wenn wir z.B. Mütter darüber aufklären, beruhigen, daß die Liebe eines Kindes so schnell nicht verloren geht, nur deshalb, weil es beim Papa länger fernsehen darf. Und anderes mehr.

Das sind Geschichten, die man Eltern erzählt. Ich rede absichtlich von *Geschichten,* man kann sie auch ruhig wie Geschichten erzählen. Die Eltern hören uns zu. Und sie hören uns gerne zu, und sie hören uns gierig zu, weil in Wirklichkeit diese Geschichten Balsam sind auf den Wunden ihrer Ängste und ihrer Schuldgefühle. Was da psychologisch geschieht, hat mehrere Ebenen. Diese Entlastung, die wir Eltern geben – durch das Ansprechen ihrer Strebungen und Gefühle, deren Enttabuisierung und durch das Aufklären von Illusionen oder falschen Vorstellungen –, macht sie dankbar; das fördert die positive Übertragung, fördert letzten Endes auch ganz massiv den Einfluß, den wir dann späterhin haben, wenn es wirklich darum geht, Eltern ganz konkrete Anregungen zu geben und Vorschläge zu machen. Darüber hinaus aber beruhigt diese Entlastung durch Ansprechen und Aufklären das Leben dieser Eltern oft ganz unmittelbar, wodurch sich auch viele Alltagsschwierigkeiten mildern, was letzten Endes auch den Kindern zugute kommt.

Auf diese Weise gelangen Eltern zu Veränderungen in ihren Haltungen und Einstellungen, die ganz von sich aus veränderte *Verhaltensweisen* nach sich ziehen. Etwa: Wenn nach der Scheidungszeit eine Mutter erlebt, sie kommt mit all diesen Belastungen überhaupt nicht zu Rande, und wenn sie das nicht anders erleben kann als: »Ich versage, ich kann es nicht und ich schaffe es nicht!«, so ist es möglich, daß im Zuge solcher Gespräche diese Situation für die Mutter zwar furchtbar schwierig bleibt, aber sich ihr nun als eine *Herausforderung* darstellt, also zu einer Ausgangssituation, zu einem (neuerlichen) *Anfang* wird, was vorher lediglich als Ergebnis eigenen Versagens erlebt wurde. Das sind grundlegende Perspektivenwechsel! Oder, daß sich das Bild vom Ex-Partner, der auf Grund von Spaltungsmechanismen zum Teufel oder zur Hexe wurde, sich so wandelt, daß sich eine Mutter z.B. sagt: Er hat sich zwar wie ein Schwein benommen, und ich möchte ihn am liebsten umbringen. Aber er ist wohl kein wirklich schlechter Mensch, und ich brauche eigentlich keine Angst haben, daß sein einziges Streben danach geht, meinem Kind Böses anzutun.

Oder ein anderer Haltungswechsel kann sein, daß das Kind in seiner eigenen Wut und Aggression im Zuge der Scheidung von Mutter und/oder Vater nicht als Feind erlebt wird. Eltern neigen nach der Scheidung dazu, die fortwährende Liebe der Kinder zum Ex-Partner, aber auch alle möglichen, in weiterem Sinn aggressiven Verhaltensweisen des Kindes als persönliche Angriffe, als Zeichen entzogener Liebe zu erleben. Auch das ist eine wichtige Haltung, die sich verändern kann. Wir können es mit solchen aufklärenden Gesprächen, wenn wir Glück haben, unter Umständen auch schaffen, daß Eltern Vertrauen in die eigene Liebe und in die Liebe des Kindes, in die dauerhafte Liebe des Kindes, wiedergewinnen, was auch bedeutet, daß sie dann akute Konflikte und Aggressionen besser aushalten können.

Das Zentrum, um welches sich solche und andere Verhaltensdispositionen drehen, ist aber eine Haltung, die ich *Verantwortete Schuld* genannt habe. Sie taucht auch im Titel dieses Vortrages auf, und damit möchte ich schließen.

Mit »Verantworteter Schuld« meine ich eine innere Einstellung von Eltern, die sich ungefähr so ausdrücken ließe: »Was ich bzw. mein Partner getan haben oder tun, war oder ist *für das Kind* schrecklich und schlimm, und ich bin an diesem Leid und Schmerz direkt oder indirekt schuldig oder zumindest mitschuldig. Und trotzdem: Ich brauche mir nichts vorzuwerfen und mich nicht zu quälen: denn erstens hatte ich gar keine Wahl. Zweitens: Ich kann diesen Schritt – und damit letzten Endes auch den Schmerz und das Leid des Kindes – auch *verantworten,* denn die Trennung und meine neuen Entwicklungschancen können dem Kind langfristig mehr helfen, als es ohne diesen Schritt möglich gewesen wäre, und angesichts der Tatsache, wie weh es ihm im Augenblick tut, werde ich auch alles dazutun, was möglich ist, um es ihm zu erleichtern.«

Mit anderen Worten: Es geht darum, daß die Eltern das Unglück des Kindes, das heißt aber auch, den Umstand aushalten, an diesem Unglück schuld, also »böse« gewesen zu sein. Das ist zwar schwierig aber möglich, weil die Eltern dieses Böse-Sein zugleich verantworten können. Der praktische Gewinn einer solchen Einstellung ist oft enorm. Die Schuld muß nicht mehr abgewehrt werden, z.B. durch die Illusion, es wird den Kindern schon nichts ausmachen. Oder die Gesamtschuld muß nicht auf den Ex-Partner projiziert werden, der dadurch noch böser erscheint, oder auf das Kind gerichtet werden (wodurch dieses dann bloß verständnislos, gemein, untreu oder illoyal erscheint).

Es ist interessant, daß sich oft, wenn man nur eine Stunde über diese Probleme spricht, bereits in der nächsten Beratungsstunde vieles verändert hat. Sie verstehen jetzt vielleicht auch, was ich meinte, als ich davon sprach, daß man Eltern, die nicht nur Eltern armer Kinder, sondern selbst arme Eltern sind, in Wirklichkeit sehr viel geben kann, inwiefern wir also als Helfer (mit unserem Wissen) »reich« sind.

Vor kurzem, und das ist mein Schlusswort, zeichnete bei mir in meiner Praxis eine Mutter – ich habe mit ihr vier oder fünf Stunden gearbeitet, recht intensiv, etwa in dieser Art, wie ich es versucht habe, Ihnen zu schildern – mit viel Gefühlsausbruch und viel Tränen eine Zwischenbilanz unserer gemeinsamen Arbeit mit folgenden Worten: »Ich sage Ihnen ganz ehrlich, die Wut halte ich kaum aus, daß mein Martin seinen Vater so anhimmelt.« (Diese Mutter hat inzwischen einen anderen Lebensgefährten). »Am liebsten wäre es mir, er würde vom Erdboden verschwinden, und wir hätten nur uns drei. Aber«, das sagt sie mit Seufzen, »ich verstehe schon: Er braucht halt seinen Vater, und es bleibt mir und meinem Freund wohl nichts anderes übrig, als in diesen sauren Apfel zu beißen. Hoffentlich schaffe ich es!« Dann fügte sie noch hinzu: »Helfen Sie uns dabei!« Als sie das gesagt hatte, habe ich gewußt, daß das Wichtigste in dieser Beratung eigentlich geschafft war; denn diese Mutter – und ihr Freund auch – waren jetzt offen für sehr konkrete Hilfeleistungen, Ratschläge und Vorschläge, wie wir sie heute zum Teil auch schon gehört haben, oder wie Sie sie sehr gut aus Ihrer eigenen Praxis kennen. Ich denke, dieser Martin hat gute Chancen, trotz des Leids und Schmerzes, welche er hinter sich und immer noch hat, von der Trennung seiner Eltern und seiner neuen Familie letzten Endes zu profitieren.

7.

Aggression von Kindern

Ein paar Bemerkungen zum pädagogischen Umgang mit alltäglichen Aggressionsäußerungen der Kinder (1992)

Textnachweis:
Erstveröffentlichung (gekürzte Fassung):
Figdor, H.: Aggression von Kindern. Zeitung der Freien Schulen 6/92, S. 14–17

Editorische Vorbemerkung:
Vortrag vor Erzieher/innen, Lehrer/innen und Eltern am Wiener »Werkstätten- und Kulturhaus« (WUK)

Liebe Kolleginnen und Kollegen!
Liebe Eltern!

Bis vor einigen Jahren hat im alltäglichen Sprachgebrauch niemand von »Aggressionen« geredet. Man sagte einfach: »Hab' ich einen Zorn!«, oder »Bin ich wütend auf Dich!« oder »Ich bin ang'fressen« oder »ich bin gekränkt« oder »ich explodiere«. Die Umgangssprache hat ein vielfältiges Instrumentarium an nuancierten Ausdrücken für Gefühlszustände, die irgendetwas mit Opposition oder mit Sich-gegen-jemanden-Wehren oder Sich-gegen-etwas-Richten zu tun haben. *Aggression* ist, im Grunde genommen, ein unerhört diffuser Begriff. Daher:

Plädoyer 1 – Für die Abschaffung des Begriffes »Aggression«!

Was wir als aggressiv bezeichnen, hängt schon einmal mit unseren verinnerlichten Wert- oder Erlebnismaßstäben zusammen. Es gibt Menschen, die ein Schimpfwort wie »Scheiße«, »du Trottel« oder ähnliches als aggressiv, dagegen eine subtilere Art des Abwertens, z.B. sich über jemanden lustigmachen, vielleicht als charmant und »Ich will das aber!« als begrüßenswerte Form des Sich-Durchsetzens betrachten, während andere z.B. gerade eine solche Opposition des Kindes als »aggressiv« empfinden.

Auch glaube ich, daß es hier geschlechtsspezifische Differenzen gibt: daß vielleicht die Buben eher dazu neigen, ihre Wut, ihren Zorn *auszuleben*, und daß die Mädchen das vielleicht ein bißchen anders machen. Geschlechtsspezifische Unterschiede gibt es aber auch im Erleben der Eltern: Ich habe z.B. ein (sehr alternatives) Elternpaar kennengelernt, das versucht hat, seine Kinder eben *nicht* geschlechtsspezifisch zu erziehen. Das hat sich freilich als nicht so einfach herausgestellt; denn wenn die kleine Tochter angefangen hat zu brüllen und zornig zu werden, wenn ihr irgendetwas nicht gepaßt hat, ist sie vom Vater als hysterisch bezeichnet worden. Wenn aber der Bub gebrüllt hat und zornig war, hat er zwar eine Zurechtweisung gekriegt, aber innerlich war der Vater sehr stolz. Und im Gespräch sind wir draufgekommen, daß selbst die Mutter insgeheim stolz auf ihren Sohn war, da er doch ein »richtiger Mann« zu werden versprach.

Der Begriff »Aggression« vermittelt uns den Eindruck von irgendwas objektiv Greifbarem. In Wirklichkeit ist es jedoch zunächst ein *Beziehungs-*

phänomen zwischen zwei (oder mehr) Menschen, die miteinander etwas austragen, etwas senden und auch empfangen. Statt diese Aktivitäten – z.B. als »aggressiv« – zu *klassifizieren*, ginge es aus pädagogischer Sicht zu allererst darum, die *Bedeutung* solcher Verhaltensweisen und Haltungen zu verstehen.

Sie erinnern sich an die Diskussion, die meinem Vortrag voranging: Die Erzieherin berichtete, wie eine Gruppe von dreijährigen Kindern auf ein anderes, weinendes Kind hinhaute. Ein sicher psychologisch interessantes Phänomen. Doch scheint es mir auch in einem solchen Fall vorschnell – und daher bedenklich – dieses Verhalten der Kinder mit dem Titel »Aggression« zu belegen, ohne zu fragen, *was da eigentlich warum passiert ist.* Ich könnte mir vorstellen, daß jedes dieser Kinder aus ganz anderen Gründen so handelte: vielleicht wirklich einfach aus Lust am Hinhauen; aber es sind noch ganz andere Gründe denkbar, z.B. weil die Schwäche eines anderen Kindes wütend macht, sei es wegen der geforderten Rücksichtnahme, die man nicht leisten möchte, oder weil dadurch eigene Schwächegefühle unbewußt aktiviert werden, die dann am anderen bekämpft werden, wodurch man sich der eigenen Stärke versichern kann; oder, weil ich die Anerkennung durch die anderen (hinhauenden) Kinder nicht gefährden will; u.a.m. Schreitet man als Erzieher freilich nicht ein, kann aus solch unterschiedlichen Motiven unter Umständen auch eine Gruppen«kultur« werden.

Was nun die Frage betrifft, *was man denn tun soll*, so kann ich zunächst nur abraten, das zu tun, was viele Pädagogen sehr gerne tun: nämlich die Kinder auf den Kant`schen Kategorischen Imperativ verpflichten zu wollen, also dem Kind zu predigen, es möge doch dem anderen Kind nicht antun, was es selbst nicht erleiden möchte. Denn der Franzi, der den Peter gerade haut, *kann* sich im betreffenden Augenblick gar nicht mit Peter identifizieren. Die Rolle des Aktiven und Passiven liegt erlebnismäßig viel zu weit auseinander. Oder aber, es handelte sich eben genau darum: der Aktive und *nicht* der Passive zu sein, sich nicht auszuschließen, usw.

Ich würde daher dafür plädieren, nicht zu schauen, *warum* ein Kind *»aggressiv«* ist und was *ich dagegen tun* soll, sondern zunächst einmal zu beobachten, *was das Kind eigentlich tut.* Und dann sollte man sich Gedanken darüber machen, *was in ihm vorgeht*: Ist es enttäuscht? Hat es Angst? Will es etwas weghaben? Wünscht es sich etwas? Möchte es sich irgendwo durchsetzen? Hat es Lust daran, irgendjemandem was anzutun oder etwas zu zerstören? Ist es wütend? Ist es zornig? Das sind alles ganz verschiedene psychische Regungen bzw. Zustände, die dann auch unter Umständen ganz verschiedene pädagogische Reaktionen sinnvoll erscheinen lassen.

Plädoyer 2 – Gegen die Pathologisierung »aggressiven« Verhaltens!

Das Verhältnis zwischen Psychologie, Psychotherapie, Psychoanalyse auf der einen und Pädagogik auf der anderen Seite hat in den letzten Jahren eine etwas unglückliche Entwicklung erfahren. Das Hereingreifen der Psychologie (oder der Tiefenpsychologie) in die Pädagogik hat zu einer Tendenz geführt, nicht nur die Kinder, sondern auch die Pädagogen vorschnell zu pathologisieren, also als »krank« oder »gestört« oder »unfähig« zu erklären.

Wenn etwa ein Kind in der Gruppe nicht »funktioniert«, weil es auffällig ist, weil es sich Normen nicht fügt oder in irgendeiner Form aus der Reihe tanzt, dann wird das natürlich seinen Grund haben. Aber das heißt noch nicht, daß es sich hier um ein neurotisches oder irgendein anderes pathologisches Symptom handelt. Genauso ist natürlich überhaupt nicht gesagt, daß das andere Kind – etwa die Gabi, die immer für die Kindergartenbetreuerin da ist, die immer mithilft, solidarisch ist, aufräumt, hilfsbereit und überhaupt der Stern der Gruppe ist – ein besonders gesundes Kind ist. Natürlich behaupte ich auch nicht, daß die Gabi mit großer Wahrscheinlichkeit ein krankes Kind ist und jene Kinder, die schon frühzeitig auffallen, unbedingt die allergesündesten sind. Ich meine nur, daß *Auffälligkeit* vorerst einmal mit der Frage, ob ein Kind psychisch krank oder gesund ist, sich gut oder nicht gut entwickelt, nichts zu tun hat. Das sind zwei völlig verschiedene Paar Schuhe.

Ein und dasselbe Kind kann in der einen Gruppe angepasst sein und in der anderen Gruppe unangepasst. Oder es kann ein Kind heuer ganz angepasst sein und im nächsten Jahr gar nicht, etwa weil fünf alte Kinder weggehen und fünf neue nachkommen. Und dieses Kind ist sicher nicht von heute auf morgen neurotisch geworden. Es hat sich nur die *Situation* verändert. Vielleicht hat z.B. die kleine, 4 1/2 jährige Anni zu Hause riesige Probleme damit, vom Thron des Einzelkindes heruntergestoßen worden zu sein, weil da ein neues Geschwisterchen gekommen ist. Und jetzt hat sie auch noch das Pech, daß in der Kindergruppe vier junge Kinder hereingekommen sind, die sich teilweise fürchten, die noch keine Erfahrungen in der Gruppe haben und daher die volle oder einen Großteil der Aufmerksamkeit der Betreuerin beanspruchen. Die kleine Anni erlebt also in der Kindergruppe dasselbe Schlammassel wie zu Hause. Für sie sind diese neuen kleinen Kinder oder sogar die ganze Gruppe derselbe »Feind«, wie sie ihn zu Hause hat. Man sollte also nicht von vornherein sagen: »Hier handelt es sich um ein gestörtes Kind« oder »um ein Kind, das neurotische Probleme hat«.

Und was die *angepassten* Kinder betrifft, muß man, wie gesagt, sehr aufpassen, sie nicht mit psychisch *gesunden* Kindern zu verwechseln. Gerade unter den Jugendlichen zwischen 14 und 18 Jahren, die mit Angstneurosen, psychosomatischen Symptomen und anderen psychischen Problemen in meine Praxis kommen, waren viele ihr Leben lang die Musterkinder aller Omas, Tanten, Erzieherinnen, Lehrer usw. Das Angepaßt-Sein oder Nichtangepaßt-Sein ein und desselben Kindes hängt von sehr vielen Dingen, von Gruppenregeln, von den Beziehungen zu den anderen Kindern und ganz besonders auch von der Beziehung zur erwachsenen Person, also zum Betreuer oder zur Betreuerin, ab. Und nicht selten handelt es sich bei »auffälligen« Verhaltensweisen um ganz »gesunde« Reaktionen auf irritierende oder belastende Verhältnisse.

Man kann auch als Erwachsener, auch als Pädagoge, nicht mit jedem Kind gleich gut. Das pädagogische Ethos »Du musst alle Kinder gleich lieben!« mag sich schön anhören, geht aber in der Praxis nicht auf. Wenn ich ein solches Ideal verfolge, lege ich meinen eigenen Gefühlen in der Erziehung bereits massive Fesseln an und bin gleichzeitig gezwungen, meine Wut oder eventuelle Antipathie Kindern gegenüber so zu kontrollieren bzw. so hinunterzuschlucken, daß ich mit Sicherheit in einer äußerst subtilen Art und Weise »aggressiv« gegenüber diesen Kindern werde; d. h. daß ich sie schädige, sie einschränke oder sonstige Dinge tue, die diesem Kind in irgendeiner Form Leid zufügen, ohne daß ich mir dessen jedoch bewußt würde.

Genauso wie die Gefahr besteht, daß man die Kinder pathologisiert, besteht also die Gefahr, daß man einer Betreuerin, die mit einem Kind nicht kann, ihr dieses Nicht-Können als Inkompetenz oder als emotionales Defizit vorwirft. Das ist auch eine Art Pathologisierung. Man hat als Betreuer durchaus das Recht, mit dem einen oder anderen Kind nicht zu können und entsprechend Hilfe zu kriegen, so wie auch Kinder Hilfe bekommen sollten, wenn sie mit einem Betreuer nicht können. Und für solche Fälle sind Supervisionen sehr wichtig. Supervision oder Erziehungsberatung können im Zweifelsfalle auch Klarheit schaffen, ob eine Häufung »aggressiver« Verhaltensweisen (aber auch anderer auffälliger Persönlichkeitseigenschaften, wie etwa auffällige Bravheit) tiefere seelische Gründe hat, die sich auf die Entwicklung nachteilig auswirken könnten, oder ob sie der gegebenen Lebenssituation angemessen sind; bzw. ob an diesen Lebenssituationen etwas geändert werden müßte oder nicht.

Plädoyer 3 – Zwischen langfristigem pädagogischen Handeln und der Notwendigkeit, spontan reagieren zu müssen, unterscheiden!

Die Vorstellung, man könnte in jedem Augenblick jedes Kind in seinen Äußerungen, in seinen Auffälligkeiten und in seinen Motiven verstehen und dementsprechend dann ganz genau die richtige Aktion setzen, sodaß sich die Beziehungsverhältnisse zwischen dem Kind und mir als Betreuer mit einem Schlag entspannen; daß dieses Kind plötzlich keine Not mehr erleidet, aber gleichzeitig die anderen sich nicht benachteiligt fühlen, ist freilich völlig unmöglich. Diese Unmöglichkeit zeigte sich augenfällig in der Diskussion über einen Film, der im Rahmen eines Forschungsprojektes einige Wochen hindurch den Gruppenbetrieb in einem Kindergarten aufzeichnete: Die Erzieherinnen hatten keine Ahnung, was alles in ihren Gruppen, ohne daß sie es bemerkt hätten, vorging. Wo immer sie hinschauen, die Gruppenprozesse, der Aufbau von Konfliktsituationen spielen sich woanders ab. Zu Gesicht bekommen sie höchstens das (dann unverständliche) Ergebnis. Und dann müssen sie handeln, und zwar sofort. Das gilt aber nicht nur für soziale Konfliktsituationen. Jedes Ja und Nein, jede Bemerkung, jede Hilfe, Ermutigung, Kritik, Grenze, Strafe sind pädagogisch relevante, d.h. Folgen nach sich ziehende Handlungen, die ich, ohne viel überlegen zu können, sofort und spontan setze bzw. setzen muß, ohne mir über die möglichen Auswirkungen klar werden zu können.

Was tue ich aber nun als Betreuer? Ich soll nicht das äußerliche Verhalten nehmen, sondern schauen, wie es dazu gekommen ist; ich soll die Gruppenprozesse im Griff haben; ich soll die Motive verstehen und dementsprechend soll ich dann intervenieren – und das ganze ununterbrochen und das vielleicht mit zwanzig oder fünfundzwanzig Kindern?

Es gibt in der Pädagogik immer zwei Handlungsbereiche: der eine wäre – wie gefordert – zu verstehen, was gerade los ist, wie ich dem Kind helfen kann, seine Welt oder seine Verhältnisse anders zu erleben, was ich tun könnte, um Beziehungen zu entspannen usw. Das jedoch sind mittel- und langfristige Aufgaben. Dieses *Reflektieren* – alleine, mit Hilfe von Kollegen oder in Supervision – ist ein Bereich pädagogischen »Handelns«, der sich weitgehend *außerhalb der Alltagspraxis abspielt*. Was das Handeln in der unmittelbaren Begegnung mit den Kindern betrifft, bleibt der Pädagoge auf seine *Spontaneität* verwiesen.

Womit sich freilich die Frage stellt, wozu das Reflektieren dann überhaupt gut sei? Nun gibt es freilich zwischen diesen pädagogischen »Polen«, zwischen Reflexion und spontanem Handeln, auch Querverbindungen. Auf zwei wichtige Querverbindungen möchte ich Sie hinweisen: die Etablierung von Regeln und Grenzen (aufgrund pädagogischer Reflexion) und die Veränderung der emotionalen Einstellung zum Kind (als Folge pädagogischer Reflexion).

Zunächst zu den *Regeln und Grenzen*. Ich glaube, es ist sehr wichtig, daß wir uns als Pädagogen vor Augen halten, daß wir über weite Strecken gegenüber Kindern weniger als Pädagogen handeln, sondern vorwiegend »polizeiliche« Aufgaben wahrnehmen: d.h. man muß Ordnung schaffen, man muß ganz bestimmte Strukturen realisieren, ohne die ein *Zusammenleben* nicht möglich ist, die für *Leben und Gesundheit* der Kinder notwenig sind, als Folge *institutioneller Mängel* (z.B. zu große Gruppen) gesetzt werden müssen oder *persönlichen Bedürfnissen der Pädagogen* dienen. Für jeden dieser vier Anlässe ordnungstiftenden Handelns ein kleines Beispiel.

Wenn etwa ein fünfjähriger Bub auf ein dreijähriges Kind losgeht, und wir (angenommen) genau wissen, warum er das tut, und wir das auch verstehen können, dann kann ich trotzdem in der Gruppe im Augenblick nicht zulassen, daß er das Kleine verprügelt. Denn ich muß erstens einmal das kleine Kind vor dem großen schützen, ich muß aber auch den Großen davor schützen, in einen Wutrausch hineinzukommen, der ihm möglicherweise selber Angst macht. Ich muß ihn auch davor schützen, daß er zum Außenseiter in der Gruppe wird, weil andere Kinder ihn dann vielleicht nicht mehr mögen. Und ich muß ihn auch vor meiner eigenen Wut schützen. Denn wenn ich nämlich zu viel zulasse und mir zu viel zumute – aus lauter »Verständnis« –, dann komme ich selbst in die Situation, plötzlich erleben zu müssen, wie ich auf ein Kind wütend werde oder gar mich vor ihm fürchte. Eine Intervention ist also unerläßlich, hilft jedoch dem angreifenden Kind *unmittelbar* überhaupt nicht, vielleicht sogar im Gegenteil: Sein Problem verschärft sich möglicherweise noch, weil es sich nun auch von uns abgelehnt fühlt.

Wenn eine Kindergruppe am Weg in den Park angehalten wird, in Zweierreihen zu gehen, ist das eine i.e.S. *pädagogisch* völlig sinnlose und unnötige Einschränkung der kindlichen Spontaneität. Dennoch handelt es sich angesichts des städtischen Straßenverkehrs um eine notwendige Sicherheitsmaßnahme. Ähnlich pädagogisch sinnlos, einschränkend (und möglicherweise sogar schädlich) kann es sein, wenn normal lärmende und lebhafte Kinder aufgefordert werden, leise zu sein, weil sonst im Nebenraum die Kleinen nicht schlafen können. Dennoch mag es aus Rücksicht auf die Kleinen notwendig sein, dies zu fordern. Aber nicht weil die Kinder »soziales Verhalten« lernen sollen (*so* lernen sie es sicher nicht), sondern weil die Gruppe zu groß, die Räumlichkeiten ungünstig gelegen oder die Trennwände zu dünn sind.

Wenn die Erzieherin schließlich die Kinder in der Straßenbahn auffordert, nur zu flüstern, schöpfen die Kinder auch daraus keine besonderen Entwicklungschancen. Die einzige Funktion besteht darin, daß sich die Erzieherin gegenüber den anderen Fahrgästen keinen Vorwürfen aussetzen will und sich nicht genieren muß.

Dabei sollte man diese letzte Funktion von Regeln und Grenzen weder verdammen noch unterschätzen. Das *Wohlbefinden* des Pädagogen ist – langfristig – eine sehr wichtige pädagogische Variable. Ich selbst habe am Anfang meiner psychotherapeutischen Praxis diesbezüglich öfters Fehler gemacht. Ich sagte z. B. zu den Kindern: »Du kannst hier im Zimmer alles tun.« Einige nahmen das ernst, warfen meine Unterlagen vom Schreibtisch, beschmutzten die Wände usw. Und ich fing an, gegen die Stunden mit diesen Kindern Widerwillen zu entwickeln. Bis ich draufgekommen bin, was ich diesen Kindern antue, wenn ich mich vor ihnen fürchte und ich ihnen böse bin, statt ihnen jene Grenzen zu setzen, die es ihnen ermöglichen, daß *ich gerne mit ihnen arbeite*.

Daher halte ich es für überaus wichtig, in sich selbst hineinzuschauen und sich zu fragen: Was sind meine Bedingungen, damit ich ein Kind gerne haben kann? Da müssen beide, Eltern (Erzieher) und Kind, Kompromisse schließen. Deshalb denke ich auch, daß es *die* ideale Erziehung nicht gibt, weil nicht jeder Mensch die gleichen Liebesbedingungen hat.

Ich kenne sehr viele alternative und moderne Familien, wo die Kinder unerhört viel dürfen, sehr viel tun können, sehr viele Freiheiten haben, wo ich aber den Eindruck habe, daß diesen Kindern dennoch etwas fehlt: das Erlebnis, welche *Freude sie ihren Eltern machen*. Ich habe das Gefühl, daß sich viele Eltern in der Beziehung zu ihren Kindern selbst überlasten, überbeanspruchen und damit ein Stück ihrer Freude an den Kindern verlieren. So sehr man bewußt auf Gewalt in der Erziehung, auf Strafen, auf Einschränkung von Bedürfnissen verzichten möchte – wenn ich mich nicht wirklich wohl fühle mit meinen Kindern, dann wird das in irgendeiner subtilen Form von Aggression auf die Kinder zurückfallen. Wir sind es daher auch unseren Kindern gegenüber schuldig, Grenzen so zu setzen, daß wir mit den Kindern und die Kinder mit uns *gut leben können*.

Schließlich dürfen wir nicht vergessen: Grenzen schaffen auch Sicherheit. Und auch soziale Kompetenz: indem sie die Kinder wissen lassen, was von ihnen erwartet wird, und wie sie es anstellen können, uns zufrieden (oder ärgerlich) zu machen.

Allerdings: Wenn man *nur* auf seine eigenen Liebesbedingungen schaut, dann besteht die Gefahr, daß man an den *elementaren* Bedürfnissen und Ansprüchen der Kinder vorbeigeht. (Um hier die richtige Balance zu schaffen, kann Erziehungsberatung oder Supervision, wie schon betont, eine große Hilfe sein.)

Verstehen bedingt nicht sofort ein bestimmtes Handeln. Zum Verstehen sollte man sich auch Zeit nehmen, aber Handeln muß man zumeist von Augenblick zu Augenblick. Und da spielen eben Regeln und Strukturen eine sehr große Rolle. Auch diese kann ich langfristig verändern – aber im *Augenblick* soll ich für mich ein gewisses Regelsystem haben, zu dem ich mich entschieden habe, innerhalb dessen ich mich sicher fühle und auf dessen Einhaltung ich schaue und das auch den Kindern – im eben beschriebenen Sinn – Sicherheit gibt. Die Probleme, die sich innerhalb dieses Regelsystems ergeben, muß ich dann auf der einen Seite autoritativ lösen, indem ich sage »Diese Regeln haben wir, und wir müssen sie auch einhalten« – und auf der anderen, der verstehenden Seite, muß ich fragen: »Warum kann das Kind etwas nicht?« Oder: »Sind die Regeln in Ordnung? Sollte ich sie nicht vielleicht überdenken?« Ich meine, das sind zwei verschiedene Dinge.

Plädoyer 4 – Ansprüche und Gefühle von Kindern zu verstehen, heißt nicht, alles zuzulassen, was die Kinder wollen!

Die zweite Querverbindung zwischen pädagogischer Reflexion und spontanem Handeln ergibt sich aus den gefühlsmäßigen Einstellungen bzw. Haltungen der Eltern/Erzieher den Kindern gegenüber. Ich möchte auch das an einem Beispiel erläutern:

Eine Mutter erzählt mir, es sei so furchtbar mit dem Fernsehen. Sie möchte natürlich nicht, daß ihr siebenjähriger Sohn zu viel fernsieht, vor allem nicht gewalttätige Filme. Da muß sie halt einschreiten, wodurch es dann immer einen furchtbaren Krach gibt. Dann wird die Mutter böse, der Kleine ist beleidigt, dann verbietet sie ihm irgendetwas, und er wird zornig. So eskaliert der Konflikt, und die Mutter ist unglücklich und furchtbar ärgerlich, daß er ihren Standpunkt nicht *einsehen* kann.

Ich habe ihr gesagt: Das ist doch verständlich! Das Kind erwartet sich von der Mama: »Sie ist primär dafür da, meine Bedürfnisse und Sehnsüchte zu stillen. Und ausgerechnet das, was ich so furchtbar gerne tue, verbietet sie mir, noch dazu, wo sie selber mit dem Papa am Abend vor dem Fernsehapparat sitzt, was mich also noch zusätzlich wütend macht«. Die Mutter fragte daraufhin: »Soll das jetzt heißen, er soll von der Früh bis am Abend vor dem Fernseher sitzen? Oder ich soll mich von ihm hauen lassen?«

Hier verwechselt diese Mutter etwas. Ich muß nicht deshalb, weil ich verstehe, warum ein Kind so furchtbar gern fernsieht, das Kind auch wirklich fernsehen lassen. Ich muß nicht, auch wenn ich nachfühlen kann, was für einen Zorn das Kind hat, und sogar spüre, daß dieser Zorn ganz normal ist, ihm erlauben, auf mich hinzuhauen oder mich »Scheiß-Papa« zu schimpfen oder die Fensterscheiben einzuhauen. *Ich kann beides machen*: Ich kann, weil es notwendig ist, weil ich es für wichtig erachte, dem Kind das Fernsehen einschränken und *gleichzeitig* verstehen, daß er das so furchtbar gerne möchte. Ich kann auch verstehen, daß er wütend auf mich ist, aber ihm trotzdem verbieten, auf mich hinzuhauen, weil ich zum Beispiel der Ansicht bin, daß körperliche Angriffe von Kindern gegenüber Eltern ähnlich schädlich sind, wie körperliche Angriffe der Eltern auf die Kinder. Mit anderen Worten: Es geht darum, Kindern sehr wohl gebieten und verbieten zu müssen, ohne daß uns jedoch ihre Grenzübertretungen (oder diesbezüglichen Versuche) innerlich ärgerlich oder wütend machten, eben *weil wir sie verstehen können.*

Warum aber ist eine solche Haltung so schwer zu erringen? Und warum ist sie gleichzeitig von so großer Bedeutung?

Wir wollen unseren Kindern ihre Bedürfnisse gerne erfüllen. Und wenn wir sie ihnen nicht erfüllen können, dann möchten wir halt auch, daß es keine wirklichen Bedürfnisse der Kinder sind. Denn dann wären ja unsere Grenzen auch keine Einschränkung und wir wären mit unseren Kindern immer eins. Aber in dem Moment, wo wir erkennen und verstehen, daß das Kind auf uns einen furchtbaren Zorn hat, kommen wir uns schlecht vor. Es fällt uns zumeist sehr schwer zu akzeptieren, daß wir immer wieder (auf Grund gesellschaftlicher, persönlicher, gesundheitlicher oder pädagogischer Zwänge, denen man in seiner eigenen Verantwortung unterliegt), in den Augen der Kinder »böse« und »gemein« werden. Es wäre doch so schön, könnte es gelingen, daß die Kinder, wenn wir für sie immer nur das Beste wollen, auch ihrerseits immer freundlich sind, daß sie all das, was *wir* von ihnen wollen, dann auch von *selber* tun. Leider funktioniert das aber nicht. So liberal man auch sein mag und so wenig an unnötigen Grenzen man auch immer ziehen mag, man ge- und verbietet von in der Früh bis am Abend genug. Ununterbrochen müssen wir von Kindern (für sie) Unangenehmes verlangen. Man sollte sich einmal anschauen, welchen fast unumstoßbaren Zwängen Kinder von klein auf, jeden Tag, von morgens bis abends unterworfen sind und welche enormen Anpassungsleistungen sie erbringen müssen. Das heißt, wir werden *notwendigerweise* in den Augen unserer Kinder immer wieder »böse«. Es ist wichtig, daß wir das anerkennen. Denn erst dann, wenn ich anerkenne, wie viele Wünsche ich ihnen allein dadurch versagen muß, weil ich mit Kindern in dieser Gesellschaft lebe, oder weil ich gesundheitliche Verantwortung für sie trage, oder weil ich auch ein Mensch mit Gefühlen bin; erst wenn ich mir die *in jeder Erziehung notwendig enthaltene Aggression* vor Augen halte, habe ich auch das Verständnis und die Fähigkeit, mich in die Wut, in den Zorn, in die Enttäuschung und in sogenannte Verhaltensauffälligkeiten der Kinder einzufühlen. Halte ich mir das hingegen nicht vor Augen, neige ich dazu, jene Handlungen der Kinder als willkürlich gegen mich gerichtet und als ungerechtfertigt aufzufassen. Und dann werde ich selbst wütend, untolerant und wohl auch ekelhaft.

Wenn ich hingegen weiß, was ich einem Kind von in der Früh bis am Abend antue, indem ich dies und jenes von ihm verlange, dann entsteht automatisch in mir eine Art *Wiedergutmachungshaltung*. Diese Wiedergutmachungshaltung ermöglicht mir eine Art »wohlwollendes Ver- und Gebieten«, das heißt, Grenzen zu setzen und »Nein« zu sagen, solange ich das Kind noch lieb habe und ihm gegenüber freundlich gestimmt bin.

Meistens ist es dagegen so, daß wir so lange bei den Grenzüberschreitungen zusehen, bis wir zornig werden. Und wenn wir dann »Nein« sagen, dann sagen wir es schon ärgerlich. Oder wir missverstehen unsere Grenze, die tatsächlich (im Sinne von Einschränkung) einen aggressiven Akt darstellt, als harmlose Angelegenheit, die das Kind doch eigentlich ohne Probleme und ohne Widerwillen befolgen können müßte, sodaß uns sein Widerstand dann trifft, kränkt, empört oder beunruhigt. In beiden Fällen erlebt das Kind das Nein gleichzeitig immer als Bösesein. »Nein« heißt dann: Die Mama (Papa, Erzieherin, Lehrerin) mag mich nicht. Die Kinder erleben auf diese Weise nur sehr selten, daß wir ihnen Grenzen setzen *und* sie gleichzeitig lieb haben. Wenn man einem Kind Grenzen setzt, solange man es noch lieb hat, dann spricht man anders mit ihm, dann versucht man, ihm verlockende Alternativen anzubieten oder es zu trösten, oder man lässt sich auf einen Kompromiss ein, und zwar ganz automatisch, ohne nachzudenken, eben *spontan*. Das geht jedoch alles nicht, wenn ich schon einen Zorn habe.

Wir können es oft nicht zulassen, daß unsere Kinder »schlimm« *sind*; aber zu einem psychisch gesunden Kind gehört es dazu, schlimm sein *zu wollen*. Verstehen und Respektieren von Bedürfnissen und Ansprüchen der Kinder heißt also nicht schon, sie zu erlauben. Das Erlauben, das Zulassen ist eine Frage des Alltags, der Gesundheit, der pädagogischen Überlegungen und auch eine Frage meiner eigenen Psychohygiene. Aber das Verstehen ist trotzdem wichtig, weil es mir erstens erleichtert, diese Grenzen im Alltag in ein

Regime zu bringen, das für beide einigermaßen akzeptabel ist. Und zweitens vermag das reflektierende Verstehen typischer Alltagssituationen und Konflikte meine gefühlsmäßige Einstellung zum Kind zu verändern. Indem ich aber in der Begegnung das Kind bzw. seine Handlungen *anders wahrnehme* und etwa statt Ärger (über das Fernsehen-Wollen des Kindes) Bedauern (daß ich ihm das Fernsehen nicht erlauben kann) empfinde, werden auch die von mir spontan gesetzten Handlungen andere sein. Vielleicht verbinden sich Ver- und Gebote auf diese Weise beim Kind mit einem geringeren Maß an narzißtischer Kränkung und Angst vor Liebesverlust. Und dann wird die Antwort der Kinder auf *unsere pädagogische Aggression* auch weniger wütend ausfallen und in geringerem Ausmaß pathogene Verdrängungsprozesse anstoßen.

8.
Aus Helfern werden Opfer

Über Probleme in der sozialpädagogischen und psychotherapeutischen Arbeit mit Opfern elterlicher Gewalt oder sexuellen Mißbrauchs
(1993)

Textnachweis:
Erstveröffentlichung:
Figdor, H.: Aus Helfern werden Opfer. In: Kriegl, H. (Hg.): Enquete »Sexueller Mißbrauch und Gewalt an Kindern und Jugendlichen«. Tagungsbericht. Klagenfurt (Amt der Kärntner Landesregierung)

Editorische Vorbemerkung
Am 8. und 9. November 1991 veranstaltete die Kärntner Landesregierung gemeinsam mit der Abteilung für Neuropsychiatrie des Kindes- und Jugendalters und Heilpädagogik am Landeskrankenhaus Klagenfurt eine Enquete zum Thema »Sexueller Mißbrauch und Gewalt an Kindern und Jugendlichen«. Im Anschluß an die einführenden Fachreferate tagten Arbeitskreise zu verschiedenen Themenschwerpunkten. Im abschließenden Plenum berichtete H. Figdor von den Arbeitsgruppen-Diskussionen des Arbeitskreises »Praxis der Betreuung«.

Sehr geehrte Damen und Herren!
Liebe Kolleginnen und Kollegen!

In meinem Bericht gehe ich von den Diskussionen der Arbeitsgruppen des 4. Arbeitskreises »Praxis der Betreuung« aus. Ich versuche, die dort besprochenen Probleme aus psychoanalytischer Sicht zu kommentieren und weiterführende Überlegungen anzustellen, die für die therapeutische als auch pädagogische Arbeit mit den Opfern von Gewalt und sexuellem Mißbrauch relevant sind.

I.

Ich möchte meine Zusammenfassung mit den Problemen beginnen, welche in allen vier Arbeitskreisen von den Praktikern an erster Stelle genannt wurden. Es handelt sich – wen wird es nach den bisher gehörten Berichten aus den anderen Arbeitskreisen wundern – um die enorme psychische Belastung und das Gefühl der Hilflosigkeit der Helfer. Was dabei aber ganz wesentlich ist: Die psychische Belastung der Helfer ist nicht allein ein Problem ihrer eigenen Psychohygiene, sondern ein relevanter Faktor für die Erfolgschancen der Betreuung selbst. Dies ist wohl auch der Grund, warum in den Arbeitskreisen über dieses Thema besonders ausführlich gesprochen wurde. Und es wurden Überlegungen über die Gründe dieser außerordentlichen Belastungen angestellt, in welcher Weise diese Belastungen mit dem Schicksal unserer Schützlinge und Patienten, Opfer sexuellen Mißbrauchs und Gewalt geworden zu sein, zusammenhängen könnten.

Ein Unterschied zur sonstigen therapeutischen oder pädagogischen Betreuungsarbeit ergibt sich daraus, dass die Fälle sexuellen Missbrauchs und Gewalt in einem Grenzbereich zwischen Kriminalität, gesundheitlicher und psychischer Gefährdung angesiedelt sind, was mitunter zu nicht unerheblichen methodischen Schwierigkeiten und Handlungskonflikten führen kann. (Auf einige dieser Schwierigkeiten werde ich noch zurückkommen.)

An erster Stelle jedoch ist die unerhörte *affektive Verstrickung* zu nennen, in welche wir alle geraten, wenn wir mit Fällen von sexuellem Mißbrauch und Gewalt konfrontiert sind. Eigentlich sollte uns das gar nicht verwundern, rühren diese Schicksale doch an den tiefsten psychischen Ebenen der Beziehung zwischen den Menschen im allgemeinen und den Geschlechtern im besonderen, wodurch alle unsere bewußten und unbewußten Phantasien, Wünsche und Ängste, die mit Beziehungen zusammenhängen, aktiviert werden.

Vergessen wir nicht, daß wir es hier mit den zentralen Tabuisierungen unseres Trieblebens zu tun haben, der Inzestschranke und dem Tötungs- bzw. Gewaltverbot, welche die schwierigsten Etappen unserer eigenen Entwicklung markieren. Sowohl die sinnlichen als auch die aggressiven Wünsche und Strebungen der Kinder (die auch wir einmal waren), treten miteinander in Widerspruch und/oder sind mit Ängsten verknüpft, die sich zunächst auf äußere Gefahren richten mögen (etwa Vergeltungsängste), schließlich aber den eigenen Regungen gelten, die sich auf Grund ihrer Nachdrücklichkeit (»Triebhaftigkeit«) nicht unterdrücken oder beherrschen lassen. Diese Angst vor triebhaften Anteilen des eigenen Selbst setzt die Verdrängung und andere unbewußte Mechanismen in Kraft, welche zwischen den widerstrebenden Wünschen und Anforderungen lebbare, d.h. relativ angstfreie Kompromisse zu Wege bringen (mitunter freilich auch um den Preis neurotischer Symptome bzw. Entwicklungen). Diese unbewußten Weisen der Lösung innerpsychischer Konflikte machen einen Gutteil des Stoffes aus, aus welchem unser sogenannter Charakter gebildet ist. Allein, dieses Gleichgewicht ist nicht verläßlich, und zu den Lebenssituationen, welche dieses Gleichgewicht nachhaltig zu erschüttern vermögen, gehört eben gerade die Konfrontation mit jenen (oder sehr ähnlichen) Triebregungen, die wir bei uns selbst abwehren mußten. Aber es geht nicht nur um unsere eigene unbewußte Täterschaft. Kaum ein Kind hat Gewalt, die ihm angetan wurde, nie erlebt (es muß ja nicht unbedingt massive körperliche Gewalt gewesen sein), und bei jedem Kind spielte (gerade auch körperliche) Gewalt eine zentrale Rolle von Angstphantasien.

Das gilt, wenngleich es befremdlich klingen mag, auch für den sexuellen Missbrauch: In der Diskussion, die dem Vortrag von Dr. Springer (1993) folgte, ging es unter anderem um den Zusammenhang zwischen der Sexualität des Erwachsenen und dessen Kindheitserfahrungen im Rahmen der Beziehung zur Mutter. Ein Fall, der in einer der Untergruppen besprochen wurde, machte recht deutlich, daß unter dem Titel »mütterliche Zärtlichkeit« auch ein gutes Stück (erwachsener) Erotik befriedigbar ist. Ob bzw. wann man hier von Übergriffen sprechen kann, ist freilich schwer zu sagen. Sicher scheint jedoch, daß sich die Erotik einer *Vater-Kind-Beziehung* eher den Vorwurf des sexuellen Übergriffs aussetzt als die Erotik der *Mutter-Kind-Beziehung.*

Stellen Sie sich z.B. eine Mutter vor, die berichtet, daß ihr Mann die 8jährige Tochter abends stets zu waschen pflegt, Popo und Genitalien eingeschlossen. Uns wird diese Intimität bedenklich stimmen, wahrscheinlich bedenklicher, als die Vorstellung einer *Mutter*, die ihren 8jährigen Sohn wäscht. Offenbar gibt es hier Unterschiede in unseren gefühlsmäßigen Bewertungen.

Aber wir wissen auch theoretisch recht wenig darüber, weder über Verträglichkeitsmaße elterlicher Erotik noch über diesbezügliche geschlechtspezifische Unterschiede.

Jedenfalls aber ist festzuhalten, daß die Eltern-Kind-Liebe (einmal mehr, einmal weniger) *stets* auch eine sexuelle Komponente hat und keinesfalls als seltene Perversion aus dem Bereich des Normalen und Alltäglichen ausgeblendet werden darf. Und ebenso sicher ist, daß diesbezüglich gerade bei Kleinkindern, vor allem in der präödipalen Zeit, die *Mutter-Kind-Beziehung* üblicherweise mehr sinnliche Wünsche aktiviert, erregender ist und auch Befriedigungen mehr Raum bietet. (Das bedeutet natürlich nicht, daß die Person des Vaters für die sexuelle Entwicklung des Kindes keine Rolle spielt. Diesbezüglich schien mir in der dem Vortrag von Dr. Springer folgenden Diskussion ein Mißverständnis vorzuliegen: Wir müssen – psychologisch – zwischen der realen, sozialen Beziehung und der »inneren« Beziehung, die wir in der Psychoanalyse als »Objektbeziehung« bezeichnen, als der psychischen Repräsentation von Beziehungen, unterscheiden. Wenn Dr. Springer von der entwicklungspsychologisch dominanten Rolle der »Mutter« sprach, so meinte er die mütterliche *Objektbeziehung*, die Dominanz der Mutter-Imago, an deren Ausbildung in der sozialen Realität aber natürlich auch die *Beziehung* zum Vater eine große Rolle spielt, z.B. im Prozeß der Individuation, also der inneren Loslösung des Kindes von der Mutter. Die große Bedeutung der Väter in der kindlichen Entwicklung und die Übermacht der Mutter-Imago beim kleinen Kind sind also keineswegs sich ausschließende Theoreme).

Wir alle hatten also auch unsere »sexuellen Erlebnisse« mit unseren Eltern. Und die mit ihnen verknüpften inneren Konflikte – Wünsche, Ängste. Aggressionen – werden in der Arbeit mit mißbrauchten Patienten unweigerlich aktiviert.

II.

Eine andere Gruppe von Problemen, die sich in der Betreuungspraxis mit Patienten ergeben, die Opfer von Gewalt oder sexuellem Missbrauch wurden, ist eher methodischer Herkunft. Normalerweise basiert jede, i.w.S. psychotherapeutische Arbeit auf einer Übereinkunft zwischen Therapeut und Patient über den Sinn und das Ziel der Therapie: Die Beseitigung oder Linderung von psychogenen Symptomen und/oder die Bewältigung anderer zentraler Lebensprobleme.

Diese Übereinkunft, man kann auch sagen: der Heilungswunsch, ist auf Seite des Patienten eines der treibenden Motive, in der Therapie auch dann weiter zu arbeiten, wenn es um unangenehme Themen, verdrängte seelische Inhalte, mit welchen man sich nicht konfrontieren will, geht und sich sogenannte Therapiewiderstände einstellen. In der Behandlung von Patienten, die Gewalt oder sexuellen Mißbrauch erlitten, sehen wir uns jedoch oft vor der Situation, daß der *Therapieanlaß*, also die Erlebnisse, welche im Zentrum des psychischen Leidens stehen, der Tabuisierung unterliegt, obwohl es sich durchaus um *bewußte* seelische Inhalte handelt. Statt vom bewußten Kern des Leidens auszugehen, bedarf es oft einer langen Zeit therapeutischen Arbeitens, bis über das zentrale und sowohl dem Therapeuten wie dem Patienten bekannte Thema gesprochen werden kann. In anderen Psychotherapien – vor allem mit Jugendlichen – spielt Scham, die sich an psychisches Leiden heftet, eine nicht unbedeutende Rolle. Aber die Arbeit mit diesen Patienten scheint geradezu von einem Mantel von Scham und Berührungsängsten umgeben. Das macht auch uns ängstlich: dem Patienten zu nahe zu treten, ihn zu verletzen, zu überfordern, aus der Rolle des Helfers in jene des zudringlichen Voyeurs zu fallen (was unbewußt ja durchaus auch ein abgewehrter Teil unserer eigenen Persönlichkeit sein mag).

Woher kommt dieses Übermaß an »Scham«? Warum sind diese Patienten nicht einfach froh, endlich jemanden gefunden zu haben, mit dem man sich über diese schmerzhaften Erfahrungen aussprechen kann?

Der *erste Grund* für dieses Phänomen liegt in der Beziehung des Opfers zum Täter, der ja zumeist dem engeren Familienkreis angehört, was auch heißt, daß er zu den wichtigsten *und* meistgeliebten Personen des Kindes zählt. Das ist nicht alleine deshalb von Bedeutung, weil das Opfer den (auch geliebten) Täter nicht verraten oder anschwärzen will. Darüber hinaus ist es oft so, daß die ihm angetane Gewalt, vor allem, wenn sie sich wiederholte, im Erleben des Kindes als Teil der Liebesbeziehung integriert wird. Was also für uns bloß abstoßend und grausam erscheint, kann für das Kind ein Teil seiner Liebe und daher auch überaus wichtig geworden sein.

Das führt zum *zweiten Grund.* Mit der Anschwärzung oder gar Anklage des Täters gefährdet das Kind die Kontinuität dieser Beziehung, deren Verlust u.U. als viel schmerzlicher erlebt werden kann als der mit der Gewalt einhergehende körperliche und psychische Schmerz.

Drittens werden die Übergriffe der Erwachsenen vom Kind häufig auch als sinnlich lustvoll erlebt: In gewalttätigen Beziehungen als masochistische Lust, bei sexuellem Mißbrauch – trotz aller Bedrohlichkeit – als unmittelbar sexuelle Lust. Das führt im Erleben des Kindes jedoch zu einem Verschwimmen der Grenzen zwischen Opfer und Täter. Das Kind erlebt sich als Mittäter, daher das therapeutische Gespräch nicht nur als Anklage gegen einen Täter oder als Aussprache, sondern auch als Beichte, also als Eingeständnis *eigener* Schuld.

III.

Für die therapeutische Arbeit und für die Person des Therapeuten bzw. Helfers entstehen daraus weitere Komplikationen. Fischer (1990) fand bei in der Kindheit mißbrauchten Patienten eine mangelnde Fähigkeit zur »Objektspaltung«, d.h. hier: der Fähigkeit, zwischen Gut und Böse zu unterscheiden, bzw. an anderen Menschen gute und böse Eigenschaften zu differenzieren. Dadurch wird es aber schwer, Wut- und Haßgefühle am verursachenden Objekt auszuleben. Diese werden vielmehr häufig verdrängt, gegen die eigene Person gewendet, und/oder das Opfer identifiziert sich mit dem Täter, also auch mit dessen hassenswerten Eigenschaften, was eine Entlastung des (geliebten) Täters und eine Verstärkung der Schuldgefühle nach sich zieht. Diese seltsame Mischung von Gut und Böse, von Täter- und Opferschaft wird nun auf die Beziehung zum Helfer *übertragen,* der dem Patienten nun ebensowenig klar als »gut« erscheint, wie etwa der Vater als »böse«. Ja, das Trauma vermag sich in der Übertragungsbeziehung zwischen Therapeut und Patient geradezu zu wiederholen (vgl. etwa Kögler, 1991), indem der Therapeut (mit seinen Fragen und Deutungen) zum eindringenden Aggressor wird. Das bringt nun uns, die wir helfen wollen, in eine ganz fatale Situation, denn wir sind identifiziert mit dem Opfer, möchten viel bessere Mütter, viel bessere Väter sein, als dieses Kind je gehabt hat und werden nun in der Übertragung von den Kindern, von den Opfern, genau zu jenen Bösen gemacht, statt daß sie schwach bleiben und sich dankbar erweisen. Das stellt unsere Parteinahme für den Patienten auf eine harte Probe, denn wir spüren unsere eigene Aggression gegen ihn aufkeimen und sind sehr verlockt, uns – natürlich unbewußt – mit der uns übertragenen Aggressorrolle zu identifizieren. Solche Konflikte vermögen in der Tat zu paralysieren und hilflos zu machen.

Solcherart kehrt sich in der Übertragung die Täter-Opfer Relation nun um: Der Patient wird als mächtig, bedrohlich erlebt und der Helfer fühlt sich verführt und überwältigt, erregt, hilflos, zugleich wütend und schuldig. Angesichts solcher unbewußter Beziehungskomplikationen die Therapie/Betreuung nicht scheitern zu lassen, solche Verstrickungen überhaupt zu vermeiden oder die eigenen Gefühle für den Therapieverlauf konstruktiv zu nützen (indem sie das Verständnis dafür, wie der Patient sein Trauma erlebt, fördern) ist bereits für einen erfahrenen psychoanalytischen Therapeuten im Rahmen eines therapeutischen Standardsettings oft eine schwer zu bewältigende Aufgabe. Geschweige denn für den Sozialarbeiter, den Sozialpädagogen, der erstens nicht die Ausbildung hat, mit Übertragungs- und Gegenübertragungsregungen zu arbeiten; zweitens aber dem Patienten zumeist in sozialen Beziehungs- und Handlungsräumen begegnet, die alles andere als die Bedingungen eines psychoanalytisch-therapeutischen Settings erfüllen.

IV.

Die Probleme der Helfer haben darüber hinaus noch eine gesellschaftliche Dimension. Haben wir doch den (nicht unberechtigten) Eindruck, daß an solchen gewalttätigen Familienverhältnissen nicht zuletzt gesellschaftliche Verhältnisse die Schuld tragen. Arbeitslosigkeit, mangelnder politischer Wille zur Sanierung sozialer Mißstände, dagegen die Dominanz von Machtstreben in der Politik, die Verantwortungslosigkeit der Medien im Umgang mit Gewalt, der Verlust von Solidarität; stattdessen sinnentleerte Vereinzelung und anderes mehr. Und wir? Wir sind diejenigen, die den Dreck der Mächtigen wegkehren sollen. Dazu erhalten wir nicht einmal die nötigen Hilfsmittel und Ressourcen. Wir sind schließlich die Blöden, die am unteren Ende der ganzen Verursachungskette die Suppe auslöffeln sollen.

Gefühle dieser Art bringen nicht unbeträchtliche Probleme in der praktischen Arbeit mit sich, etwa im Kontakt mit (höhergestellten) Institutionen, wie Ämter und Gerichte, die ein Stück der schuldigen Gesellschaft – unbewußt auch ein Stück »böser Eltern« – repräsentieren. (Übrigens ergibt sich daraus auch bei uns eine Tendenz, die Probleme, mit deren Lösung wir beauftragt werden, ab- bzw. weiterzuschieben).

Besonders schwierig gestaltet sich angesichts solcher Empörung bewußter oder unbewußter Schuldzuweisungen die Arbeit mit den *Eltern* der geschädigten Kinder. Durch unsere Betroffenheit sind wir spontan mit den Opfern, also den Kindern, identifiziert, und das heißt zugleich: in gefühlsmäßiger Gegnerschaft zu den Eltern, die ja, mittelbar oder direkt, die Täter sind. Aber »mit Eltern arbeiten« kann nichts anderes heißen als: den Eltern selbst helfen. Man kann jemandem jedoch nur helfen, wenn man sich partiell mit ihm bzw.

seinen Schwierigkeiten identifiziert. Sich jedoch doppelt zu identifizieren, nämlich mit den Kindern *und* den Eltern, mit Opfern *und* Tätern, ist für die meisten Menschen unerhört schwierig, wenn nicht unmöglich.

Die einseitige Identifizierung mit den Kindern verführt hingegen den Berater dazu, in der Arbeit den eigenen trotzigen Haß gegen die bösen Eltern zu agieren und/oder die Kinder quasi zu rächen: durch direkte oder indirekte Kritik, durch Kontrolle oder auch durch Bestrafung. Verstehen Sie mich bitte nicht falsch: Natürlich erfordert es der Fall oft, Kontrollmaßnahmen zu ergreifen, Gerichte einzuschalten oder ähnliches. Wichtig aber ist zu sehen, daß solchen hoheitlichen (im Gegensatz zu helfenden) Maßnahmen starke, zumeist unbewußte Regungen bei uns selbst entgegenkommen, wie etwa Schuldzuweisungen, der Wunsch nach Vergeltung, die Entlastung von Verantwortung usw.

V.

Ich möchte meinen Bericht über die sehr vielfältigen Diskussionen in den Arbeitskreisen mit der Formulierung und kurzen Diskussion von vier Fragen abrunden.
In gewisser Weise deckt sich jede dieser Fragen mit dem Diskussionsschwerpunkt eines der vier Arbeitskreise.

Frage 1:
»Soll ich überhaupt etwas tun, wenn mir ein entsprechendes Vergehen bekannt wird? Und wenn es mir bekannt wird, und ich meine, etwas tun zu sollen, wie fange ich es an?«

Auch in den Praxis-Arbeitskreisen gelangten wir also zum Thema der Gruppe »Der schwierige Weg des Zuganges«, und ich möchte nicht wiederholen, was darüber schon gesagt wurde. Ich möchte ergänzend nur darauf hinweisen, daß es in diesem Zusammenhang nicht nur um praktische Probleme, sondern auch um schwierige theoretische Fragen geht, die, wie auch die Hauptvorträge erwiesen, nicht hinlänglich geklärt sind: Können wir wirklich immer beurteilen, wie schlimm das Geschehene für das Kind bzw. seine künftige Entwicklung ist?

Wo ist die Grenze zwischen normaler Zärtlichkeit und Erotik in der Eltern-Kind-Beziehung auf der einen und Verführung und Mißbrauch auf der anderen Seite zu ziehen?

Wie ist entwicklungspsychologisch/psychohygienisch die Relation zwischen körperlicher und seelischer Gewalt (etwa durch massiven Liebesentzug) zu bestimmen?

Ab welchem Punkt ist die Gefährdung des Kindes durch Gewalt oder Mißbrauch höher einzuschätzen als die unter Umständen auch traumatischen Erlebnisse, die sich im Zuge von (gut gemeinten) Interventionen einstellen können? Die Frage, die mich in diesem Zusammenhang immer am meisten beschäftigt, lautet: Ist nicht am Ende das Trennungstrauma – wenn man das Kind aus der Familie herausnimmt und etwa in ein Heim überweist – für das Kind schädlicher als die gewalttätigen Erziehungsverhältnisse, oder ist die Heimerziehung immer noch das bessere Übel? Ich glaube, daß die Schwierigkeit, diese theoretischen Fragen zu beantworten, nicht zuletzt auch mit unserer affektiven Verstrickung zusammenhängt.

Frage 2:

»Warum müssen *wir* die Suppe, die andere eingebrockt haben, auslöffeln?«

Ich bin auf dieses Problem oben schon eingegangen. Der Wunsch, die wirklich Schuldigen zur Verantwortung zu ziehen, oder den Fall anderen in die Hände zu legen, die es besser können (spezialisierte Therapeuten, heilpädagogische Stationen usw.) weist darauf hin, daß die Arbeit mit diesen Patienten uns ein eigentümliches Gefühl des Verlustes von fachlicher Kompetenz beschert. Einer Kompetenz, die auf anderen Gebieten, mit anderen Patienten durchaus vorhanden ist. Sozialarbeiter und Sozialpädagogen haben gewöhnlich eine ganz gut definierte berufliche Identität; sie wissen, wo sie im sozialen Versorgungsnetz eingebunden sind, welche Aufgaben und Arbeiten in Anbetracht ihrer Ausbildung und der zur Verfügung stehenden Methoden geeignet ist. Diese Gesichertheit von Kompetenz und beruflicher Identität scheint in Fällen von Gewalt und sexuellen Mißbrauch offenbar leicht verloren zu gehen.

Frage 3:

(Die sehr eng mit der zweiten Frage zusammenhängt):

»Wenn wir uns schon daran machen, die Suppe anderer auszulöffeln, warum glauben wir dann so oft, wir müßten *alles* tun?«

Damit ist das Phänomen gemeint, daß viele Helfer das Gefühl haben, mit dem befaßten Fall nun ganz allein und ohne Hilfe fertig werden zu müssen. Zwischen diesem Gefühl, im Grunde nicht zuständig bzw. hinreichend ausgebildet zu sein und der Vorstellung, alles selber machen zu müssen, besteht ein eigentümlicher Kontrast. Trotz Wut auf die Gesellschaft, auf die Eltern, trotz der Gefühle der Ohnmacht nützen viele Helfer die immerhin mitunter vorhandenen Unterstützungs- bzw. Kooperationsmöglichkeiten nicht aus. Dem Gefühl des Alleingelassen-Werdens scheint auf der anderen Seite das Gefühl »Ich bin überhaupt der Einzige auf der ganzen Welt, der sich um dich kümmert« zu korrespondieren, sodaß es mitunter zur Übernahme einer Vielzahl von Aufgaben kommt, die miteinander gar nicht vereinbar sind. So erzählte z.B. in einem der Arbeitskreise ein Kollege, der mit dem Fall eines 13jährigen Jugendlichen betraut war, welcher seine Stiefschwester sexuell mißbraucht hatte, er wünsche sich, diesem Buben erstens als Psychotherapeut zur Verfügung zu stehen, zweitens ihm ein Stück der versäumten Erziehung nachzureichen, drittens zu verhindern, daß er rückfällig wird und viertens, mit den Eltern zu arbeiten. Keines dieser Ziele ist aus prinzipiellen theoretischen oder methodischen Gründen miteinander vereinbar.

In einem der Arbeitskreise wurde der Vorschlag gemacht, sich jenseits der praktischen Arbeit am Einzelfall der vorhandenen gesellschaftlichen Ressourcen (Institutionen, Kollegen …) zu versichern: Was kann wer in welchem Fall und auf welche Weise? Wie läßt sich Zusammenarbeit gestalten usw.? Eine solche äußere, inhaltlich, methodisch und hierarchisch differenzierte Struktur könnte die wichtige Funktion eines Sozialnetzes für den Helfer übernehmen und dadurch auch die Gefühle der Hilflosigkeit und Einsamkeit mindern.

Aber es geht nicht nur um die Anzahl der Aufgaben und um die Unvereinbarkeit verschiedener Ziele, sondern auch um die Frage, ob sich das spezielle Ziel, welches ich mir in diesem besonderen Fall gesteckt habe, im Rahmen der mir möglichen Arbeitsbedingungen überhaupt erreichen läßt. Oder anders formuliert: Es geht um die Frage des geeigneten Settings.

Ein Beispiel: Es kommt nicht selten vor, daß Erzieher in Wohngemeinschaften oder anderen sozialpädagogischen Einrichtungen angesichts eines schwierigen Falles plötzlich das Bedürfnis oder die Notwendigkeit verspüren, ihre gewohnte Rolle als väterlicher/mütterlicher Freund, als Vertrauter, als Förderer, Identifizierungsmodell aufzugeben und gegen die eines Familientherapeuten oder Psychoanalytikers einzutauschen. Ein solches Vorgehen ist nun keineswegs allein im Hinblick auf die zumeist fehlende therapeutische Fachausbildung problematisch. Man kann nicht Erzieher, Freund und Therapeut zur selben Zeit sein, eine wichtige Rolle im Leben des Kindes einnehmen und gleichzeitig erwarten, das Kind würde sich ohne Rücksicht darauf, wie der andere reagiert, was er sich denkt, öffnen können. Setting und Methoden bestimmen bzw. beschränken einander gegenseitig. Wenn ein etwa sexuell mißbrauchter Jugendlicher seinem Erzieher von seinen schrecklichen Erlebnissen erzählt, so ist das natürlich in Ordnung. Der Erzieher möge ihm zuhören wie einem Freund, ihn verstehen zu suchen, ihn eventuell fragen, ob er helfen kann und ähnliches. Aber er soll sich nicht zur Aufgabe machen, daraus eine Therapie zu machen. Er würde es nicht können, und sein Schützling würde es nicht mögen. Genau so falsch wäre es, alle Energie daran zu setzen, daß ein solcher Jugendlicher endlich von seinem Trauma erzählt, wenn er dies nicht von selbst tut. Sollte der Erzieher den Eindruck haben, daß sein Schützling einer therapeutischen Aufarbeitung seiner traumatischen Erlebnisse bedürfe, so möge er versuchen, den Kontakt zu einem Therapeuten oder einer therapeutischen Institution herzustellen und seine Beziehung zum Heranwachsenden dafür zu nützen, dessen Bereitschaft, an sich therapeutisch zu arbeiten, zu erhöhen.

Frage 4:
»Angesichts all dieser Überlegungen – was soll ich also tun?«

1. Jede therapeutische, pädagogische oder sonstwie helfende Arbeit hat zur Voraussetzung, daß es gelingt, mit dem Patienten/Klienten eine *Beziehung* aufzubauen, die durch Vertrauen und einen Mindestkonsens über gemeinsame Arbeitsziele (»Arbeitsbündnis«) ausgezeichnet ist. Bei Patienten, die Opfer von Gewalt und Mißbrauch wurden, heißt das ganz besonders, den Opfern den Zeitpunkt und das Tempo der Annäherung an die traumatischen Ereignisse zu überlassen und nicht mit Gewalt(!) auf die »Aussprache« zu drängen.

2. Weder Gewalt noch sexueller Mißbrauch rechtfertigen in irgendeiner Weise, daß man plötzlich etwas anderes tun müßte, als man gelernt hat und kann. Allerdings ist jeder Praktiker zur interdisziplinären Reflexion seines Falles aufgerufen. So hätte der Sozialarbeiter zu überlegen, ob dieses Kind nicht vielleicht auch therapeutische Unterstützung braucht; der Psychotherapeut, ob es nicht einer besonderen pädagogischen Führung bedarf; der Pädagoge, ob nicht die rechtlichen Verhältnisse geprüft werden müßten usw. Beschränkung auf die eigene Kompetenz impliziert die Forderung nach fachübergreifender Kooperation.

3. Es scheint wichtig, die methodische Selbstbeschränkung, die Besinnung auf die eigene Kompetenz – unabhängig von der Kooperation mit anderen Stellen – *kreativ* zu nützen. Ich habe den Eindruck, daß das häufig zu beobachtende »Schielen« auf die Psychotherapie und das Bedürfnis, psychotherapeutisch zu dilettieren, mitunter von wichtigen, hilfreichen Möglichkeiten, welche das eigene Arbeitsfeld bietet, ablenkt. Gerade die Sozialpädagogik scheint oft große Ressourcen ungenützt zulassen, nicht zuletzt auf Grund von Selbstunterschätzung.

4. Was schließlich die psychotherapeutische Betreuung im engeren Sinne betrifft, dürfte die Bearbeitung der Gegenübertragungs-Gefühle, welche sich in der Wiederholung bzw. Umkehr des Traumas im Rahmen der Übertragungsbeziehung zum Berater einstellen, von entscheidender Bedeutung für den Betreuungserfolg sein. Dies gilt zwar grundsätzlich für jede (analytisch orientierte) Psychotherapie; die Schwierigkeit dieser Aufgabe scheint jedoch bei Opfern von Gewalt und sexuellem Mißbrauch besonders groß zu sein. (Die Gefahr, die sich aus dem Agieren von Gegenübertragungs-Gefühlen ergibt, besteht allerdings auch in nicht therapeutischen Settings- und Betreuungsmethoden).

VI.

Abschließend möchte ich zwei Gruppen von *Forderungen* formulieren. Die erste bezieht sich auf Maßnahmen der Öffentlichkeitsarbeit und Aus- bzw. Fortbildung der in der Praxis Tätigen. Von ganz besonderer Bedeutung ist hier, großzügige Möglichkeiten der Supervision zu schaffen, andernfalls die angesprochenen Schwierigkeiten die einzelnen Helfer in der Tat zu erdrücken drohen.

Zweitens wären Maßnahmen für eine bessere und der Problematik der Opfer angemessenen *Versorgung* zu fordern. Im Zusammenhang mit der heute schon von anderen Kollegen problematisierten Anzeigepflicht wären etwa Räume für außergerichtliche Konfliktlösungsmöglichkeiten zu schaffen etwa nach dem Vorbild des neuen Jugendgerichtsgesetzes. Dazu eigneten sich ganz besonders anonyme »Zwischenstellen«, wie z.B. die unabhängigen Kinderschutzzentren, deren Anzahl und personelle Ausstattung zur Zeit jedoch in keinem Verhältnis zum gesellschaftlichen Bedarf stehen. Eine weitere, mir besonders wichtig erscheinende Erweiterung der Betreuungsangebote, wären Maßnahmen, die darauf abzielen, die betreffende Problemfamilie – statt zu sanktionieren oder sie zu zerreißen, indem man die Kinder herausnimmt – in ein soziales (Hilfs-)Netz einzubinden, das freilich von Fall zu Fall »maßgestrickt« werden müßte. Wie ich von Dr. Spiel hören konnte, sind derartige Maßnahmen im neuen Jugendwohlfahrtsgesetz prinzipiell vorgesehen. Vielen Praktikern ist die Möglichkeit solcher Lösungen, die einen dritten Weg neben der Alternative: Kind in der Familie lassen oder herausnehmen, darstellen, noch gar nicht bewußt. Hier eröffnet sich ein großes Feld, auf welchem unsere Kreativität, Phantasie, unser Engagement und Kooperationsbereitschaft gefordert sind.

Doch darf zum Schluß der Hinweis nicht fehlen, daß die Chance, Kreativität und Phantasie in Praxis umzusetzen, eben doch auch vom Vorhandensein entsprechender finanzieller Mittel abhängig ist. Wo, wie so häufig, von politisch Verantwortlichen unabdingbare Forderungen zwar grundsätzlich gutgeheißen, mit dem Hinweis auf fehlendes Geld jedoch nicht erfüllt werden, muß immer wieder betont werden: daß die Bereitstellung von Geld nicht eine Frage des Geldes, sondern des politischen Willens ist.

9.

Tiefenpsychologische Aspekte der pädagogischen Elternarbeit im Kindergarten

(1993)

Textnachweis:
Erstveröffentlichung:
Figdor, H.: Tiefenpsychologische Aspekte der pädagogischen Elternarbeit im Kindergarten. Unsere Kinder, Fachzeitschrift für Kindergarten- und Kleinkinderpädagogik, 05/93, S. 106–111

Editorische Vorbemerkung
Schriftlich überarbeitete Fassung eines Vortrages vor Heilpädagogen/innen und Sozialpädagogen/innen

Vorbemerkung

Von den zahlreichen Aspekten der Elternarbeit, die im Kindergarten zu leisten ist, soll im folgenden von jenen Bemühungen der Erzieher/innen die Rede sein, die darauf gerichtet sind, die Eltern für die pädagogischen Prinzipien, welche die Arbeit im Kindergarten leiten, zu gewinnen. Eltern sollen bereit werden, in ihrem eigenen erzieherischen Umgang mit den Kindern die Arbeit der Erzieher/innen zu unterstützen, Ratschläge anzunehmen und ihre gewohnten pädagogischen Vorstellungen bzw. Praktiken gegebenenfalls zu revidieren. Es geht also um die Probleme der Erziehungsberatung im Rahmen des Kindergartens.

Dieser Aspekt der Elternarbeit ist nach meiner Erfahrung eine Quelle immer wiederkehrender Frustrationen. Es scheint nichts zu geben, was hoffnungsloser ist, als Eltern zur Einsicht zu bringen, daß sie etwas falsch machen oder besser machen könnten. Und das in einer Zeit, in welcher viele Eltern jeden kinderpsychologischen Beitrag oder pädagogischen Ratschlag, der sich in Zeitungen und Illustrierten gedruckt findet, verschlingen (oder vielleicht gerade deshalb?). In den meisten Fällen mündet die Ohnmacht der Erzieher/innen in Resignation, oder die Wut auf die Eltern entlädt sich in der offensiven Moralpredigt (»...schließlich geht es doch um das Wohl Ihres Kindes!«). Beides nützt freilich dem Kind wenig, eher dem eigenen Wohlbefinden.

Ich möchte einige dieser Barrieren, weiche Eltern der pädagogischen Beeinflussung entgegensetzen und die für das häufige Scheitern unserer Bemühungen verantwortlich sind, beleuchten.

1. Widerstände, die sich aus der Eltern-Kind-Beziehung herleiten

Ich möchte beginnen, indem ich Ihnen von einem Fall erzähle:

Als Student hatte ich im Rahmen meines kinderpsychiatrischen Praktikums ein sechsjähriges Mädchen zu untersuchen, das von der Mutter auf der psychologischen Testambulanz vorgestellt wurde. Kathi hätte, so die Mutter, Schwierigkeiten beim Buchstabenlernen, sei legasthenisch (das habe sie vom Vater geerbt), mag nicht in die Schule gehen, erbricht seit zwei Wochen fast täglich vor dem Schultor und sei ganz allgemein »stur«, »bockig«, »widerspenstig«. In der Untersuchung erlebte ich ein zutrauliches, freundliches und aufgewecktes Mädchen, keinerlei Anzeichen einer legasthenischen oder sonstigen kognitiven Störung. Die projektiven Tests deuteten jedoch auf eine starke Gefühlskrise in der Beziehung zur Mutter hin.

Zur gleichen Zeit sprach eine Psychologin mit der Mutter und vereinbarte mit ihr einen weiteren Termin, um sie von den Untersuchungsergebnissen zu unterrichten und eventuell notwendige Maßnahmen zu besprechen. Da die Psychologin am vereinbarten Tag krank war, übernahm ich diese Besprechung – meine erste Elternberatung! – ohne jedoch über das vorwöchige Gespräch mit der Mutter informiert gewesen zu sein.

Ich teilte der Mutter ehrlich mit, daß Kathi ein liebes, gescheites Kind sei und daß die Schwierigkeiten offenbar aus emotionellen Problemen mit ihr, der Mutter, resultieren. Die Reaktion der Mutter war erschütternd. Sie fing hysterisch zu heulen an, schrie mich an, ich verstünde nichts, Kathi hätte die gleichen Störungen wie der Vater und sei ein zutiefst »böses Kind«. Dann verließ sie den Raum und meldete sich nie mehr.

Später konnte ich von der Psychologin folgendes in Erfahrung bringen: Die Mutter, leitende Angestellte mit Matura, leidet seit ihrer Eheschließung, die der Schwangerschaft mit Kathi wegen stattfand, unter dem mangelnden beruflichen Ehrgeiz ihres Mannes, der es »nur« zum Handwerker gebracht hat und jede berufliche Veränderung bzw. Weiterbildung ablehnt, weil ihm sein Beruf, Spaß macht. Er vergöttert seine Tochter und seine Tochter ihn, während sich die Mutter in eine immer stärkere Isolierung gedrängt sieht.

Angesichts dieser Informationen erscheint das Verhalten der Mutter nicht mehr so unbegreiflich. In ihren offenbar hochgeschraubten gesellschaftlichen Erwartungen schwer enttäuscht, vom Kind nicht genügend mit Liebe bedankt, betrachtet sie ihr Leben als weitgehend verpfuscht und macht dafür unbewußt ihren Mann und wohl auch Kathi verantwortlich. Insbesondere scheint Kathi für einen Gutteil der Geringschätzung und Wut, welche die Mutter ihrem Gatten gegenüber hegt, herhalten zu müssen, indem die Mutter Vater und Tochter miteinander identifiziert. Wir können nun auch erahnen, mit welcher – natürlich unbewußter – Motivation die Mutter das Kind vorstellte: Was diese Frau wohl in allererster Linie erwartete, war, daß wir uns mit ihr solidarisieren, sie ihrer familiären Situation wegen bedauern und ihr Maßnahmen empfehlen würden, die in irgendeiner Weise die Schuld vom Vater (und Tochter) deutlich werden lassen und die ihren aggressiven Impulsen gegen die Tochter entgegenkämen – wie etwa Förderunterricht, Zurückversetzung, ärztliche Behandlung, Heimeinweisung oder ähnliches.

Man versteht, was ich dieser Mutter angetan habe. Diese Frau war in einer seelischen Verfassung, die es ihr völlig unmöglich machte, die Wahrheit – wie ich sie verstand und mitteilte – anzunehmen. Anzunehmen, daß sie die »Schuldige« sei, hätte bedeutet, ihr gesamtes Selbst- und Lebensverständnis von einem Augenblick zum anderen über den Haufen zu werfen. Dazu ist aber kein Mensch in der Lage.

Ich habe die Gefühlslage dieser Mutter nicht verstanden, darum mußte meine Beratung scheitern, ja sie scheiterte schon, bevor ich noch recht angefangen hatte. Vielleicht wäre es besser gegangen, wenn ich Zeuge des Gesprächs zwischen ihr und der Psychologin gewesen wäre oder dieses Gespräch selbst geführt hätte. Aber das Problem liegt woanders. Denn daß ich es versäumte, mir anhand der von der Kollegin niedergeschriebenen Anamnese wenigstens einen Überblick zu verschaffen, war wohl mehr als ein bloßes Versehen aus Unerfahrenheit. Ich hatte nämlich die kleine Kathi vom ersten Augenblick ins Herz geschlossen. Es fiel mir leicht, jenes Maß an Identifizierung zu vollziehen, das Einfühlung und Verstehen ermöglicht. Und ich litt mit ihr in ihren emotionellen Spannungen gegenüber der Mutter. Das bedeutet, daß ich von Beginn an Partei war und zwar Partei gegen die Mutter (weshalb ich unbewußt wohl auch von ihren Problemen nichts wissen wollte und »vergaß«, mich zu erkundigen).

Was mir hier widerfuhr, scheint mir ein Problem vieler Pädagogen zu sein: Weil wir die Kinder lieben, sind wir bereit, uns in sie einzufühlen, während wir die Eltern bloß als Eltern, d.h. in ihren Pflichten wahrnehmen, nicht aber als ebenso fühlende Personen. Indem wir mit dem Kind identifiziert sind, fällt es uns schwer, uns auch mit den Eltern zu identifizieren. Während wir richtig sehen, daß jedes Problem, das eine Mutter, ein Vater mit dem Kind hat, auf ein Problem des Kindes hindeutet, übersehen wir, daß ebenso jedes Problem eines Kindes mit seiner Mutter oder seinem Vater auf ein Problem hindeutet, das diese Mutter oder dieser Vater hat. Das führt dazu, daß wir den Eltern der von uns betreuten Kinder gegenüber keine verstehende, sondern eine verurteilende, moralisierende Haltung einzunehmen neigen und uns dadurch ihnen gegenüber selbst wie schlechte – nämlich bloß fordernde – Eltern verhalten. Was wir damit ernten, sind folgerichtig auch an kindliche Verhaltensweisen erinnernde Reaktionen: Trotz, ärgerliche Zurückweisung, Schuldgefühle oder Angst, also durchwegs Abwehrhaltungen, welche Einsicht, die Veränderung nach sich ziehen könnte, ausschließen.

Es ist ein weitverbreiteter Irrtum zu glauben, Erziehungsfehler rührten vor allem von pädagogischen Irrtümern oder Unwissen her. In den meisten Fällen sind bei erzieherischen Fehlhaltungen unbewußte Konflikte der Eltern zumindest beteiligt, wobei verdrängte aggressive Regungen gegenüber dem Kind eine besondere Rolle spielen. Jene Ambivalenz der Gefühle ist jedoch jeder Liebesbeziehung (in mehr oder weniger starkem Ausmaß) also auch jeder Eltern-Kind-Beziehung eingeschrieben – ja, Haß tritt überhaupt nur dort auf, wo Liebe oder Abhängigkeit gegeben ist: sei es, daß eine Mutter den Kindern zuliebe auf ihre Karriere verzichten mußte und ihnen dieses Opfer unbewußt zum Vorwurf macht; sei es, daß ein geschiedener Elternteil das Kind zum Partnerersatz erhebt und an ihm die erlittene Enttäuschung stellvertretend auslebt; sei es, daß ein Vater auf sein Kind eifersüchtig ist, weil es ihm die zentrale Stelle bei der Gattin streitig macht; sei es, daß die Kinder in ihrer Charakterentwicklung (bewußten oder unbewußten) Hoffnungen der Eltern nicht entsprechen u.v.a.m. Liegen gravierenden elterlichen Fehlhaltungen solche Gefühlsambivalenzen zugrunde – und das ist, wie gesagt, fast immer der Fall – so müssen wir uns vergegenwärtigen, wie schwer es fällt, sich aggressive Gefühle gegen einen geliebten Menschen und erst recht gegen das eigene Kind einzugestehen. Und selbst wenn Eltern etwas davon spüren mögen, sie werden es vor einem Fremden nicht zugeben können. Und erst recht nicht gegenüber jemandem, der Ihnen in einer moralisierenden, Schuldgefühle weckenden Haltung entgegenkommt.

Ich möchte diesen Überlegungen zufolge das erste Prinzip der beratenden Elternarbeit wie folgt formulieren: Wollen wir dem Kind bei seinem Problem helfen, so müssen wir im Gespräch mit den Eltern den Weg über die Probleme der Eltern nehmen, das heißt, das Problem des Kindes vorderhand außer acht lassen. Erst wenn die Eltern spüren, daß unser Interesse auch ihnen und ihren Problemen gilt, können sie zu uns Vertrauen fassen.

Erst eine solche Vertrauensbeziehung kann ermöglichen, daß die Eltern bereit werden, auch etwas (von ihrer Unantastbarkeit) herzugeben und das Bedürfnis nach Hilfe zu entwickeln. Ist dieses Bedürfnis vorhanden, können wir auch über die Probleme des Kindes reden. Dann nämlich werden die Eltern unsere Mitteilungen als Unterstützung erleben können und nicht, wie vorher, als Angriff auffassen.

2. Widerstände, die sich aus der Beziehung zwischen Eltern und Kindergarten herleiten

War der Kindergarten früher für viele Familien nur ein Ausweg aus wirtschaftlichen (und damit auch zeitlichen) Notsituationen, also vor allem eine soziale Institution, steht heute seine pädagogische Bedeutung außer Zweifel. Also müßten sich, möchte man meinen, Eltern über die dort geleistete pädagogische Arbeit uneingeschränkt freuen können.

So unkompliziert ist die Sache aber leider nicht. Berufliche Verpflichtungen, schulische Überlastung der Kinder, das Fernsehen, die Doppelbelastung der berufstätigen Frau u.a.m. lassen vielen Vätern und Müttern kaum mehr Zeit zum müßigen, lustvollen Umgang miteinander und mit den Kindern. In dieser Situation erscheint der Kindergarten als Abnehmer erzieherischer Verantwortung. Dazu kommt eine wachsende Ohnmacht vieler Eltern gegenüber den Ansprüchen ihrer Kinder, denen sie nicht mit Autorität zu begegnen vermögen oder wagen, dennoch aber unter andauernden Konflikten leiden. Das verschlechtert nicht nur das familiäre Klima zusätzlich, sondern macht den Kindergarten für jene Eltern zu einer Einrichtung, von der sie sich – meist unbewußt – die Kompensation der eigenen pädagogischen Hilflosigkeit erhoffen.

Der Kindergarten wird auf diese Weise zu einem wichtigen Träger des seelischen Gleichgewichts dieser Eltern: Er ermöglicht ihnen die Aufrechterhaltung des gewohnten Lebensstiles, ohne Schuldgefühle gegenüber den Kindern haben zu müssen, und dient außerdem der Verleugnung der Angst, was alles aus der eigenen (befürchteten, manchmal auch wirklichen) pädagogischen Inkompetenz an Problemen für die kindliche Entwicklung erwachsen könnte.

Dieses Gleichgewicht ist jedoch sehr instabil. Und es wird spätestens dann erschüttert, wenn Erzieher/innen die an sie delegierte Verantwortung für die Entwicklung des Kindes – und damit auch für eventuelle Fehlentwicklungen – ausdrücklich zurückweisen, indem sie Eltern damit konfrontieren, daß erstens die Probleme des Kindes ihre Wurzeln in der Familie haben und es zweitens Sache der Eltern sei, sie zu lösen. Das anzuerkennen würde für diese Eltern bedeuten, daß ihre latenten Schuldgefühle, das Kind zu vernachlässigen, keine rechte Freude an ihm (wie an der Familie überhaupt) zu haben, aktiviert würden und die eigenen verdrängten Inkompetenzgefühle nicht mehr ignoriert werden könnten.

Besonders bedeutend und kränkend wirkt in diesem Zusammenhang das Erlebnis, daß die Kinder in der Kindergartengruppe viel »braver« sind als zu Hause. Der Gedanke, »Die Tante schafft mit 30 Kindern spielend, wozu ich – als Vater oder Mutter – nicht einmal mit einem einzigen Kind in der Lage bin«, bedeutet für viele Eltern eine schwere Erschütterung ihres Selbstwertgefühls. Aus diesem Grunde neigen Eltern dazu, Probleme ihrer Kinder nicht wahrhaben zu wollen. Sei es, daß sie sie verleugnen, verniedlichen, den Erzieher/innen die Schuld in die Schuhe (zurück)schieben oder der Konfrontation möglichst ausweichen, indem sie sich im Kindergarten nicht mehr blicken lassen. Sie gleichen dann Kindern, die bei etwas Verbotenem oder Bösem ertappt wurden und nach Ausreden suchen, alles abstreiten, aus schlechtem Gewissen dem anderen nicht in die Augen blicken können oder gar weglaufen. Und sie gleichen sich unterlegen fühlenden Kindern, die vor den anderen mit einer Reihe – wahrer oder erfundener -Vorzüge prahlen oder aber der Konfrontation mit dem Überlegenen möglichst aus dem Wege gehen.

3. Die Chance des ersten Elternabends

Wir erleben also in den Einstellungen vieler Eltern gegenüber dem Kindergarten ausgesprochen infantile Beziehungsmuster, die einer vernünftigen, das heißt »erwachsenen« Verständigung über anstehende Probleme entgegenstehen.

Betrachten wir nun den ersten Elternabend, der für das Bild, das Eltern sich – bewußt wie unbewußt – vom Kindergarten machen, zweifellos von großer Bedeutung ist. Meiner Erfahrung nach beginnen die meisten Leiter/innen ihre Präsentation mit einer recht ausführlichen und eindringlichen Information über Öffnungszeiten, Zahlungsformalitäten und andere organisatorische Belange wie Mahlzeiten, Schlafstunden, Ausflüge, Kleidung u. a. m. Die Eltern werden zur aktiven Mitarbeit gebeten (gemahnt) und die Wichtigkeit der Kooperation für das Wohl des Kindes hervor gestrichen usw. Wir sehen uns dabei einer Situation gegenüber, die frappant an den Erstauftritt des Lehrers oder Direktors vor den Schülern zu Beginn eines neuen Schuljahres erinnert und die dazu dient, die Unmündigen an ihre Pflichten zu gemahnen. Eine solche Inszenierung wird die latente Regressionsbereitschaft der Eltern gegenüber dem Kindergarten, die schließlich zu den beschriebenen infantilen Beziehungsmustern führen kann, eher verstärken bzw. aktivieren.

Was wäre also stattdessen zu tun? Kehren wir zum Vergleich nochmals zu den Kindern zurück. Kinder sind ja nun nicht ausschließlich trotzig, schuldbeladen und daher in Abwehrstellung. Gleichzeitig wünschen sie sich Anleitung, Führung und sind für Hilfe dankbar. Es geht demnach nicht darum, die Autorität des Kindergartens in pädagogischen Fragen zu leugnen, sondern sie zu nutzen, indem der helfende, unterstützende und daher stärkende Aspekt der Autorität hervortritt, anstelle des mahnenden, be- bzw. verurteilenden und daher schwächenden Aspektes. Das könnte etwa folgendermaßen geschehen:

Ablauf eines Elternabends am Beginn des Arbeitsjahres

- Begrüßung
- Beglückwünschung der Eltern für ihren Entschluß, das Kind in den Kindergarten zu geben (Entlastung von eventuellen Schuldgefühlen); kurze Erläuterung der pädagogischen Funktion der Gruppenerziehung.
- Bitte an die Eltern um Mitarbeit (statt Mahnung), insbesondere um die Mitteilung von häuslichen Vorkommnissen, die das Kind beschäftigen könnten. Begründung: Kind nimmt diese Ereignisse in den Kindergarten mit und drückt sie in seinem Verhalten aus, das wir »die Erzieher/innen« verstehen müssen, um richtig zu handeln. Z. B. wird die Erzieherin mit einem Kind, das einem anderen etwas aus Mutwilligkeit kaputtmacht, anders umgehen als mit einem Kind, das sich zwar ebenso verhält, jedoch nur deshalb, weil es etwa durch einen schweren Verlust irritiert ist. Dazu bedarf es aber der ständigen Kommunikation mit den Eltern. Gelegenheit: ein paar Worte morgens oder beim Abholen des Kindes.
- Beispiele für solche Erschütterungen: »Es kommt doch in allen Familien vor, daß …« (Auseinandersetzungen zwischen den Eltern; schwere Konflikte mit Strafen; Krankheiten; Todesfälle; längere oder häufige Abwesenheit des Vaters; Geschwisterprobleme; Nervosität eines Elternteils, der zu Ungerechtigkeiten führt; Scheidung; Arbeitslosigkeit usw.). Die Schilderung solcher Probleme macht erstens deutlich, daß die Erzieher/innen über diese Dinge ohnehin Bescheid wissen und daß sie zweitens häufig vorkommen, zum »pädagogischen Alltag« gehören, man sich dafür daher nicht schämen muß.
- Der Hinweis, daß der Erfahrungsaustausch auch den Eltern hilft, ihr Kind besser zu verstehen, da Eltern immer nur erfahren, wie ihr Kind mit ihnen, nicht aber, wie es ohne sie ist. Und darin unterscheiden sich die meisten Kinder. (Entlastendes Beispiel: Kinder sind in der Gruppe oft braver, zeigen mehr Disziplin als zu Hause, was manche Eltern glauben macht, sie könnten nicht mit ihrem Kinde umgehen; daß es sich dabei jedoch um ein normales Phänomen handelt, da Konflikte umso häufiger auftreten je intensiver eine Beziehung ist.)
- Und schließlich: Hinweis darauf, daß Erziehungsschwierigkeiten unvermeidlich sind und daß wir Erzieher/innen, die seit Jahren Erfahrungen mit vielen hunderten Kindern machen konnten, vielleicht Ideen für Lösungen haben, auf die man als Vater oder Mutter nicht kommt; den Eltern versichern, daß man ihnen gerne für Fragen und Unterstützung zur Verfügung steht.

Wie man sieht, ist in dieser Einführung, gewissermaßen in Nebensätzen, sehr viel *pädagogische Aufklärung* verpackt; Mitteilungen, welche das Ziel haben, den Weg zu einer Vertrauensbeziehung zwischen Kindergarten und Eltern zu ebnen, die persönliche Gespräche (psychologisch) möglich macht. Möglich wird dies durch die Kombination von Entlastung (vom Problemdruck) und Hilfsangebot. Beide gehören für die beratende Elternarbeit untrennbar zusammen. Denn nur wenn ich (als Elternteil) weiß, daß der andere (Erzieher) mir *helfen* möchte (vgl. Abschnitt 1), werde ich mich angstfrei in ein Gespräch einlassen können. Und nur wenn ich mir sicher bin, daß ich vom anderen nicht als verrückt, unfähig, herzlos, verantwortungslos angesehen werde, daß meine Probleme im Zusammenhang mit dem Kind auch bei anderen immer wieder vorkommen (ja sogar bei demjenigen, der mich beraten soll, ihm z. T. aus persönlicher Erfahrung vertraut sind), werde ich es wagen, darüber zu reden – ohne Scham und ohne Gefahr des Verlustes an Selbstachtung.

Die eingangs beschriebenen Sachinformationen über technische und organisatorische Belange des Kindergartens sind natürlich wichtig. Sie können nachher als »organisatorische Pflichtübung« angehängt werden, möglichst kurz, eventuell durch ein Informationsblatt ergänzt.

10.

»In der Praxis ist alles ganz anders…«

Anmerkungen zur Entwicklung der Kindergarten-Pädagogik
(1995)

Textnachweis:
Erstveröffentlichung:
Figdor, H.: Entwicklung der Kleinkindpädagogik. In: Die Kinderfreunde. Ideen, Initiativen, Informationen. Wien (Wr. Kinderfreunde/Eigenverlag) 1996. (Der Text wurde gegenüber der Erstveröffentlichung geringfügig verändert.)

Editorische Vorbemerkung
Der folgende Text ist die leicht gekürzte schriftliche Fassung eines Vortrags, den H. Figdor im November 1995 auf der Enquete »Kinder: Tagesheim – Garten – Betreuung« der Wiener Kinderfreunde hielt.

Sehr geehrte Damen und Herren!
Liebe Kolleginnen und Kollegen!

Ich wurde vom Veranstalter gebeten, zum Thema »Entwicklung der Kleinkind-Pädagogik« zu sprechen. Nun kann man dieses Thema natürlich unterschiedlich auffassen – etwa im Sinne eines historischen Abrisses. Das möchte ich aber heute nicht tun. Vielmehr möchte ich das Thema im Sinne der Frage: »Wohin hat sich die Kleinkind-Pädagogik in den letzten ein, zwei Jahrzehnten hin entwickelt?« behandeln. (Ich denke, so war es vom Veranstalter auch intendiert.) Natürlich muß ich mich auf einige wenige Aspekte beschränken und werde mich vor allem mit dem schwierigen Verhältnis zwischen pädagogischer Theorie und der Alltagspraxis im Kindergarten befassen.

Beginnen möchte ich – gewissermaßen zur Einstimmung – aber doch mit einem Ausflug in die Geschichte. Im Jahre 1849 berichtet uns Friedrich Adolf Disterweg unter dem Titel »Der Kinderfreund im Bad Liebenstein« über das folgende bemerkenswerte Erlebnis:

»Es war im Juli dieses Jahres, als auch ich mich in dem Bade in Liebenstein befand, um mich daselbst ein paar Wochen aufzuhalten. Ich fand nicht nur, was ich suchte: Naturgenuß in Tälern und auf Höhen, Stärkung an Leib und Seele durch köstliches Wasser, labende Luft und natürliche Menschen, sondern etwas, was ich nicht suchte und was mich veranlaßt, in diesen Blättern, welche der bildsamen Jugend gewidmet sind, von dem Bade in Liebenstein zu reden – einen Kinderfreund, einen, für das Wohl der Jugend begeisterten und seit vielen Jahren dafür rastlos und in der förderlichsten Weise tätigen, edlen Menschen, dessen Wirken mich veranlaßte, statt drei Wochen drei Monate in Liebenstein zu verweilen.

Am Tage nach meiner Ankunft saß ich unter Badegästen im Schatten der Kastanienbäume und Linden vor dem Kurhaus des Ortes. Auf erkundigende Fragen nach den besuchenswertesten Stellen der Gegend und den etwa vorhandenen Merkwürdigkeiten wurden mir die Orte genannt, (…) und einer der Anwesenden fügte endlich hinzu, daß zu den Merkwürdigkeiten Liebensteins für einen Liebhaber auch ein alter Narr gehöre, der tagtäglich mit den Bauernkindern des Dorfes herumspringe.

Am anderen Tag erfuhr ich, daß sich bei Liebenstein auch eine Erziehungsanstalt befinde unter der Leitung von Friedrich Fröbel. Dieser Name war mir nicht unbekannt, ich hatte von seinen »Kindergärten« gehört und einiges darüber gelesen. Noch selbigen Tages besuchte ich ihn; er war der «alte Narr« der Liebensteiner Kurgäste. Von ihm, den ich oben den »Kinderfreund des Bades

Liebenstein« genannt habe, will ich den jungen Lesern noch einiges erzählen. Dieselben können, wenn sie es noch nicht wissen, daraus lernen was hie und da in der Welt »Narrheit« genannt wird. In diesem Sinne war Sokrates ein Narr und Pestalozzi auch.

Der Weg zur Mietswohnung Friedrich Fröbels führte über eine wunderschöne, bergansteigende Wiese, auf der sich Liebenstein mit seiner Burgruine in der malerischsten Weise präsentiert. Ich passierte dieselbe morgens 11 Uhr.

Ich fand den Mann in einer kleinen Talvertiefung in der Nähe seiner Wohnung, mitten unter 30 bis 40 Bauernkindern, welche sich geführt und geleitet von 8 bis 10 erwachsenen Frauenzimmern spielend und singend in Kreisen umherbewegten. Ich war im »Kindergarten«. Friedrich Fröbel, ein Greis von fast 70 Jahren, aber in noch jugendlicher Frische, gab die Spiele an und spielte mit. Die Kinder, meist in schlechter Kleidung, zum Teil zerlumpt und unvollständig, barfuß und ohne Kopfbedeckung (ein Bild der Ärmlichkeit der Dorfbewohner), Knaben und Mädchen von zwei bis acht und zehn Jahren, spielten Spiele, die ich nachher unter den üblichen Namen des «Taubenhäuschens«, oder »Fischlein« und der »Stampfmühle« näher kennen lernte. Entsprechende Liedchen begleiteten die muntere Tätigkeit der Kinder, deren Haltung den besten Eindruck machte und auf deren Gesichtern kindliche Freude zu lesen war. Nach etwa einer Stunde endigte das Spiel, die Kinder stellten sich paarweise zusammen, die Kindergärtnerinnen nahmen die kleineren Kinder bei der Hand, und ein Schlußlied, von allen gesungen, begleitete den heiteren Zug nach dem Dorfe zurück. Von dieser Stunde an besuchte ich Friedrich Fröbel täglich (...)

Die Tätigkeit des Kindes im ersten Lebensalter, im Frühling des Lebens ist wie ihr wißt das Spiel. Das Kind spielt. Fröbel leitete Spiele, er macht sie zu bildenden Spielen. Er hat eine Menge derselben erfunden. Zuerst leitet er an zum Spiele mit dem Ball. Er reicht ihn den Kindern in den Farben des Regenbogens. Dann folgen die Spiele, das heißt die bildende und zugleich freudige (man braucht die Kinder dabei nur zu sehen) Beschäftigung mit der Kugel. Ihr folgen die Beschäftigungen mit dem Würfel und mit der Walze. Was alles daraus und davon die frohen Kinder lernen, das kann ich alles nicht auseinandersetzen, man muß es sehen. Hierauf kommen die Tätigkeiten mit Hölzchen und Stäbchen und ähnlichen Spielstoffen. Wenn ich sage, daß die Kinder alle aus eigener Tätigkeit darauf und damit hunderte von schönen Formen (...) legen, an und in ihnen die wichtigsten Grundanschauungen und Grundbegriffe auffassen, und durch Zusammenstellung der einfachsten Spielstoffe Gegenstände aller Art, welche im Leben vorkommen darstellen (...) Nie habe ich so stille und innerlich frohe, folgsame, gesittete und durch ihre Tätigkeit beglückte Kinder beisammen gesehen als in Bad Liebenstein, trotz ihrer zerrissenen Jacken und Beinkleider.« (S. 223ff)

Das war also eine Würdigung des Friedrich Fröbel, Vater des Kindergartens, in welcher er von Disterweg *Kinderfreund* genannt wird, was er ja auch ganz bestimmt war. Und ich denke, Fröbel ist nicht nur Vater des Kindergartens in einem historischen Sinn. Denn was in diesem kurzen Text, in einer etwas altertümlichen Erzählweise, drinnen steht, mutet gar nicht so altertümlich an. Fröbel redet von glücklichen und fröhlichen Kindern. Das heißt, es geht ihm offenbar nicht nur um Lernen, frühe Schulung und Ausbildung, Allgemeinwissen und ähnliches, sondern um die »Bildung des Gemüts« (auch das ist ein Fröbel-Zitat). Und Bildung des Gemüts hat eben sehr viel mit Fröhlichkeit, Freude und Glück zu tun. Die Entfaltung aller Möglichkeiten, das Spiel als pädagogisches Medium; und wenn Sie ein bißchen zugehört haben, dann werden Sie – ebenfalls wieder von einigen sprachlichen Formulierungen absehend – merken, daß in diesen Spielen, die der alte Fröbel vorstellt, einiges von dem Gedankengut drinnen steckt, das später von *Montessori* formuliert und von *Piaget* zum entwicklungspsychologischen System ausgebaut worden ist. Und dieses Bildende erwarten wir uns ja auch von den Spielen, die wir den Kindern in unserem heutigen Kindergarten anbieten.

Der Kindergarten als ausdrücklich pädagogische Institution, in welcher Bildung stattfindet und keineswegs nur Aufbewahrung. Aufbewahrungsanstalten für Kinder hat es in dieser Zeit schon gegeben. Aber es waren eben Aufbewahrungsanstalten und keine Kindergärten. Und, was in diesem Text vielleicht nicht so deutlich wird, was aber aus anderen Fröbel'schen Schriften gut herauslesbar ist: der Kindergarten als eine *spezifische* pädagogische Institution, die sich auch neben und auch als Ergänzung zur Institution der Familie begreift. Und eigentlich stellen wir uns den Kindergarten auch heute noch ganz genau so vor.

1. Theoretische Fortschritte

Natürlich hat sich einiges geändert in der Zwischenzeit. Es hat sich die Theorie wesentlich weiterentwickelt; Montessori ist natürlich etwas anders als Fröbel, Piaget ebenfalls; es haben sich unsere sozialpsychologischen Kenntnisse erweitert. Wir wissen etwas über die Dynamik in Gruppen; es hat die ganzen Errungenschaften der Reformpädagogik zu Beginn des Jahrhunderts gegeben; und Impulse der sozialistischen Erziehung. Von der sozialistischen Erziehung schlugen Männer wie *Bernfeld* oder *Aichhorn* die Brücke zu einem anderen Bereich der pädagogischen Neuorientierung: der sogenannten *psy-*

choanalytischen Pädagogik: dem Versuch, die vielfältigen Erkenntnisse der Psychoanalyse über die frühe emotionale Entwicklung, über die Bedeutung der Kindheit, über die Bedeutung des Unbewußten, der Gefühle u.a.m. der *Pädagogik* nutzbar zu machen.

2. Praktische Fortschritte

Natürlich hat sich auch *in der Praxis* einiges entwickelt. Das soziale Umfeld hat sich für die Kinder in den Kindergärten verbessert, die Materialien haben sich verbessert, die Ausstattung der Kindergärten hat sich verbessert; wir haben keine freiberuflichen Hilfskräfte sondern ausgebildete Pädagoginnen, die mit den Kindern arbeiten. Auf Fröbels »Verteilungsschlüssel« – 5 Kinder auf eine Pädagogin – können wir freilich nur neidvoll zurückblicken (und das sollte uns zu denken geben).

3. Theorie-Praxis-Verhältnis

Also auch in der Praxis hat sich einiges getan. Natürlich aber, das soll uns nicht verwundern, gibt es zwischen der Theorie und der Praxis ein ganz bedeutendes Gefälle. Das ist vielleicht gar nicht so spezifisch pädagogisch, das finden wir in vielen Wissenschaften. Auch im Bereich der Naturwissenschaft werden die Versuche der technologischen Anwendung hinter dem naturwissenschaftlichen Wissen zurückbleiben. Das ist selbstverständlich. Zu komplex sind die Faktoren, die zusammenkommen, zu wenig kann man all diese Faktoren kontrollieren, außerdem gibt es soziale und ökonomische und persönliche Variablen, die den Erfolg des Konzipierten natürlich beeinträchtigen. Die Praxis bleibt daher immer ein Stück hinter der Theorie zurück. Aber, in der Pädagogik gab es eine Entwicklung, die sehr wohl für diese Wissenschaft spezifisch ist: Eigentlich ist es ungenau von Theorie zu sprechen, denn es gibt zumindest zweierlei Arten pädagogischer Theorie: verfügbares Wissen und handlungsrelevante Konzepte.

4. Verfügbares Wissen

Es gibt einmal das verfügbare Wissen, das sich auf all das bezieht, was im pädagogischen Raum vor sich gehen kann: Da ist das Wissen über die kindliche Entwicklung im kognitiven wie im emotionalen Bereich; das Wissen über die kindliche Seele, über die spezifischen Arten des kindlichen Erlebens von Welt, über die Beziehungsphänomene, das Wissen über Zusammenhänge zwischen emotionalen Befindlichkeiten und der Entfaltung aller Ich-Kräfte des Kindes; das Wissen über Gruppenprozesse, das Wissen über die Bedeutung unbewußter psychischer Vorgänge bei den Kindern, aber auch bei den Erziehern, bei den Pädagogen selbst; über die Bedeutung der gesellschaftlichen, institutionellen und sozialpsychologischen Rahmenbedingungen; über die Unvermeidbarkeit von Konflikten und über den Umstand, daß solche Konflikte sich in der Praxis dann auch auswirken.

5. Handlungsrelevante Konzepte

Das also ist der eine Teil der Theorie, das verfügbare Wissen. Und dann gibt es noch eine andere Art von Theorien. Es ist so schwer einen Namen dafür zu finden, aber ich würde sie am ehesten als »handlungsrelevante Konzepte« bezeichnen. Und jetzt stelle ich eine These auf: Im Hinblick auf diese handlungsrelevanten Konzepte *bleibt die pädagogische Theorie hinter der Praxis zurück*. Also eine Umkehrung des Verhältnisses. Und davon möchte ich heute ein bißchen sprechen oder wenigstens einige Anmerkungen machen.

Was meine ich denn mit diesen handlungsrelevanten Konzepten? Damit meine ich jeweils jene »Theorie«, die ganz konkret das *augenblickliche Handeln* der Erzieherinnen, aber auch der Lehrer in der Schule leitet. Von welchen »Konzepten« rede ich in diesem Zusammenhang? Meine ich die Lehrpläne? Die Methoden, welche man in der Ausbildung oder Weiterbildung lernt? Oder das, was die Leiterin oder die Behörde sagt? Oder meine ich die ganz persönlichen Theorien des einzelnen Pädagogen? Von allem ein bißchen etwas, oder vielleicht noch besser gesagt: alles zusammen. Mit handlungsrelevanten Konzepten meine ich eigentlich ein hermeneutisches Konstrukt des Handelns. Ich werde das an einem Beispiel verdeutlichen.

Ein Kind, ein Baby, sechs Monate alt, hat eine ganze Menge Dinge auf der Schnur aufgereiht, die über seinem Kinderbett hängt, und greift danach. Dann kommt der Abend, das Kinderbett steht am Fenster, und das Kind sieht das erste Mal den Mond. Und es greift jetzt nach dem Mond. Nun können wir aus dieser Beobachtung eine »Theorie« *(re)konstruieren.* Wir können sagen, das Kind faßt den Mond als eines der Spielzeuge auf, das es sonst immer vor Augen hat. Und wir können auch sagen, das Kind schätzt die Entfernung zwischen sich und diesen Spielzeugen ungefähr genau so groß ein, wie die zwischen sich und dem Mond oder umgekehrt. Das heißt, wir können aus einer Beobachtung eine »Theorie, die das Handeln des Babys leitet«, rekonstruieren.

Oder, um in den pädagogischen Bereich zu kommen: Wenn eine Erzieherin z.B. einem dreijährigen Kind, das einem anderen auf den Kopf schlägt, erklärt: »Schau, warum tust du denn das, das tut doch dem Andreas weh, und du würdest das auch nicht wollen, daß der Andreas dir weh tut«, und sich die Kindergärtnerin von dieser Intervention erwartet, daß jenes Kind, nennen wir es Stefan, dem Andreas oder anderen Kindern nicht mehr auf den Kopf hauen würde, dann können wir aus einer solchen Beobachtung oder aus einer solchen pädagogischen Szene eine »handlungsleitende Theorie« ableiten. Diese würde in dem genannten Beispiel etwa so lauten: »Ich kann von einem dreijährigen Kind erwarten, daß es einen Konflikt mit einem anderen Kind, das es ärgerlich macht, auch anders lösen kann, als ihm auf den Kopf zu hauen.« Und darüber hinaus: »Ein dreijähriges Kind ist in der Lage, jene Personenanalogie und Wechsel der Perspektive – »Du würdest doch auch nicht wollen, daß man Dir weh tut, so wie du dem Andreas weh getan hast!« – a) zu verstehen und b) in sein Handlungsmotivationssystem zu integrieren.« Und die dritte Idee, die aus einer solchen Beobachtung abgeleitet werden kann: »Wenn es tatsächlich so kommen sollte, daß der Stefan dem Andreas künftig nicht mehr auf den Kopf haut, dann tut er das deshalb, weil er es eingesehen hat, weil ich mit meiner Erklärung die Vernunft Stefans erreicht habe.«

Wir wissen natürlich, daß die Kindergärtnerin sich all das *im Augenblick* nicht bewußt überlegt. Sie handelt *im Augenblick* wahrscheinlich ganz spontan. Aber aus ihrem Handeln kann ich eine Theorie rekonstruieren, die in ihrem Kopf ist und wirkt.

Ein anderes Beispiel: ein onanierendes Kind. Die Onanie des Kindes wird entweder mit Verbot belegt oder man versucht verzweifelt, das Kind abzulenken, indem man ihm irgendwelche lustigen Dinge bietet, so daß es sich nicht, mehr um den eigenen Körper kümmert. Dann lädt man die Eltern ein, um ein besorgtes Gespräch mit ihnen zu führen. Aus diesem Verhalten nun kann ich rekonstruieren, daß diese Kindergärtnerin eine theoretische Vorstellung im Kopf hat, die ungefähr dahin geht: »Das Onanieren eines Kindes ist bedenklich, da muß ich mir Gedanken machen«, und zweitens, was in letzter Zeit sehr, sehr häufig vorkommt: »Onanieren legt den Verdacht auf sexuellen Mißbrauch in der Familie nahe.« Das veranlaßt die Erzieherin, dann auch entsprechend zu reagieren.

Diese Theorien meine ich, diese *impliziten* Theorien, die sich zusammensetzen aus privaten Theorien des Erziehers, aus Versatzstücken der Ausbildung, der Weiterbildung oder auch der Lektüre, die man gelesen hat, aus Einflüssen von Kollegen, Ansichten von Vorgesetzten, Ansichten und Vorstellungen der Behörde und ähnlichem mehr, die dann *wie eine Theorie wirken*, obwohl sie dem Pädagogen im Augenblick als Theorie gar nicht bewusst sind, sondern er sein Handeln als spontan, selbstverständlich erlebt. Und so kommt es zu dieser seltsamen Konstellation, daß wir ein verfügbares Wissen auf einem relativ hohem Niveau haben, eine Praxis auf einem (verständlicherweise) niedrigerem Niveau; darüber hinaus jedoch *handlungsleitende Theorien, die auf einem noch tieferen Niveau angesiedelt sind.*

Was meine ich eigentlich, wenn ich sage: »Auf einem noch tieferen Niveau«?

Es geht darum, daß alle in den genannten Beispielen faktisch wirksamen »Theorien« nach dem heutigen psychologischen und pädagogischen Wissensstand schlicht falsch sind:

- Dreijährige können Ärger und Wut nur körperlich oder durch aktive Verweigerung äußern!
- Dreijährige können sich nicht in andere hineinversetzen, erst recht nicht, wenn sie wütend sind (das können dann sogar wir Erwachsenen kaum)!
- Kinder (nur Kinder?) können ihre Affekte nicht durch Einsicht in ihre Unrechtmäßigkeit beherrschen! Wenn sie sich dennoch an die Forderung der Erzieherin anpassen, dann deshalb, weil sie Angst (vor Sanktionen oder Liebesverlust) haben und nicht aus Einsicht. Damit ist aber schon der Keim zur Verdrängung dieser Affekte gelegt.
- Die Lust am Onanieren ist für Kindergartenkinder – ob sie es jetzt tatsächlich öffentlich tun oder nicht, spielt keine Rolle – ganz normal! Keinesfalls ist damit allein schon ein Verdacht auf sexuellen Missbrauch begründbar! (Umgekehrt muss sich tatsächlich stattfindender bzw. stattgefundener sexueller Missbrauch überhaupt nicht über sexuell gefärbte Symptome verraten.)

Meine zentrale These lautet also: Das in der Ausbildung gelehrte theoretische Wissen reicht nicht aus, der Erzieherin angesichts der vielen Probleme des praktischen Kindergarten-Alltags eine hinreichende Orientierung, wie zu handeln sei, zu geben (das »normale« Theorie-Praxis-Gefälle). Daher bleibt ihr nichts anderes übrig, als spontan, »nach Gefühl« zu handeln. Aber auch dieses spontane Handeln ist – wie ich zu zeigen versuchte – in einer gewissen

Hinsicht »theoriegeleitet«, jedoch von (zum Teil gar nicht bewußten) »Theorien«, die dem Stand des heutigen psychologischen und pädagogischen Wissens nicht entsprechen. Somit muss ein beträchtlicher Teil des faktischen Handlungsrepertoires der wissenschaftlich-pädagogisch ausgebildeten Pädagogen/innen als un- bzw. vorwissenschaftlich bezeichnet werden. (Woher diese vorwissenschaftlichen »handlungsleitenden Theorien« stammen, interessiert uns im vorliegenden Zusammenhang nicht). Die Opfer dieses Mißstands sind in allererster Linie die Erzieherinnen selbst und über die Erzieherinnen in zweiter Linie natürlich die Kinder. Denn die von falschen Theorien geleiteten Interventionen führen entweder nicht zum erwünschten Ziel (worunter die Erzieherin leidet) oder sie haben unbedachte Effekte, die für die gesunde psychische Entwicklung der Kinder bedenklich sein können. Das Ergebnis ist ein Auseinanderklaffen von Wünschen und Zielen von Seiten der Pädagogin mit der Realität und ihren erzielten Effekten.

Und jetzt sage ich Ihnen, warum ich das für so wichtig halte. Weil das nämlich nicht dazu führt, daß man sagt: Wir müssen an unserer pädagogischen Theorie weiterarbeiten, wir wissen zu wenig oder unsere Theorie ist ungenügend. Vielmehr ist es so, daß die einzelne Kindergärtnerin dieses Scheitern auf die eigene Schulter nimmt und das Gefühl hat: »Ich kann es nicht! Ich bin dazu nicht in der Lage, wäre ich besser, dann könnte ich einen Gruppenprozeß so führen, daß meine Wünsche und Ziele auch tatsächlich mit dieser Gruppe erfüllt werden können.« Die Erzieherin sucht also oder spürt oder neigt dazu, die Schuld am Scheitern bei sich zu suchen.

An dieser Tendenz ist – neben der zu geringen Praxisbezogenheit der in der Ausbildung gelehrten Theorien – ein weiterer problematischer Aspekt der Erzieher/innen-Ausbildung beteiligt: die heute verbreitete *Dominanz der Didaktik*. Und zwar habe ich jene (heute durchaus noch verbreitete) Variante von Didaktik vor Augen, die pädagogisches Geschehen wie einen technologisch kontrollierbaren Prozeß darstellt, hingegen das Moment des *Problems* eigentlich gar nicht in ihrem Konzept hat, also gar nicht vorsieht, daß ein didaktisch geplanter Prozeß (Ziel, Inhalt, Methoden) auch scheitern kann. Wenn dann doch ein Problem entsteht, heißt das indirekt: Dieser didaktische Prozeß wurde *nicht richtig durchgeführt* oder *geplant*.

Das *Problem* gilt somit als ein Zeichen für das Scheitern des Durchführenden, das Scheitern des Pädagogen. Dagegen würde ich halten, dass Pädagogik sogar in erster Linie *als Arbeit an Problemen zu definieren wäre*; daß es in der Pädagogik überhaupt nur darum geht, Probleme zu identifizieren – bei Kindern, zwischen Kindern oder zwischen Kindern und mir – und an diesen Problemen zu arbeiten.

Jene von Beziehungen absehende und die Unvermeidbarkeit von Problemen leugnende Didaktik schafft ein Klima, welches m. E. auch entscheidend dafür verantwortlich ist, daß auf der einen Seite so viel Leid unter den Pädagogen herrscht – nicht nur bei Ihnen, bei den Kindergärtnerinnen, sondern auch ganz besonders bei den Lehrern – und daß auf der anderen Seite die möglichen Angebote an Unterstützung, Beratung und Supervision oft so wenig wahrgenommen werden. Weil nämlich dann Beratung und Supervision als Hilfsangebote für scheiternde und ungenügende Pädagogen erscheinen. Und dem möchte sich natürlich niemand gerne aussetzen. Wird aber die Arbeit am Problem, wird die Unmöglichkeit des glatten Funktionierens von didaktischen Prozessen als Regelfall aufgefaßt, wird es zur Selbstverständlichkeit, daß in jedem Prozeß, und sei er noch so kognitiv orientiert, emotionale Momente eine Rolle spielen und es immer zu emotionalen Verstrickungen zwischen Kindergärtnerin (zwischen Lehrer) und Kind kommt, dann gehört das Entstricken dieser Verstrickungen, dann gehört die Beratung und dann gehört die Supervision zum selbstverständlichen Brot jedes Pädagogen, weil das der Ort der pädagogischen Reflexion und Selbstreflexion ist. Und ohne pädagogische Reflexion und Selbstreflexion kann es auch keine wissenschaftlich geleitete Pädagogik geben. Denn in der Praxis, in der Gruppe, hat man dazu nicht die Zeit, weder zum Reflektieren noch zum Selbstreflektieren.

6. Maßnahmen

Ich könnte noch viel sagen, aber ich muß auf die Zeit schauen, die ich einhalten will. Ich möchte ja auch nur Anregungen geben und zum Schluß kommen, den ich mit *Maßnahmen* übertitelt habe. Bei dieser Gelegenheit möchte ich auch ein bißchen von den Gründen, die meiner Ansicht nach zu dieser Entwicklung geführt haben, erzählen. (Freilich ist dieser Katalog sicher nicht vollständig.)

1. Es müßte zu einer Öffnung der pädagogischen Akademien kommen. Sie sind eine ganz spezielle österreichische Einrichtung. In den meisten anderen Ländern ist die Ausbildung von Pädagogen und Sozialpädagogen an Hochschulen situiert (es gibt dafür auch das Modell der Fachhochschulen). Die pädagogische Akademie oder die speziellen Kindergarten-Akademien haben natürlich einen Vorteil: sie haben eine große Praxisnähe. Die Gefahr besteht aber darin, daß diese Praxisnähe die Theorie nicht befruchtet, sondern dazu führt, daß sie sich im Kreis dreht.

Ich bin ein vorsichtiger Anhänger der Fachhochschule, würde es aber mehr begrüßen, wenn die Ausbildung von Pädagogen und Sozialpädagogen an den Universitäten stattfände. Allerdings müßte sich dann auch dort etwas ändern: Die universitäre Pädagogik hätte sich dann stärker als bisher auch für die ganz konkreten, praktischen Aufgaben der pädagogischen Wirklichkeit als zuständig zu verstehen und sich um entsprechende Kompetenz zu bemühen. Ich glaube, daß hier der Praxis sehr viel Impulse vom heute verfügbaren theoretischen Wissen zufließen könnte, und auf der anderen Seite die wissenschaftlichen Pädagogen in höherem Maße veranlaßt würden, sich Gedanken zu machen, was es denn nun bedeutet, dieses Wissen in einer ganz konkreten pädagogischen Situation anzuwenden. Ich erhoffe mir also nicht nur eine Veränderung der Pädagogenausbildung, sondern auch eine Veränderung der universitären Pädagogik.

2. Was viel klarer werden müßte, ist die Tatsache, daß gerade die Kindergartenpädagogik im wesentlichen *Pflege und Arbeit an Beziehungen* bedeutet, und deshalb hat mir eigentlich der Begriff der *Kindergärtnerin* immer sehr gut gefallen. (Ich bin nicht so recht glücklich darüber, daß man heute so nachdrücklich darauf besteht, von »Erzieherinnen« zu reden und meint, auf diese Weise ein höheres Berufsprestige zu erringen. *Kindergärtnerin* ist ein sehr metaphorischer, bildhafter Ausdruck. Ich glaube, er kommt auch dem Bildungsgedanken und dem emotionellen Inhalt des Bildungsgedankens in Wirklichkeit sehr nahe. Auch »Kindertagesheim« empfinde ich als keinen besonders warmen und vertrauenserweckenden Begriff. Mir gefällt Kindergarten um vieles besser!)

3. In diesem Zusammenhang möchte ich das, was ich schon einmal gesagt habe, wiederholen: Probleme sind keine Störfaktoren sondern sind das Brot der Pädagogen. Natürlich läuft mit dem allgemeinen Bildungsauftrag auch die kognitive Förderung und Entwicklung einher, aber sie ist etwas was mitläuft und miteinherläuft, jedoch nicht primäre Aufgabe des Kindergartens.

4. Der Sozialbereich: Ich weiß, daß dem Kindergarten eine große Bedeutung im Hinblick auf das Sozialverhalten der Kinder zukommt. Ich denke, es gibt hier jedoch zwei verschiedene Betrachtungsmöglichkeiten: Betrachte ich den Kindergarten als einen Ort, wo soziales *Verhalten trainiert* werden soll oder halte ich den Kindergarten für einen Ort, wo die *emotionalen Vorraussetzungen für soziale Haltungen* erworben werden sollen. Ich sage Ihnen ein Beispiel, an welchem Sie den Unterschied erkennen können: die Pflege und der

Umgang mit der menschlichen Aggression. Menschliche Aggression hat in einem Konzept, in dem es um Anpassung an soziale Regeln geht, wenig verloren und erscheint hauptsächlich als etwas, das unterdrückt oder »abgewöhnt« werden muß bzw. – wenn das nicht gelingt – als Störung. In einem Konzept hingegen, in welchem es um die Vorrausetzungen sozialer Haltungen geht, wird wohl die »Bildung« der Aggression, d.h. die stufenweise Entwicklung der Fähigkeit des Kindes, mit seinen Affekten umzugehen, ein Hauptanliegen sein, wozu unter anderem gehört, daß Gefühle wie Wut, Zorn, Ärger, Enttäuschung, Trotz vom Pädagogen respektiert werden (unabhängig davon, daß er bestimmten aggressiven *Handlungen* Grenzen setzen muß).[39]

Über Ausbildung, Fortbildung und Supervisionsmöglichkeiten habe ich schon mehrmals gesprochen. Gerade im Hinblick auf den Aufbau sozialer Haltungen wäre hier einiges nachzuholen.

5. Ich komme zum letzten Punkt, von dem ich mir viel versprechen würde, ließe er sich umsetzen. Ich glaube, es müßte auf der obersten Führungsebene zu einer Entkoppelung von pädagogischer Verwaltung und wissenschaftlich-pädagogischer Leitung, Führung oder Betreuung kommen. Wenn Sie mich hier heute zum Leiter der zuständigen Magistratsabteilung für Kindergärten machen würden, ich könnte so nicht reden. Das wäre eine Art Selbstmord. Weil ja diese Verwaltungseinheit verantwortlich für die Qualität der geleisteten Arbeit ist, wenngleich sie selbst natürlich wieder abhängig ist von gesellschaftlich-politischen Gegebenheiten. Wenn eine Gesellschaft, in der das Wohl der Kinder leider einen Grundwiderspruch bildet zu den leitenden gesellschaftlichen Interessen (ich sage nicht, daß das Wohl der Kinder nicht repräsentiert wäre in dieser Gesellschaft, aber zu den *leitenden* gesellschaftlichen Interessen, was natürlich an den jeweils zur Verfügung stehenden ökonomischen Ressourcen ablesbar ist, gehört das Wohl der Kinder bestimmt nicht), wenn also eine Gesellschaft, in der ein solcher Grundwiderspruch entsteht, dennoch demokratisch sein soll, dann muß es für diese Konflikte einen Ort und einen Raum der Auseinandersetzung geben. Es muß einen Ort geben, wo man beispielsweise sagen kann: »Im Grunde genommen ist Pädagogik mit Drei-, Vier-, Fünfjährigen in einer Gruppe mit 20 oder 25 Kindern kaum oder nur in ganz wenigen Augenblicken oder nur in ganz kleinen Bereichen möglich!« Wir müßten ehrlich sagen, daß ein Großteil unserer ganzen Aufmerksamkeit, unserer Arbeit, unserer Energie, unseres Schweißes darauf verwendet wird, Verhältnisse zu schaffen, in denen man mit 25 Kindern über-

39 Zum Thema »pädagogischer Umgang mit Aggression« vgl. auch Kap. 7 in diesem Band.

haupt irgendetwas tun kann. Von Pädagogik ist da noch gar keine Rede. Und man muss auch von den Kindern viel verlangen, was mit Pädagogik nichts zu tun hat. Ich glaube, es ist ganz wichtig, daß man dann das, was man institutionellen Verhältnissen oder Mißverhältnissen schuldet, nicht mit Pädagogik verwechselt.

Ein Beispiel: Es ist selbstverständlich unumgänglich, daß vierjährige Kinder, wenn die Gruppe vom Kindergarten zum Spielplatz geht, an der Hand in Zweierreihen gehen. Ich kann nicht anders, und ich muß das vom Kind fordern, weil sonst die Gefahr besteht, daß irgendwas passiert. Aber pädagogisch, d.h., daß das dem Kind irgendwas nützt für seine Persönlichkeitsentwicklung, daß es davon irgendwas hat, das der Charakterbildung dient, davon kann keine Rede sein. Das sind Ordnungsmaßnahmen, also eher (verkehrs)polizeiliche als pädagogische Maßnahmen. Und da komme ich an einen Punkt, der mich so bedenklich stimmt.

Wenn man institutionell verschuldeten Anpassungsdruck mit Pädagogik verwechselt, dann führt das – wie zur Zeit durchaus üblich – dazu, daß die Normen, die der derzeitige Kindergartenbetrieb von den Kindern an Unterordnung und Anpassung verlangt, verwechselt werden mit entwicklungspsychologischen Normen, so daß Kinder, die diese Normen nicht einhalten können, unter der Hand plötzlich als entwicklungspsychologisch bedenkliche Kinder betrachtet werden. Das aber sind ganz gefährliche Ideologisierungen.

Daher finde ich es so wichtig, daß eine pädagogische Leitung von Kindergärten von ihren Anstellungsverhältnissen oder ihren Bindungen her so frei ist, daß sie schimpfen und anklagen und darauf hinweisen kann, was von den öffentlich versprochenen und von den Bildungspolitikern vorgegebenen hohen pädagogischen Ansprüchen und Zielen einfach nicht realisiert werden kann, weil die institutionellen Verhältnisse es nicht zulassen. Fällt hingegen pädagogische Leistung und politisch-administrative Verantwortung in Personalunion zusammen, ist solch offene Kritik nicht möglich. Denn das würde letztlich heißen, sich selbst anzuklagen. Ich möchte nicht verhehlen, daß ich daher die zur Zeit politisch und pädagogisch Verantwortlichen, wo immer sie sitzen, um nichts beneide, weil sie selber in diesen Konflikten aufgerieben werden.

Die Kinderfreunde haben es da auch nicht so leicht, weil sie eine parteipolitische Tradition und Bindung haben. Auf der anderen Seite sind sie ein selbständiger Verein. Es ist auch einiges geschehen, um hier einen kritischen Weg einzuschlagen. Aber natürlich gibt es diese Mißverhältnisse auch innerhalb der Kinderfreunde – um nur die Gruppengröße zu erwähnen. Man kann einen pädagogisch wirklich funktionalen Kindergarten nicht mit den Beiträgen betreiben, die man heute von Eltern einfordert. Höhere kann man aber auch nicht einfordern, weil diese sich das nicht leisten können. Also wäre die Gesellschaft aufgerufen hier noch viel mehr auszugleichen als sie das bis jetzt tut.

Daß auch die Kinderfreunde-Kindergärten nicht über ihren Schatten springen können, auch nicht über ihren ökonomischen, ist klar. Aber ich möchte sie aufrufen, diesen Schatten zu sehen und zu benennen und nicht zu verleugnen. Denn ebenso klar muß sein, daß die Pädagogen und Pädagoginnen zur Zeit genötigt sind, ununterbrochen pädagogischen Hochseilakte (ohne Netz) zu unternehmen. Das Problem ist, daß in dem Maße, in dem die Pädagogen überlastet sind, die Kinder überfordert werden, die »gesellschaftlichen Schatten« also letztlich auf Kosten der Kinder gehen.

11.

Mythos »Verhaltensstörung«: Wer stört wen?

Denkanstöße für einen anderen Umgang mit pädagogischen Problemen in Kindergarten und Schule (1999)

Textnachweis:
Erstveröffentlichung:
Figdor, H.: Mythos »Verhaltensstörung«: Wer stört wen? In: Wiener Psychoanalytische Vereinigung (Hg.): Psychoanalyse für Pädagogen. Wien (Picus) 2001

Editorische Vorbemerkung:
Am 13. November 1999 veranstaltete die Wiener Psychoanalytische Vereinigung anlässlich des 50. Todestages von August Aichhorn, einem der Väter der Psychoanalytischen Pädagogik, im Kleinen Festsaal der Universität Wien den ersten »Psychoanalytischen Samstag für Pädagogen«, der in den folgenden Jahren zur steten Einrichtung wurde. Der folgende Text ist die schriftliche Fassung des Vortrages, den H. Figdor zu diesem Anlaß hielt.

Vorbemerkung

Thomas Aichhorn (2001) formuliert es in seinem Beitrag prägnant: Die Beziehung zwischen Psychoanalyse und Pädagogik ist schwierig. Davon zeugt nicht nur das Schicksal der klassischen psychoanalytischen Pädagogik der zwanziger und dreißiger Jahre,[40] sondern auch die seit den späten achtziger Jahren von pädagogisch engagierten Psychoanalytikern und psychoanalytisch interessierten Pädagogen wieder aufgenommene theoretische und wissenschaftstheoretische Diskussion über Relation und Abgrenzung von Psychoanalyse und Pädagogik.[41] Begegnungen zwischen Pädagogen und Psychoanalytikern beinhalten stets die Gefahr gegenseitiger Frustration. Denn zumeist erwarten sich die Pädagogen von der Psychoanalyse nicht nur interessante theoretische Anregung, vielmehr erhoffen sie sich irgendeine Art von Hilfe bei der Bewältigung von konkreten Problemen der pädagogischen Praxis, eine Hoffnung, die wir dann oft enttäuschen müssen.

Auf den wichtigsten Grund hat Thomas Aichhorn schon hingewiesen: Jedes Erziehungsgeschehen ist mit den inneren psychischen Konflikten der Beteiligten verknüpft, damit aber auch mit den Ängsten und den Verdrängungen beziehungsweise der Abwehr seitens der Pädagogen. Jede pädagogische Begegnung stellt somit eine latente Gefahr für die Abwehr, also das psychische Gleichgewicht des Pädagogen dar, so daß viele pädagogische Haltungen und Handlungen (unbewußt) mehr auf die Bannung dieser Gefahr zielen, als daß sie den bewußten Intentionen der Pädagogen dienen würden. Um auf schwierige Kinder oder pädagogische Situationen sachgerecht und den bewußten Zielen adäquat reagieren zu können, müßte der Pädagoge seine verdrängten infantilen Konflikte aufarbeiten, um die ihm anvertrauten Kinder von den Verzerrungen seiner Projektionen und Übertragungen zu befreien.

Das aber, muß der Analytiker nun mit bedauerndem Schulterzucken hinzufügen, bedeutet, daß sich der Pädagoge einer Analyse unterziehen müßte. Der wenig überraschende Umstand, daß das Unbewußte nicht nur in der Entwicklung der Kinder eine zentrale Rolle spielt, sondern sich auch bei den

40 Natürlich war das Ende der psychoanalytisch-pädagogischen Tradition 1938 in erster Linie das Resultat der Vertreibung der mitteleuropäischen Psychoanalyse durch den Nationalsozialismus, aber eben nicht nur: Über die theoretischen Widersprüche der klassischen psychoanalytischen Pädagogik vgl. u.a. Balint 1939, Anna Freud 1954, Pazzini 1989, Figdor 1995.

41 Vgl. v. a. den von Bittner und Ertle (1985) herausgegebenen Band Pädagogik und Psychoanalyse, die Grundsatzdiskussion in dem von Trescher und Büttner herausgegebenen Jahrbuch für Psychoanalytische Pädagogik (1 / 1989, 2/1990), ferner Datler 1993, 1995, Figdor 1993, Randolph 1990, Trescher 1985, 1993, Winterhager/Schmid 1992.

Eltern, Erziehern und Lehrern findet, war einer der Hauptgründe für das resignierte Scheitern der frühen psychoanalytischen Pädagogik.

Vor dem Hindergrund dieser Sichtweise fand sich der Beitrag der Psychoanalyse auf die Forderung einer *Psychoanalyse der Pädagogen* reduziert und blieb mithin auch einer nur sehr kleinen Zahl besonders engagierter und sozialökonomisch privilegierter Pädagogen vorbehalten.

Auf institutioneller Ebene spiegelt sich dieser »pädagogische Rückzug« der Psychoanalyse in einem strikt arbeitsteiligen Nebeneinander von (psychoanalyseloser) Pädagogik in Familie, Kindergarten und Schule auf der einen und Einrichtungen der »Erziehungshilfe« – zumeist analytisch orientierte kinderpsychotherapeutische (in jüngerer Zeit zunehmend systemisch-familien-therapeutische) Institutionen – auf der anderen Seite. Die Frage ist, ob es sich dabei wirklich nur um die nüchtern gezogene Konsequenz aus den genannten unabweisbaren Einsichten über die Bedeutung unbewußter Prozesse handelt, oder ob diese strikte Arbeitsteilung nicht auch die Funktion einer »institutionellen Abwehr« erfüllt: ermöglicht sie den Analytikern doch, den Rahmen des vertrauten therapeutischen Settings nicht verlassen zu müssen, und der Pädagogik, von den potentiell beunruhigenden Erkenntnissen der Psychoanalyse ab zusehen und bleiben zu können, wie sie ist.

In Anlehnung an Michael Balint, der es unternahm, mit Hilfe einer modifizierten Technik Gruppen praktischer Ärzte die Psychoanalyse nicht für therapeutische, sondern berufsbezogene Selbsterfahrung zur Verfügung zu stellen, vermochte die Psychoanalyse, in Form analytischer Supervision, ein Stück pädagogischer Kompetenz zurückzugewinnen. Die praktische Relevanz dieser Wiederannäherung von Psychoanalyse und Pädagogik wurde von Margot Matschiner-Zollner (2001) eindrucksvoll dargelegt. Nicht minder hoch zu bewerten ist die theoretische Bedeutung dieses Aufeinander-Einlassens, weist es doch nachdrücklich auf die vielfältigen Möglichkeiten der Psychoanalyse hin, (als »angewandte Psychoanalyse«) auch außerhalb des angestammten Settings praktisch und forschend tätig zu werden.[42]

In meinem Beitrag möchte ich anhand des Themas »Verhaltensstörung« zeigen, daß Psychoanalyse für Pädagogik aber noch mehr leisten kann. Dabei

42 »Nur an einem Thema kann ich nicht so leicht vorbeigehen, nicht weil ich besonders viel davon verstehe oder selbst soviel dazugetan habe. Ganz im Gegenteil, ich habe mich kaum je damit beschäftigt. Aber es ist so überaus wichtig, so reich an Hoffnungen für die Zukunft, vielleicht das Wichtigste von allem, was die Analyse betreibt. Ich meine die Anwendung der Psychoanalyse auf die Pädagogik, die Erziehung der nächsten Generation«. (S. Freud 1933a, 157).

geht es um zwei Fragen, die in gewisser Weise zu den Anfangsintentionen der psychoanalytischen Pädagogik zurückführen: Kann Psychoanalyse zur Selbstaufklärung der Pädagogen tatsächlich ausschließlich mit den ihr eigenen Methoden – also Couch-Analyse oder fokussierte analytische Selbsterfahrung, etwa durch Balint-Gruppen – beitragen, oder können praktisch relevante Haltungen vielleicht doch auch über bestimmte *theoretische Einsichten* verändert werden (wenn auch nicht über die Einsichten, von denen sich seinerzeit die psychoanalytisch-pädagogischen Pioniere in erster Linie eine solche Aufklärung erwarteten, nämlich jene in die Triebentwicklung der Kinder)? Mit dieser Frage hängt die zweite zusammen, ob die Psychoanalyse sich nicht vielleicht doch auch in *praxisrelevante pädagogische Theoriebildung* einzumischen vermag, obwohl ihre theoretischen Erkenntnisse sich gegen jede Art einer technologieähnlichen Anwendung – im Sinne von: »Was soll ich tun, damit ...« – prinzipiell sperren?

1. Was ist eine »Verhaltensstörung«

Aus einer Supervisionsgruppe mit Lehrern: Sabine[43] ist ein überaus intelligentes zwölfjähriges Mädchen, das gut mitarbeitet und nur gute oder sehr gute Schularbeiten schreibt. Was die berichtende Lehrerin jedoch stört, ist Sabines »Schlamperei« und »arrogante Art«: Sie vergißt des öfteren ihre Bücher, macht Hausübungen schlampig, manchmal gar nicht, gibt auf Zurechtweisungen »schnippische« Antworten, wie zum Beispiel: »Das brauche ich nicht zu üben, ich kann es ohnedies!«

Es drängt sich hier die Frage auf, wo denn eigentlich das Problem liege? Die Lernziele werden vom Kind spielend erreicht, auch stört sie den Unterricht nicht. Die Lehrerin jedoch spricht von Sabine so, als könne man sich gar kein ärgeres Kind vorstellen. Bestürzt stellte sie fest, daß einige Kollegen nicht nur das Problem nicht sehen, sondern Sabine geradezu sympathisch finden und gern mehr Kinder wie sie in der Klasse hätten. »Aber man muß dem Kind seine Oberflächlichkeit und Arroganz doch austreiben«, ruft sie. Betroffen stellt sie fest, daß sie aber keinen plausiblen Grund für diesen Gedanken angeben kann. Außerdem melden zwei Gruppenteilnehmer Bedenken gegen die Bezeichnungen »Oberflächlichkeit« und »Arroganz« an: Sind nicht Sabines gute Leistungen geradezu ein Gegenbeweis?

43 Vgl. auch Kap.1, S. 21.

Die Unterschiedlichkeit der Einschätzung von Kindern durch verschiedene Pädagogen kann mitunter extreme Formen annehmen: In der Lehrerkonferenz einer steirischen Hauptschule wird über die Suspendierung eines Buben vom Unterricht beraten, welche von zwei Lehrerinnen gefordert wird, nachdem man sich lang genug bemüht habe, Stefan in die Klasse einzugliedern – bei »diesem Kerl ist jedoch Hopfen und Malz verloren«. Er komme Aufforderungen bestenfalls beim dritten Male nach, bringe die Hausübungen nicht regelmäßig und störe den Unterricht auf unerträgliche Weise. »Das Faß zum Überlaufen« habe der vorherige Tag gebracht, als er während der Stunde – durch das (ebenerdige) Fenster – vor einem draußen vorbeigehenden Bundesheersoldaten salutierte.

Dagegen sahen die anderen Klassenlehrer keinen Grund für eine Suspendierung. Und zwar nicht nur, weil sie die Chance für eine Besserung Stefans optimistischer einschätzten. Einige Lehrerinnen und Lehrer fanden Stefan ausgesprochen sympathisch, lobten ihn als kreativ und humorvoll und fanden, »das mit den fehlenden Hausübungen sollte man nicht so tragisch nehmen, solange die Leistungen einigermaßen stimmen«.

In diesen beiden Beispielen scheint die Bezeichnung »Verhaltensstörung« diagnostisch mehr über die jeweilige(n) Lehrerpersönlichkeit(en) als über die Persönlichkeit des Schülers auszusagen: welche Erwartungen sie an die Kinder beziehungsweise ihr Verhalten herantragen, wodurch sie sich persönlich gestört und verletzt fühlen, weshalb und in welchem Ausmaß ihnen bestimmte Kinder als Bedrohung der eigenen Autorität oder der Klassendisziplin erscheinen und anderes mehr.

Unterschiedliche Einschätzungen von Kindern durch Pädagogen können ihren Grund freilich auch darin haben, daß sich die Kinder tatsächlich ganz unterschiedlich benehmen, je nachdem mit wem sie es zu tun haben. In diesen Fällen ist die Beschreibung eines Kindes als »verhaltensgestört« in erster Linie Ausdruck einer Beziehungsstörung. In der Praxis spielen natürlich beide Aspekte – die Gegenübertragung des Pädagogen[44] und die je besondere Beziehung – oft zusammen: Der Pädagoge fühlt sich durch das Kind provoziert oder gefährdet, reagiert in einer das Kind frustrierenden oder ängstigenden Weise, was nun wieder das Kind provoziert und so weiter.

Allerdings kennen wir auch Kinder, die überall und bei allen anecken. Also gibt es sie vielleicht doch, die (quasi objektiv) verhaltensgestörten Kinder?

44 Mit Gegenübertragung ist im vorliegenden Zusammenhang die Gesamtheit der beim Pädagogen in der Begegnung mit Kindern ausgelösten bewußten und unbewußten seelischen Regungen gemeint.

In seiner bekannten Schrift »Zur Psychoanalyse der Schule als Institution« aus dem Jahr 1979 stellte Peter Fürstenau die Frage, welche Eigenschaften von Schülern von schulischer Seite im allgemeinen besonders gern gesehen werden. Nach Fürstenau seien dies: Pflichtbewußtsein, Ordentlichkeit, Genauigkeit, Sauberkeit, Pünktlichkeit, Leistungsehrgeiz, Konkurrenzverhalten, Bereitschaft zur Anpassung an Normen und Forderungen der Autorität und die Fähigkeit, Gefühle und spontane Eingebungen unter Kontrolle zu halten. Dagegen läuft lustorientiertes Verhalten, Spontaneität, Kreativität, Solidarität (mit Mitschülern), Emotionalität, Kritik und Opposition beständig Gefahr, als bloßer Störfaktor qualifiziert zu werden. Würde man, nach Fürstenau, diese, in der Institution Schule besonders beliebten Eigenschaften als Profil einer bestimmten Person formulieren, käme jeder Kliniker zur Diagnose »Zwangscharakter«.

Das soll nun weder heißen, daß die Schule zwangsneurotische Kinder produziere oder ausschließlich zwangsneurotische Kinder in der Schule gut bestehen könnten. Wir werden aber darauf hingewiesen, daß die Schule ein tendenziell repressives System darstellt, in welchem zwänglichen Kindern die Anpassung und somit eine weitgehend konfliktfreie Schulkarriere deutlich erleichtert ist. Und das wiederum heißt nicht mehr und nicht weniger, als daß schulisches Wohlverhalten keineswegs als Indiz für psychische Gesundheit taugt, mithin aber auch »störendes Verhalten« nicht als hinreichendes Indiz für eine im weitesten Sinne pathologische Entwicklung.[45]

Ob ein Kind stört oder nicht, zeigt zunächst nichts anderes als das Ausmaß seiner Anpassung an bestimmte Normen – seien es die der Schule oder eines einzelnen Lehrers. Nichts sagt es hingegen über die (psychischen) Gründe für ein bestimmtes Verhalten aus. Wohlverhalten kann auf einer (gesunden) Flexibilität und Anpassungsfähigkeit beruhen, aber auch Resultat pathologischer Unterwerfung sein. Ebenso kann störendes Verhalten sowohl Ausdruck von Lebendigkeit oder gesundem Aufbegehren sein als auch das Resultat psychischer Krisen oder struktureller Defizite der Ich-Entwicklung.[46]

Auf der Suche nach Auswegen aus der (wie ich den Eindruck habe) immer größer werdenden pädagogischen Unzufriedenheit – womit ich sowohl diejenige der Pädagogen als auch die der Kinder mit dem schulischen Alltag meine –, konzentrieren sich viele pädagogische Praktiker und Theoretiker auf die For-

45 Zum Begriff psychische Gesundheit/Krankheit bzw. seine Umlegung als normativer Rahmen psychoanalytisch-pädagogischen Bemühens vgl. u.a. Datler 1983, 1993, Figdor 1995, 2005b, Freud, A. 1965, Loch 1985, Randolph 1990.

46 Vgl. dazu auch Datler 1987a.

derung nach Beseitigung institutioneller Mißstände (die freilich weniger pädagogischer als gesellschaftlich-politischer Natur sind). In erster Linie geht es dabei natürlich um die pädagogisch unerträgliche Relation von Lehrer-, Erzieher- und Schülerzahlen, aber auch um das Defizit an Männern in den pädagogischen Berufen[47] oder die Nichtanrechnung von regelmäßiger psychoanalytischer Supervision als Teil der (bezahlten) Berufsausübung. Insofern alle diese Mißstände die Chance verringern, daß sich Pädagogen auf die Individualität ihrer Kinder einlassen und an der Beziehung respektive an Beziehungsproblernen reflektiert arbeiten können, und somit die Wahrscheinlichkeit von Störungen erhöhen, erfüllt das Konstrukt »Verhaltensstörung« auch die Funktion, gesellschaftliche und politische Defizite zu verschleiern.

Ich habe das Konzept »Verhaltensstörung« im Titel dieser Arbeit als Mythos bezeichnet. Psychoanalytisch gesehen sind Mythen natürlich mehr als bloß Überlieferungen, die empirischer Evidenz entbehren. Den Mythen kommen auf gesellschaftlicher wie auf individueller Ebene wichtige Funktionen zu. Und eine ihrer wichtigsten Funktionen ist ihre identitätsstiftende Eigenschaft. Betrachtet man die Verhaltensstörung in diesem Sinne als pädagogischen Mythos, läßt sich die solcherart gestiftete Identität in dem schlichten Satz zusammenfassen: »Wir können nichts dafür!« oder auch: »Uns kann man nichts vorwerfen!« Das »Wir« ist einmal der einzelne Lehrer, dann die Schule als Institution oder die Gesellschaft beziehungsweise die Träger gesellschaftlicher Macht. In allen Fällen gerät die Beteiligung von Lehrern, Institution oder Gesellschaft an Schwierigkeiten des pädagogischen Alltags durch das Konzept »Verhaltensstörung« aus dem Blick, und alle Verantwortung wird auf die Kinder und deren Familien abgewälzt.

2. Anmerkungen zur »neuen« Pädagogik

Nun ließe sich freilich einwenden, daß sich die Schule in den letzten Jahren doch sehr weiterentwickelt hätte und einige der angestellten kritischen Betrachtungen so nicht mehr ganz zuträfen. Insbesondere hätten sich der re-

47 In Ermangelung erwachsener männlicher Bezugspersonen in Kindergarten und Schule – zunehmend auch in der Familie – sind Buben darauf angewiesen, einen Gutteil männlicher Identität über Abgrenzung und Opposition zu den dominierenden Frauen zu erwerben, weil Männer, mit denen sich der Bub positiv identifizieren könnte, kaum zur Verfügung stehen. Es ist das einer der wichtigsten Gründe, warum es weit mehr »verhaltensgestörte« Buben als Mädchen gibt.

pressive Charakter der Schule und die ihm eingeschriebenen pädagogischen Vorstellungen doch bedeutsam gewandelt: Sanktionen sind weitgehend abgeschafft; der Disziplin und exklusive Zuwendung zur Autorität Lehrer voraussetzende Frontalunterricht wurde zunehmend durch Selbsttätigkeit und Gruppenarbeit ergänzt; didaktische Formen wie das »offene Lernen« ermöglichen den Kindern ein gewisses Maß an Abstimmung zwischen Lernstoff und individuellen Interessen, Bedürfnissen und Fähigkeiten; Aufstiegsklauseln schaffen Freiräume für Phasen, in denen Kinder intellektuell oder emotional überfordert sein mögen; und (fallweise) schriftliche Beurteilungen intendieren, die Leistungsbeurteilung zu individualisieren und ein Feedback an die Stelle einer Sanktion, wie sie eine Note darstellen würde, zu setzen; dazu kommt noch die Brechung der »absoluten« Lehrermacht durch Mitbestimmungsmöglichkeiten von Schülern und Eltern. Gehört Fürstenaus »zwangsneurotische Schule« also nicht der Vergangenheit an? Und heißt das nicht, daß es heute einem psychisch normal entwickelten, gesunden Kind möglich sein müßte, in dieser Schule zu funktionieren?

Abgesehen davon, daß auch ein »gesundes« Kind in emotionale Krisen geraten kann, in welchen sich das Ich durch die Anforderungen jeder Schule überfordert findet – seien sie erlebnisreaktiver Natur (zum Beispiel durch familiäre Krisen) oder entwicklungsbedingt (zum Beispiel durch die Irritationen der Pubertät) –, kann ich der Behauptung, die Schule hätte sich radikal verändert, nur bedingt zustimmen. Meine Gegenthese lautet: Die Schule mag sich in ihren *Methoden* merkbar gewandelt haben, weit weniger jedoch in ihren *normativen Anforderungen* an die Schüler. (Und ähnliches gilt für den Kindergarten.)

Damit meine ich: Heutige Kinder sollen in den Augen ihrer Lehrer (Erzieher) *nach wie vor* ordentlich, pünktlich, emotional kontrolliert etc. sein, wie vor 20 Jahren, nur will die Schule diese Anpassung auf andere Art erreichen, nämlich nicht durch Repression, sondern durch Freundlichkeit, Erklärungen und die Vergrößerung von Freiheitsspielräumen. Dieser »neuen« Pädagogik, die übrigens auch in die heutige familiäre Erziehung Einzug gehalten hat, liegt unausgesprochen ein radikaler pädagogisch-anthropologischer Paradigmenwechsel zugrunde. Hieß es früher, Kinder müßten durch Repression zur Anpassung gezwungen werden, begegnen wir heute zunehmend der Vorstellung: »Wenn ich nur lieb und nett zum Kind bin und ihm möglichst viele Bedürfnisse befriedige, wird es von selbst tun, was ich will, daß es tut …« Also Rousseau anstelle von Luther. Während in der Wertordnung der »alten«, mitunter auch als »schwarz« bezeichneten Pädagogik für Individualität, Kritik etc. so gut wie gar kein Platz war, scheint mir in der gegenwärtigen Pädagogik der Umstand verleugnet zu werden, daß sich zwischen den Ansprüchen, die

Eltern, Erzieher oder Lehrer an die Kinder richten müssen, wollen sie ihrer pädagogischen Aufgabe und Verantwortung nachkommen, und den je aktuellen Bedürfnissen der Kinder (immer wieder) grundsätzliche Widersprüche auftun, daß Erziehung und Unterricht ohne Interessenskonflikte undenkbar sind, ihnen daher ein gewisses Maß an Repression unvermeidbar eigen ist. Was dazu führt, daß Eltern wie Pädagogen nicht umhin kommen, von ihren Kindern immer wieder als frustrierend und böse wahrgenommen zu werden.

Wird der Konfliktcharakter von Erziehung und Unterricht jedoch geleugnet, besteht die Gefahr, daß repressive Strukturen zwar beseitigt, an ihre Stelle jedoch keine anderen, hilfreichen Strukturen gesetzt werden. Diese tendenzielle Destrukturierung des pädagogischen Feldes hat zur Folge, daß die Wahrscheinlichkeit von (Interessens-) Konflikten zunimmt; diese dann als persönliches Versagen erlebt werden – sei es des Erwachsenen oder des Kindes; die Berufsunzufriedenheit der Pädagogen zunimmt oder auch die Freude der Eltern am Zusammensein mit ihren Kindern verloren geht; die Kinder ihrerseits die kränkende und ängstigende Erfahrung machen, die geliebten Erwachsenen beständig zu enttäuschen, was entweder – wie die alte, explizite Repression – zu Anpassung nötigt oder aber in einer Art Protestidentität abgewehrt wird (was ganz besonders auf die Buben zutrifft); wodurch, um den Preis scheinbarer Freiheit, immer mehr Kindern das lebendige Gefühl, willkommen und geliebt zu sein, verloren geht.[48]

3. Innere pädagogische Haltungen sind (auch) theorieabhängig

Wie kann aus diesem Dilemma ein Ausweg gefunden werden? Sollen wir zurück ins pädagogische »Mittelalter«? Oder die Kinder lieben und sie weitgehend tun lassen, was sie wollen (was allerdings kaum funktioniert, weil wir sie dann gar nicht mehr lieben können – das große Problem vieler Lehrer, übrigens gerade auch an Alternativschulen, die ja als Vorreiter jener konfliktverleugnenden Pädagogik angesehen werden können)? Und sind den Pädagogen angesichts der Schülerzahlen und ungünstiger Supervisionsbedingungen nicht weitgehend die Hände gebunden?

48 Diese Überlegungen spielen auch im Wiener Konzept der psychoanalytisch-pädagogischen Erziehungsberatung eine zentrale Rolle. So trägt die jüngste Publikation (Datler/Figdor/Gstach 1999) den Titel: Die Wiedergewinnung der Freude am Kind.

Ich habe bisher immer nur von »Verhaltensstörung« geredet, dabei jedoch vernachlässigt, daß dieser Begriff nur einen Aspekt eines bestimmten pädagogischen Denkens darstellt, eines Denkens, das, vor allem durch das Primat des *didaktischen Kalküls* gekennzeichnet ist. Es handelt sich dabei um einen technologischen Ansatz, der vorgibt, bestimmte definierte Ziele seien jedenfalls mit den geeigneten Methoden realisierbar. Diese statistisch und behavioristisch ausgerichtete Pädagogik ist weitgehend psychologielos (sofern man als Gegenstand von Psychologie individuelles Erleben, Befinden und die subjektive Bedeutung von Erfahrungen bestimmt). Freilich ist eine solche Handlungstheorie äußerst attraktiv, weil sie die Möglichkeit der Machbarkeit behauptet. In der Praxis hingegen ist sie allzu oft irrelevant bis gefährlich, weil sie zentralen Fragen zu wenig Gewicht bemißt:[49]

1. Warum tut ein Kind, was es tut?

2. Warum es eigentlich tun sollte/könnte, was ich gerne hätte, daß es tut?

3. Im Rahmen welcher Beziehungskonstellation spielen sich die pädagogischen Interventionen ab? (Denn es ist die Beziehung, welche den Interventionen – »Methoden« – erst ihre Bedeutung verleiht.)

4. Welche psychischen Prozesse – auf seiten des Kindes wie des Pädagogen – werden jenseits der beobachtbaren Erreichung/Nichterreichung des angestrebten Zieles durch die ergriffenen Methoden ausgelöst?

Die Vernachlässigung dieser Fragen hat fatale Folgen: Werden nämlich die gesteckten Ziele nicht oder nicht im gewünschten Ausmaß erreicht, kann es kaum ausbleiben, daß der Pädagoge – zumindest so lange er noch an die Theorie glaubt – sich die Differenz zwischen Ziel und Ergebnis als persönliches Versagen anlastet. So gesehen erhält das Konzept »Verhaltensstörung« eine weitere Dimension, dient es doch der Abwehr von Versagens- und Schuldgefühlen.

Dadurch wird aber nun das Kind beziehungsweise seine Familie nicht nur zum Objekt der Projektionen des Pädagogen, also zum Verantwortlichen für die aufgetretenen Schwierigkeiten, es wird darüber hinaus zum Feind, weil ich in ihm den Schuldigen an meinen Mißerfolgen, die kränken und angst machen, erblicke. Wird das Kind aber zum (bedrohlichen) Feind, fällt es dem Pädagogen umso schwerer, sich mit ihm zu identifizieren, denn Feinde müssen bekämpft werden. Ist es jedoch einmal so weit, daß die Beziehung zum Kind (oft unbewußt) zu einem Kampf *gegen* das Kind wurde, ist für Einfühlung,

49 Womit nicht behauptet werden soll, daß empirisch-didaktische Forschungen generell abzulehnen sind.

Verständnis und Liebe kein Platz mehr. Dann mutiert jede Grenze, jedes Geoder Verbot, jedes Gespräch zu einem aggressiven Akt, wodurch die Interventionen des Pädagogen für das Kind nicht bloß frustrierend sind, sondern darüber hinaus eine bedrohliche Bedeutung annehmen oder das Kind dazu bringen, erst recht in Opposition zu gehen.

Es sind also nicht nur affektive Regungen, sondern auch bestimmte theoretische Vorstellungen in der Lage, die emotionale Einstellung zum Kind zu determinieren. Könnte dann aber theoretische Reflexion solche Einstellungen nicht auch ein Stück weit verändern?

Eine solche Reflexion könnte etwa an den schon erwähnten Interessenskonflikten, die jeder pädagogischen Beziehung eingeschrieben sind, ansetzen, indem nicht mehr versucht wird, diese zu verleugnen. Das hätte in der Tat weitreichende Folgen:

1. Bin ich mir als Pädagoge nämlich im klaren, daß die Realisierung meiner Absichten technologisch nicht planbar, sondern durchaus ungewiß ist, werden meine Interventionen für mich eher die Bedeutung von Gehversuchen in schwierigem Gelände annehmen. Dann werde ich das Scheitern aber auch nicht in erster Linie als persönliches Versagen erleben müssen.

2. Halte ich mir vor Augen, daß die Schwierigkeit der pädagogischen Aufgabe wesentlich damit zusammenhängt, daß sie sich immer wieder gegen Interessen und Bedürfnisse der Kinder richtet, brauche ich auch keinen persönlichen Schuldigen mehr: »schuld« ist die pädagogische Aufgabe selbst, dieser »unmögliche Beruf«, den ich mir ausgesucht habe.[50]

3. Erlebe ich die täglichen Schwierigkeiten meiner Berufspraxis nicht mehr als schuldhaftes Versagen, erscheint mir auch das Kind nicht mehr als bedrohlicher Aggressor, was es mir erleichtert, trotz der Probleme mit ihm eine positive Beziehung aufrechtzuerhalten. Und damit meine ich vor allem: das Kind weiterhin gern haben zu können.

4. Statt das Kind als Aggressor zu erleben (und bekämpfen zu müssen), wird mir (drittens) klar, daß die Aggression auf meiner Seite liegt: Ich verlange vom Kind Unangenehmes, ich nötige es zum Verzicht, zur Unterdrückung von Gefühlen, ich verursache ihm mit meinen Forderungen und Beurteilungen Versagensängste und narzißtische Kränkungen. Wenn also in den Konflikten des pädagogischen Alltags jemand an einem anderen schuldig wird, dann bin ich es am Kind.

---

50 In einem bekannten Zitat bezeichnet Freud (1937c, 94) drei Berufe als »unmöglich« (weil in sich widersprüchlich): das Regieren, das Erziehen und das Analysieren.

Kann das aber überhaupt gehen? Kann man einen Beruf mit einem Mindestmaß an Befriedigung ausüben, wenn man sich vor Augen halten muß, tagtäglich an Kindern »schuldig« zu werden? Man kann! Denn es ist eine Schuld, die ich verantworten kann, weil es nämlich erstens gar kein Zusammenleben ohne Interessenskonflikte gibt und der schwierige Prozeß des Hineinwachsens eines Kindes in das Leben, die Kultur und die Gesellschaft ohne Verzicht, ohne Schmerz und Frustration nicht möglich ist. Und ich kann diese Schuld, dem Kind Leid zuzufügen, zweitens auch daher verantworten, weil das Kind aus eben dem Leid, das ich ihm zufüge, auch Gewinn und, wenngleich auf Umwegen, Befriedigung zu ziehen vermag. (Was allerdings meine Bereitschaft voraussetzt, die Grundlagen meiner pädagogischen Praxis und Beziehungsgestaltung regelmäßig zu reflektieren, damit ich die Kinder nicht *ständig* frustriere, *ständig* überfordere.)

Diese prinzipielle pädagogische Haltung, die ich »Haltung der verantworteten Schuld« genannt habe, hat schließlich einen weiteren praxisrelevanten Effekt: Wenn ich es *verantworten* kann, den Kindern immer wieder Frustrationen zumuten zu müssen, wird es mir auch möglich, diese Schuld *ertragen* zu können, und ich muß sie nicht (etwa durch Projektion auf Schüler oder Eltern) abwehren. Bleibt mir meine Schuld jedoch bewußt, werde ich *ganz automatisch* versuchen, das von mir verursachte Leid so gering wie möglich zu halten beziehungsweise mich um Wiedergutmachung bemühen (indem ich etwa nach Kompromissen suche, als Ausgleich lustvolle Erlebnisse ermögliche etc.).

Die große praktische Relevanz der »Haltung der verantworteten Schuld« – übrigens eine professionelle Einstellung, die sich meiner Erfahrung nach vielleicht nicht alle, aber doch sehr viele Pädagogen (und auch Eltern) erarbeiten können – ergibt sich aus dem Umstand, daß sie, auch ohne reflexive Einzelfallarbeit (auf die in schwierigen Fällen natürlich nicht verzichtet werden kann) dazu führt, daß sich die Art und Weise, wie ich als Erwachsener das Kind wahrnehme, wie ich sein Handeln und seine Intentionen interpretiere, bedeutsam verändert. Damit verändern sich aber auch die Gefühle, die das Kind bei mir auslöst, und mit den Gefühlen natürlich auch mein Handeln.

Sie sehen, die Psychoanalyse hat der Pädagogik schon etwas zu bieten. Und zwar auch auf der Ebene praxisrelevanter Theoriebildung. Die Entwicklung solcher praxisrelevanten Konzepte – und zwar ohne der Versuchung zu erliegen, konkrete Handlungsanweisungen geben zu wollen (wodurch ja das technologische Selbstmißverständnis der modernen Didaktik wiederholt würde) – bildet einen Arbeitsschwerpunkt gegenwärtiger psychoanalytisch-pädagogischer Theorie und Forschung.

12.

Lästige Kinder

10 Thesen
(2002)

Textnachweis:
Erstveröffentlichung:
Figdor, H.: Lästige Kinder. Unsere Kinder (Fachzeitschrift für Kindergarten- und Kleinkindpädagogik) 04/2002, S. 90–97

Editorische Vorbemerkung:
Bei dem folgenden Text handelt es sich um die geringfügig überarbeitete schriftliche Fassung eines Vortrages, den H. Figdor im Mai 2000 anläßlich eines Symposiums der »Wiener Kinderfreunde« zum Thema »Lästige Kinder«, an welchem hauptsächlich Kindergarten-Erzieherinnen teilnahmen, hielt.

Vorbemerkung

Über *lästige* Kinder zu schreiben bedeutet für mich, über *Kinder* zu schreiben! Da Lästigkeit von Kindern ein Thema von Erwachsenen ist, halte ich es für unumgänglich, auch über Erwachsene zu schreiben, die Kinder als lästig empfinden – in all den unterschiedlichen Bedeutungen, die Lästigsein haben kann: von der Last, die noch immer Lust bereitet, bis hin zu der Last, die man nicht mehr zu ertragen vermag. Also umfasst dieses Thema nicht nur alle Kinder und alle Aspekte, die man mit Lästigsein verbindet, es umfasst auch sämtliche Affektzustände von Kindern und Erwachsenen. Im Grunde genommen geht es also um Pädagogik schlechthin. Auf wenig Platz über Pädagogik schlechthin zu schreiben ist schwierig, deshalb habe ich mich für zehn Thesen entschieden, die sich in zwei Teile teilen. Der erste Teil findet seinen Ausgang in der Feststellung, dass es eine richtige Erziehung überhaupt nicht gibt. Der zweite Teil befasst sich damit, wie richtige Erziehung (die es ja nicht gibt) ausschauen könnte.

These 1: Kinder müssen lästig sein!

Eine Pädagogik, die versucht, dass Kinder immer von sich selbst aus, noch dazu mit Freude, das tun, was wir von ihnen wollen, wäre wie das Bemühen, aus Buben Mädchen zu machen (oder umgekehrt), oder Kinder mit einem Jahr sauber zu kriegen, oder Kinder mit fünf Jahren das Wurzelziehen beizubringen, oder von Jugendlichen mit fünfzehn Jahren zu erwarten, dass sie vernünftig sind. Das geht nicht, das ist völlig unmöglich! Kinder wollen immer etwas anderes, als wir von ihnen wollen – und das ist auch gut so. Würden sie es nicht mehr wollen, müssten wir bezweifeln, dass wir es mit gesunden Kindern zu tun haben!

Der Kindergarten hat – und das ist unbestritten – für die Entwicklung des Kleinkindes große Bedeutung. Doch dürfen wir nicht übersehen, dass er eine höchst repressive Institution ist, dass die kindlichen Bedürfnisse nach *Zärtlichkeit* und *Zuwendung*, nach *Schutz* und *Geborgenheit* (in Gruppen von 25 Kindern mit einer Erzieherin) nicht ausreichend befriedigt werden können, auch wenn wir dies möchten. Auf der Strecke bleiben die *erotischen Bedürfnisse*, die *Aggression*. Die Befriedigung der *Geltungsbedürfnisse* gelingt nur jenen Kindern, deren besondere Fähigkeiten zum institutionellen Rahmen des Kindergartens gut passen und daher erwünscht sind – im Unterschied zu den vielen Kindern, die das Pech haben, daß ihre Talente im Kindergarten wenig gelten, z.B. Melodien auf zwei Fingern pfeifen, besonders schnell laufen, besonders stark sein. Dazu kommt noch die Gruppendynamik, welche eine ganze Reihe von *Konflikt-* und *Kränkungsmöglichkeiten* beinhaltet. Hans-Georg Trescher, ein lieber (leider früh verstorbener) deutscher Kollege, hat mehrere Wochen lang in Kindergartengruppen Videos gedreht und sich diese Aufnahmen dann mit Erzieherinnen angeschaut, die oft nicht glauben wollten, dass sie Bilder aus Gruppensituationen sahen, in denen sie anwesend waren. Dies ist nicht weiter verwunderlich, denn es ist unmöglich, immer und überall zu bemerken, was sich zwischen den Kindern abspielt! – Lästigkeit ist mithin auch ein Widerstand gegen die Repression des kindlichen Alltags.

These 2: Es ist pädagogisch höchst bedenklich, wenn Kinder lästig sind!

Was meine ich, wenn ich sage, es sei aber trotzdem bedenklich, wenn Kinder lästig sind? Ich meine damit, dass Erwachsene, Erzieher oder Eltern, die ein Kind immer als lästig erleben, allmählich die Freude am Zusammensein und Zusammenleben mit dem Kind verlieren. Resultat ist, dass wir trotz der Liebe zu unserem Kind/unseren Kindern ihm/ihnen diese Liebe nicht mehr vermitteln können. Kinder erleben uns dann als böse, als unduldsam, als nicht zuwendend, als nicht verständnisvoll. Es kommt noch etwas anderes dazu:

Wenn ich selbst in einer Beziehung gereizt bin, fehlt mir die Fähigkeit zur Einfühlung. Wenn ich aber mein Einfühlungsvermögen in das Kind/die Kinder verliere, besteht die Gefahr, daß ich die kindlichen Bedürfnisse übersehe oder verkenne, und daß die Kinder sich nicht mehr geborgen und geliebt fühlen. Je braver Kinder sind, desto größer ist die Wahrscheinlichkeit, daß sie sich geliebt fühlen, umso größer ist jedoch auch jener Druck, Bedürfnisse und Empfindungen, die als lästig empfunden werden könnten, zu verdrängen. Es ist das ein Dilemma der modernen Pädagogik, denn je humaner und toleranter wir zu Kindern sind, je mehr ihrer Wünsche und Anforderungen wir zulassen, desto mehr überfordern wir uns selbst beziehungsweise die Beziehung zwischen Kindern und Eltern. Letzen Endes zahlen beide drauf.

These 3: Um diesem Dilemma zu entkommen hat die moderne Pädagogik einen genialen Mythos erfunden. Dieser Mythos heißt »Verhaltensstörung«.

Der Begriff Verhaltensstörung ist in meinen Augen deshalb ein Mythos, weil er den Anschein erweckt, es handle sich um eine objektive pathologische Kategorie. Wenn wir ein Kind als verhaltensgestört bezeichnen, können wir damit jedoch nichts anderes meinen, als daß das Verhalten dieses Kindes uns Pädagogen, die Gruppe oder das, was wir im Augenblick wollen, stört. Wie beliebig das ist, sehen Sie daran, daß Kinder bei einem Pädagogen verhaltensgestört erscheinen, bei einem anderen nicht. Wie beliebig das ist, sehen Sie auch, wenn Sie in einer Supervisionsgruppe angesichts der Schilderung eines Problemkinds durch eine Kollegin denken: »Mein Gott, hätte ich nur mehr von diesen Kindern!« Dafür haben Sie mit Kindern Schwierigkeiten, mit denen diese Kollegin vielleicht keine hätte. Das hängt nicht nur von den eigenen Normen ab, sondern auch davon, womit ich gut umgehen kann. Es gibt Pädagoginnen, die ein unwahrscheinliches Geschick mit Kindern haben, die sich in sich zurückziehen, die nichts hergeben, die kontaktscheu sind. Es gibt andere, die haben ein großes Talent mit den Verwahrlosten und Aggressiven, mit den Bösen und Trotzigen. Und mit genau diesen können die jeweils anderen nicht!

Auch verwenden wir den Begriff Verhaltensstörung oft so, als wären Kinder, die auffallen, die einzigen, die Probleme haben. Aus der Praxis der Psychotherapie, vor allem mit Jugendlichen, wissen wir jedoch, daß ein großer Teil der jugendlichen Psychotherapiepatienten zeit ihres Lebens die Lieblinge von Kindergartenpädagoginnen, Lehrerinnen, Erzieherinnen u.a. gewesen sind, immer kooperative Kinder waren, nie Schwierigkeiten gemacht haben. Damit Sie mich nicht falsch verstehen: Ich behaupte nicht, alle auffälligen Kinder sind psychisch gesund und alle unauffälligen sind psychisch krank. Ich behaupte aber, daß zwischen Verhaltensauffälligkeit und psychischer Gesundheit kein eindeutiger Zusammenhang besteht.

Verhaltensstörung als quasi objektive Pathologie von Kindern ist also ein Mythos, und zwar ein genialer: Aus Schwierigkeiten, die im Beziehungsgeschehen zwischen Eltern/Erziehern und Kind entstehen, aus Problemen, die zwischen kindlichen Bedürfnissen und Institutionen bestehen, wird eine pathologische Eigenschaft des Kindes gemacht. Die Verantwortung für die Störung, aber auch für ihre Behebung kann auf diese Weise an andere delegiert werden, nämlich an das Kind oder gegebenenfalls an das Umfeld des Kindes.

Für Pädagoginnen sind die »Bösen« dann oft die Eltern. Während Eltern die »Bösen« unter Umständen in Kindergarten oder Schule wähnen!

These 4: Pädagogik ist unter Umständen die besondere Form, in der Pädagogen ihre narzißtischen und aggressiven Bedürfnisse befriedigen.

Das ist keine Kritik, sondern eine Feststellung! In jeder Berufstätigkeit befriedigen wir auch unsere eigenen Bedürfnisse. In den Pädagogenberuf bringen wir nicht nur unsere Liebe zu Kindern ein, sondern, ohne es zu wissen (unbewußt), auch viele narzißtische und aggressive Bedürfnisse:

Ich als Pädagoge weiß alles besser als die Kinder, ich werde geliebt und gleichzeitig gefürchtet, ich bin damit beschäftigt, Verbote zu setzen, Regeln aufzustellen, Kinder zu fordern, mit ihnen ernst oder böse zu sein. Ich mache Störungen zu pädagogischen, entwicklungspsychologischen, psychotherapeutischen, familiären Problemen: welch (beneidenswerte) soziale Position, die sich aus Überlegenheit, Macht und Verantwortung zusammensetzt! Die Pädagogik der Verhaltensstörung ermöglicht Pädagogen (ich nehme mich hier nicht aus!) daher auch, einen nicht zu unterschätzenden Teil unserer (ganz normalen) narzißtischen und aggressiven Bedürfnisse zu befriedigen, ohne mit sich in Konflikte zu geraten.

Wenn ich in diesem Zusammenhang von Pädagogik spreche, habe ich allerdings in erster Linie eine bestimmte Art von Pädagogik im Auge und zwar jene, die sich anmaßt zu behaupten, daß formulierte Ziele sich mit geeigneten Methoden auf jeden Fall realisieren lassen, die also Erziehung als eine Art technologischen Prozess auffasst, in dem das Phänomen *Beziehung* letzten Endes keinen Platz hat. Es handelt sich dabei um eine Pädagogik, die mitunter wie eine Sammlung magischer Vorschriften anmutet, mit denen man glaubt, (über ganz bestimmte Didaktiken oder Methoden) irgendwelche Ziele bei den Kindern erreichen zu können. Sie nützen aber sehr oft nichts, sie führen nicht dort hin! Ergebnis dieser Illusion ist dann das Gefühl, als Pädagoge versagt zu haben, es nicht gut genug zu machen, ein hohes Maß an Berufsunzufriedenheit, das sogenannte Burn-out-Syndrom, begleitet durch ein immer größeres Maß an Unzufriedenheit der Kinder mit ihren Lebensbedingungen; was vielleicht weniger für den Kindergarten als für die Schule zutrifft. Dieser didaktisch ausgerichteten Pädagogik möchte ich meine nächste These entgegensetzen:

These 5: Erziehung ist immer in allererster Linie ein Beziehungsgeschehen zwischen zwei oder mehreren Menschen, das sich ununterbrochen in einem Feld voller Konflikte abspielt.

Dabei handelt es sich um Konflikte zwischen Bedürfnissen der Kinder auf der einen und Bedürfnissen der Erzieher auf der anderen Seite. Die Bedürfnisse der Erzieher können sowohl pädagogischer Art sein, etwa daß sie mit den Kindern etwas erreichen möchten, als auch persönlicher Art, indem sie von den Kindern etwas brauchen, um sich gut zu fühlen.

Erziehung ist also ein Beziehungsgeschehen in einem Konfliktfeld unter bestimmten gesellschaftlichen und institutionellen Rahmenbedingungen. Anders ausgedrückt: Erziehung ist stets ein Kompromiss, und zwar ganz unabhängig davon, ob ich das weiß, ob ich mir das bewusst mache oder ob ich glaube, all das, was sich im pädagogischen Feld abspielt, hätte mit mir oder meiner Person, meinen Bedürfnissen, meinen Gefühlen usw. nichts zu tun.

Da aber die Persönlichkeit der Erzieherinnen und die jeweiligen Rahmenbedingungen nicht auszuklammern oder wegzudiskutieren sind, sondern Erziehung immer ein Kompromiss zwischen Personen ist, kann es auch *die objektiv richtige Erziehung* nicht geben. Ich erinnere mich gut, dass das in meiner eigenen beruflichen Laufbahn für mich eine der schmerzlichsten Einsichten war. Ich hatte immer gehofft, dass wir aus der Pädagogik und/oder der Psychoanalyse Hinweise gewinnen können, wie man's mit Kindern *richtig* macht. Auf den zweiten Blick ist es jedoch eine sehr beruhigende Einsicht, denn würde es so etwas wie eine richtige Erziehung geben, dann müssten wir annehmen, dass es auch richtig erzogene Menschen gibt. Das Bild vom richtig erzogenen Menschen führt zur Annahme eines optimalen Menschenbilds. Wir wissen, dass dort, wo die Idee vom »optimalen Menschen« das politische Denken bestimmte, es allemal zur gesellschaftlichen Katastrophe kam.

Wenn es keine richtige Erziehung gibt, folgt daraus allerdings nicht, es gäbe keine gute! Und somit komme ich zum zweiten Teil meiner Ausführungen.

These 6: Eine gelingende Erziehung ist ein Kompromiss zwischen den Bedürfnissen von Eltern und Kindern, bei dem die Bedürfnisse der Pädagogen so weit befriedigt sind, dass sie weiterhin mit den Kindern Freude haben können, ohne dass wichtige Entwicklungsbedürfnisse der Kinder dabei auf der Strecke bleiben und deshalb verdrängt werden müssen.

Das heißt, gelingende Erziehung ist eine Erziehung, die nicht zu einer neurotischen Anfälligkeit im späteren Erwachsenenleben führt. Mit anderen Worten: Es gibt sehr viele unterschiedliche Arten, ein Kind gut zu erziehen. Das hängt von den Rahmenbedingungen ab, das hängt von der Persönlichkeit der Eltern ab, das hängt von ihren Erwartungen an das Kind ab. Jedes Kind ist das Kind anderer Eltern, einer anderen Umwelt, auch anderer Erzieherinnen, anderer Lehrerinnen. Jedes Kind wird anders werden – und daran ist überhaupt nichts Schlechtes. Es gibt allerdings Grenzen dieser »pädagogischen Freiheit«: wenn Anforderungen, die an die Kinder gestellt werden, die Wahrscheinlichkeit stark herabsetzen, dass diese Kinder später glücksfähig, arbeitsfähig und liebesfähig werden (wie Freud »psychische Gesundheit« beschreibt). Insofern sind – soll Erziehung »gelingen« – die negativen Auswirkungen pädagogischer Bemühungen immer zu überdenken.

These 7: Kindliche Bedürfnisse sind nicht das Gleiche wie kindliche Entwicklungsbedürfnisse!

Ich spreche von einem Kompromiss zwischen den Bedürfnissen der Erzieher und den *Entwicklungsbedürfnissen* der Kinder. Diese sind etwas anderes als die (konkreten) Bedürfnisse der Kinder.

Die Bedürfnisse eines Vierjährigen wären zum Beispiel: schlafen, so lang ich will, dann zu den Eltern ins Bett gehen und kuscheln, dann spielen, dann bestimmt nicht waschen und Zähne putzen müssen; dann mit Mama und Papa zusammen bleiben und irgendetwas Schönes machen, im Kindergarten mit der Erzieherin ganz allein etwas Besonderes unternehmen, vielleicht auch erreichen, dass sie den blöden Seppi einmal schimpft, aussperrt oder sonst irgendetwas Böses antut, heute nicht im Sesselkreis sitzen müssen, etwas anderes essen wollen, als es gibt, das Schaukelpferd ganz für mich haben, und zwar nicht nur fünf oder zehn Minuten, sondern die ganze Zeit – nicht nur weil ich so gern schaukle, sondern auch, weil es so Spaß macht, wenn die andern sich ärgern; wenn Mama kommt, noch länger spielen, dann in den Supermarkt gehen und dort viele, viele, viele bunte Sachen bekommen; zu Hause gleich ins Kinderzimmer gehen, Schuhe und Jacke nicht ausziehen, toben, laut sein, mit Mama und Papa ins Bett gehen (wieso soll ich als kleiner Vierjähriger mit meinen Ängsten alleine schlafen, während die beiden zusammen sind?) usw. usw.

Entwicklungsbedürfnisse dagegen sind etwas ganz anderes. Mit Entwicklungsbedürfnissen meine ich: das Bedürfnis geliebt zu werden; das Bedürfnis, mir sicher zu sein, einen Platz zu haben, an dem ich mich geborgen fühle; das Bedürfnis, respektiert zu werden, mich als wertvoll zu empfinden; das Bedürfnis, meine Gefühle, auch meine Wut und meinen Ärger als Teil meines Selbst akzeptieren zu dürfen; das Bedürfnis, keine Angst haben zu müssen vor Beziehungsverlust; das Bedürfnis, die Welt spannend und interessant zu finden; das Bedürfnis, die Zuversicht zu haben, dass aus mir eine wunderbare Frau oder ein toller Mann wird, das Bedürfnis es vielversprechend zu finden, einmal zu werden wie Mama oder Papa; das Bedürfnis Vertrauen haben zu können in die Personen meiner Umwelt, Vertrauen in ihre Liebe, aber auch Vertrauen in ihre Stärke, mich zu schützen. Das sind Entwicklungsbedürfnisse – wenn sie auf der Strecke bleiben, dann droht Erziehung nicht mehr zu gelingen.

Ob zentrale Entwicklungsbedürfnisse befriedigt werden, ist jedoch weitgehend unabhängig davon, ob ich in bestimmten Situationen konkrete Anliegen, Wünsche, Forderungen oder Bedürfnisse der Kinder, wie ich sie vorher aufgezählt habe, erfülle oder nicht. Wovon aber dann?

These 8: Sich ins Kind einfühlen können heißt, seine Entwicklungsbedürfnisse spüren zu können. Das setzt voraus, dass ich mich mit dem Kind (auch gegen mich) identifizieren kann.

Die Befriedigung von Entwicklungsbedürfnissen hat einen anderen Ort, hat wenig mit Ja- oder Neinsagen, mit Erlauben oder Nicht-Erlauben zu tun, mit Grenzen-Setzen oder Nicht-Grenzen-Setzen. Ob sich ein Kind respektiert fühlt, ob sich ein Kind geliebt fühlt, ob sich ein Kind sicher fühlt usw., hängt in erster Linie damit zusammen, ob ich in der Lage bin, mich in mein Kind einzufühlen. Denn es ist nur die Einfühlung, die den Ausschlag gibt, ob sich das Kind angesichts des Umstandes, dass (und wie) ich ihm jetzt (z.B.) verbiete fernzusehen, von mir respektiert oder gedemütigt fühlt. Das sind Fragen, die nicht objektiv oder allgemein beantwortbar sind, das kann man als Erwachsener nur in der Situation selbst nachvollziehen, indem man sich mit dem Kind identifiziert und sich in das Kind hineinlebt.

Dies setzt aber eine pädagogische Haltung voraus, die sich meines Erachtens radikal von jener unterscheidet, die Pädagogen, ob es jetzt Erzieher oder Eltern sind, zumeist einnehmen. Üblicherweise – ich überzeichne jetzt natürlich ein bißchen – haben Pädagogen ganz bestimmte Ziele oder Bedürfnisse. Stehen diese jedoch im Konflikt mit dem Verhalten oder den Wünschen der Kinder, versuchen Erziehende, Kinder in ihren Bedürfnissen und Wünschen zu verändern. Die Kinder wollen das nicht, aber die Pädagogen wollen. Also wird das Kind zu ihrem Gegner und sie werden zum Gegner des Kindes. In einer Gegnerschaft ist Einfühlung nicht mehr möglich und erzieherische Beeinflussung wird zum Kampf. Das heißt jetzt nicht unbedingt, dass man sich anschreit, dieser Kampf kann in aller Güte erfolgen: »Jetzt komm einmal her da ...« »Das hab ich dir schon so oft gesagt«, »Warum kannst du das immer noch nicht?«

Das ist freundlich, enthält aber den Vorwurf: »Ich kann dich nicht so akzeptieren, wie du bist.« Irgendwann einmal reißt mir der Geduldsfaden und meine Enttäuschung kommt zum Ausdruck. Pädagogen sind üblicherweise, was ihnen auch nicht zu verübeln ist, in allererster Linie mit sich selbst identifiziert. Sich in Kinder einfühlen können, setzt voraus, daß ich mich mit dem Kind identifizieren kann, und zwar *gegen mich selbst*. Oder noch einmal anders ausgedrückt: daß ich mich mit dem Kind gegen meine eigene alltägliche Aggression, die ich dem Kinde zumute, identifiziere.

Wenn ich aus irgendeinem Grund will, daß das Kind aufhört zu lärmen, das Kind aber nicht will und ich mich allein *mit mir selbst* identifiziere, dann werde ich immer ärgerlicher und wütender, während das Kind noch immer lärmt. Es entsteht ein Kampf zwischen uns, an dessen Ende mir nichts anderes übrig bleibt, als mit Autorität, Macht, Drohungen, Sanktionen o.ä. meine Grenzen zu realisieren. Das Ganze findet in einer Atmosphäre höchst aggressiver Aufladung statt – nicht nur, dass das fürchterliche Kind schreit, ich habe auch eine entsetzliche Wut, weil es nicht gehorcht. In solchen Situationen habe ich den Einfühlungsfaden völlig verloren!

Die Alternative wäre, dem Kind zu sagen: »Ich will von dir, dass du ruhig bist« (wobei ich mich mit mir selbst identifiziere), gleichzeitig aber auch zu verstehen, dass das Kind im Augenblick nicht ruhig sein will (indem ich mich in das Kind einfühle): »*Leider* muss ich von dir verlangen, daß du leise bist, obwohl es dir gerade so großen Spaß macht zu lärmen.« So kann ich meine Grenze in einer ganz anderen Beziehungsatmosphäre einfordern und gleichzeitig bei mir auch ein Bedürfnis nach *Wiedergutmachung* wahrnehmen. Ich werde das Gefühl haben, dass das Kind ein Recht darauf hat, eine Entschädigung zu erhalten. Auf diese Weise entsteht eine völlig andere Form der Interaktion. Das meine ich mit »Sich mit dem Kind gegen mich oder gegen die von mir ausgehende Aggression zu identifizieren«, eine Haltung, die ich schon in mehreren Publikationen als »Haltung der verantwortlichen Schuld« bezeichnet habe: Ich weiß, dass ich immer wieder an den Kindern schuldig werde, weil ich (konkrete) Bedürfnisse nicht erfülle, sie unterdrücke usw. Ich kann diese Schuld aber verantworten, weil ich erstens weiß, dass mir gar nichts anderes übrig bleibt, und weil ich zweitens weiß, dass das Kind nicht geschädigt wird, wenn ich ihm jetzt etwas verbiete, weil ich auf die Befriedigung seiner *Entwicklungsbedürfnisse* achte. Also muss ich die Schuld an seinem Unbehagen, seiner Enttäuschung, nicht leugnen. Ich kann mich mit dem Kind identifizieren und versuchen, diese Schuld wieder gutzumachen. Und es wird mir gelingen, weil durch die Identifizierung mit ihm auch mein (anfänglicher) Ärger schwindet.

These 9: Kinder brauchen für ihre Entwicklung Dreierbeziehungen. Erst Beziehungsdreiecke schaffen den Raum, Konflikte innerhalb von Beziehungen entlasten zu können, schaffen Raum für Aggressionsabfuhr, Angstreduktion und wichtige soziale Lernprozesse.

Wenn wir im institutionellen Bereich von lästigen Kindern sprechen, sprechen wir viel häufiger von Buben als von Mädchen. Dass das so ist, hängt natürlich auch damit zusammen, dass es in der Erziehung kaum Männer gibt. Dabei nimmt in der Zeit zwischen drei und acht Jahren die Entwicklung der geschlechtlichen Identität einen großen Raum in der Psyche des Kindes ein.

Woran entwickelt sich diese geschlechtliche Identität? Natürlich an den Bezugspersonen, indem ich mich mit der starken Frau und starken Mutter (als Mädchen) identifizieren kann, indem ich mich mit dem starken Mann und starken Vater (als Bub) identifizieren kann. Aber die Männer gibt es nicht – in mehrerlei Hinsicht. Erstens im institutionellen Bereich, denn vom frühesten Alter an werden Kinder von Frauen betreut und gebildet. Zweitens gehen mit der steigenden Scheidungsrate Männer auch in ihrer Eigenschaft als Väter zunehmend verloren, was natürlich nicht so sein müsste. Das ist nicht eine Folge des Scheidungsphänomens als solches, sondern der Art und Weise, wie Scheidungen sich in dieser Gesellschaft vollziehen. Es wäre nicht notwendig, daß drei Jahre nach der Scheidung 75 % der Kinder keinen regelmäßigen Kontakt zu ihren Vätern haben! Es wäre nicht notwendig, dass 40 % der Kinder gar keinen Kontakt mehr zu den Vätern haben! Scheidung bedeutet für einen großen Teil der Kinder heutzutage wirklich den Verlust des zweiten Elternteils und damit des männlichen Pendants im Beziehungsgeschehen.

Doch was soll eine *Kindergärtnerin* damit anfangen? Sie kann ja nicht stundenweise ein Mann sein, mit dem sich dann die Buben identifizieren! Dass es in der pädagogischen Praxis des Kindergartens kaum Männer gibt, wird sich in absehbarer Zeit nicht ändern. Aber bedarf es unbedingt *körperlich* anwesender Männer, um das Interesse der Kinder am eigenen und anderen Geschlecht bewusst zu fokussieren? Es würde schon viel helfen, wenn über Fragen, die mit der Geschlechtlichkeit von Kindern und Erwachsenen zusammenhängen, so selbstverständlich im Kindergarten *geredet würde*, wie es dem Stellenwert des Themas im Leben entspricht. Ja selbst die Kindergärtnerin könnte Buben Identifizierungsprozesse anbieten und den Mädchen gegenüber das andere Geschlecht repräsentieren, indem sie den Kindern erzählt, dass Frau-Sein (auch) bedeutet, Männer interessant zu finden und (unter Umständen) zu lieben. Das kann dazu beitragen, dass ich als Bub die Kindergärtnerin nicht »nur« als Frau – im Sinne einer Person, *die anders ist* als ich – erlebe, sondern auch als Partnerin – im Sinne einer Person, der ich (als Bub, künftiger Mann) *willkommen* bin. Und natürlich wäre diese *Erweiterung der weiblichen Imago um die Frau-Mann-Beziehung* auch für die Mädchen, die sich mit der Kindergärtnerin identifizieren, von großer Bedeutung.

Man hat mir einmal vorgeworfen, ich würde mit solchen Vorschlägen den Kindergarten erotisieren. Doch vergessen wir nicht, dass die »erotischen« Interessen bei den Kindern in diesem Alter in hohem Maße lebendig sind,[51] und es nur um die Frage geht, ob wir einer symbolisch-sprachlichen Verständigung darüber Raum geben oder diese (im engeren Sinne des Wortes: auch erregenden) Regungen und Phantasien tabuisieren.

51 Vgl. u. a. Kap. 4 in diesem Band.

These 10: Auch Pädagogen sind Menschen!

Das ist vielleicht die allerwichtigste These, die im bisher Ausgeführten, wie ich hoffe, immer wieder angeklungen ist. Erziehung ist ein lebendiges Beziehungsgeschehen zwischen Menschen mit all ihren Gefühlen, Bedürfnissen und Schwierigkeiten. Gute Beziehung kann nicht gelingen ohne ein gutes Maß an Beziehungsarbeit, die natürlich zum Teil auch Arbeit an sich selbst ist. Das geht nicht ohne Schwierigkeiten, das geht nicht ohne Reflexion. Und Reflexion gelingt sehr oft nicht ohne die Hilfe eines unbeteiligten, in Konflikte nicht mit einbezogenen Partners, eines Supervisors. Supervision müsste in unserem Beruf nicht Luxus, sondern eigentlich Selbstverständlichkeit sein. Ich bevorzuge psychoanalytische Supervision, in der versucht wird, dass Pädagoginnen Kontakt zu jenen Gefühlen finden, die sie vielleicht noch gar nicht so genau spüren und benennen können, die aber trotzdem die Art und Weise, wie sie mit einem Kind oder einer Gruppe umgehen, wesentlich beeinflussen.

Pädagogik braucht ein Klima, in dem der Umstand berücksichtigt wird, dass Erziehung *durch Probleme* gekennzeichnet ist, dass Erziehung ohne Schwierigkeiten gar nicht funktionieren kann, dass die Arbeit mit Kindern (und/oder mit Kollegen) immer auch kompliziert ist und dass es dort immer auch Konflikte gibt. Es bedarf eines Klimas, in dem das alles als selbstverständlicher Bestandteil der pädagogischen Berufswirklichkeit verstanden und akzeptiert wird, anstatt Probleme, Konflikte, Schwierigkeiten, Auseinandersetzungen als Zeichen des individuellen Versagens des einzelnen Pädagogen zu verstehen. Egal, ob es sich dabei um Kindergartenpädagoginnen, Lehrerinnen, Mütter oder Väter handelt!

Literatur

Aichhorn, A. (1925): Verwahrloste Jugend. Bern, Stuttgart, Wien: Huber 1977.

Aichhorn, A. (1959): Erziehungsberatung und Erziehungshilfe. Reinbek: Rowohlt 1972.

Aichhorn, Th. (2001): Die Pädagogik in der Psychoanalyse. In: Wiener Psychoanalytische Vereinigung 2001.

Balint, M. (1939): Ichstärke, Ichpädagogik und »Lernen«. In: Cremerins, J. 1971.

Bernfeld, S. (1921): Kinderheim Baumgarten. Bericht über einen ernsthaften Versuch mit neuer Erziehung. In: Bernfeld, S.: Antiautoritäre Erziehung und Psychoanalyse, Bd. 1.- Frankfurt/M.: März 1970 (3).

Bettelheim, B. (1974): Der Weg aus dem Labyrinth. Leben lernen als Therapie. München: dtv 1989.

Bittner, G. (1967): Psychoanalyse und soziale Erziehung. München: Juventa.

Bittner, G., Ertle, Ch. (1985) (Hg.): Pädagogik und Psychoanalyse. Würzburg: Königshausen & Neumann.

Bittner, G., Ertle, Ch., Schmid, V. (1974): Schule und Unterricht bei verhaltensgestörten Kindern. Deutscher Bildungsrat (Hg.): Studien und Gutachten der Bildungskommission. *Sonderpädagogik 4*, S. 13–102.

Büttner, Ch., Trescher, H.-G. (1987) (Hg.): Chancen der Gruppe. Erfahrungen aus dem pädagogischen Alltag. Mainz: Grünewald.

Brück, H. (1978): Die Angst des Lehrers vor seinem Schüler. Reinbek: Rowohlt.

Cremerius, I. (1971) (Hg.): Psychoanalyse und Erziehungspraxis. Frankfurt/M.: Fischer.

Datler, W. (1983): Was leistet die Psychoanalyse für die Pädagogik? Wien: Jugend & Volk.

Datler, W. (1985): Psychoanalytische Repräsentanzlehre und pädagogisches Handeln. In: Bittner, G., Ertle, Ch. 1985.

Datler, W. (1987a) (Hg.): Verhaltensauffälligkeit und Schule. Frankfurt/M.: Peter Lang.

Datler, W. (1987b): Ist die Verhaltensstörung eine schulpädagogische Kategorie? Zum Verhältnis von Schule, Verhaltensauffälligkeit und Pädagogik. In: Datler 1987a.

Datler, W. (1987c): Über die Unbesonnenheit der Heilpädagogik und die Notwendigkeit, allgemein-systematische Heilpädagogik in zweifacher

Hinsicht zu betreiben. In: Lenzen, H. (Hg.): Differenzierung und Systematisierung in der Sonderpädagogik. Köln, Wien: Böhlau 1987.

Datler, W. (1993): Zur Frage nach dem Bildungsbegriff in der Psychoanalytischen Pädagogik. In: Muck/Trescher 1993.

Datler, W. (1995): Bilden und Heilen. Auf dem Weg zu einer pädagogischen Theorie psychoanalytischer Praxis. Mainz: Grünewald.

Datler, W., Datler, M., Sengschmied, I., Wininger, M. (2002): Psychoanalytisch-pädagogische Konzepte der Aus- und Weiterbildung. Eine Literaturübersicht. In: Jahrbuch für Psychoanalytische Pädagogik 13.- Gießen: Psychosozial-Verlag.

Datler, W., Figdor, H., Gstach, J. (1999) (Hg.): Die Wiederentdeckung der Freude am Kind. Psychoanalytisch-pädagogische Erziehungsberatung heute. Gießen: Psychosozial-Verlag.

Disterweg, A. (1849): Der Kinderfreund im Bad Liebenstein. In: Quellen zur Geschichte der Erziehung. Berlin: Volk und Wissen 1971.

Ertle, Ch., Schmid, V. (1978) (Hg.): Der andere Unterricht. Lernen mit schwierigen Kindern. München: Juventa.

Federn, P., Meng, H. (1926) (Hg.): Das psychoanalytische Volksbuch (Bd. I, II). Stuttgart/Bern: Hippokrates-Verlag 1939 (3).

Fenichel, O. (1931): Spezialformen des Ödipuskomplexes. Int. *Zeitschrift für Psychoanalyse* 17.

Fenichel, O. (1945): Psychoanalytische Neurosenlehre. Olten: Walter 1980 (2).

Figdor, H. (1982): Überlegungen zu einem pädagogischen Begriff von »Animation«. *Mitteilungen des Institutes für Wissenschaft und Kunst 4*. S. 94–103.

Figdor, H. (1989): »Pädagogisch angewandte Psychoanalyse« oder »Psychoanalytische Pädagogik«? In: Jahrbuch für Psychoanalytische Pädagogik 1. Mainz: Grünewald.

Figdor, H. (1991): Kinder aus geschiedenen Ehen: Zwischen Trauma und Hoffnung. Gießen: Psychosozial-Verlag 2004 (8).

Figdor, H. (1993): Wissenschaftstheoretische Grundlagen der Psychoanalytischen Pädagogik. In: Muck, M., Trescher, H.-G. 1993.

Figdor, H. (1995): Psychoanalytisch-pädagogische Erziehungsberatung. Die Renaissance einer »klassischen« Idee. *Sigmund Freud House-Bulletin Vol. 19/2/B*. S. 21–87. Wiederaufgelegt in APP Schriftenreihe, Nr. 2/1998.

Figdor, H. (1997): Scheidungskinder – Wege der Hilfe. Gießen: Psychosozial-Verlag.

Figdor, H. (1999): Aufklärung, Verantwortete Schuld und die Wiederentdeckung der Freude am Kind. Grundprinzipien des Wiener Konzeptes psychoanalytisch-pädagogischer Erziehungsberatung. In: Datler, W./ Figdor, H./Gstach, H. 1999.

Figdor, H. (2000): Psychoanalytisch-pädagogische Erziehungsberatung. Der Ausbildungslehrgang. APP-Schriftenreihe, Bd. 3. S. 1–68.[52]

Figdor, H. (2005a): Hat Margaret Mahler doch Recht? *Zeitschrift für psychoanalytische Theorie und Praxis* (in Druck).

Figdor, H. (2005b): Psychoanalytische Pädagogik und Kindergarten: Die Arbeit mit der ganzen Gruppe. Jahrbuch für Psychoanalytische Pädagogik, Bd. 15. Gießen: Psychosozial-Verlag.

Fischer, G. (1990): Die Fähigkeit zur Objektspaltung. Ein therapeutischer Veränderungsschritt bei Patienten mit Realtraumatisierung. *Forum der Psa.* 6/1990, H3 S. 199–212.

Fraiberg, S. (1972): Die magischen Jahre in der Persönlichkeitsentwicklung des Vorschulkindes. Reinbek: Rowohlt.

Freud, A. (1927): Vier Vorträge über Psychoanalyse (Einführung in die Psychoanalyse für Pädagogen). In: Die Schriften der Anna Freud, Band I. München: Kindler 1980.

Freud, A. (1954): Psychoanalyse und Erziehung. In: Die Schriften der Anna Freud, Band V. München: Kindler 1980.

Freud, A. (1965): Wege und Irrwege in der Kinderentwicklung. In. Die Schriften der Anna Freud, Band VIII. München: Kindler 1980.

Freud, A. (1970): Die kindliche Symptomatik. Ein vorläufiger Ansatz zu ihrer Klassifizierung. In: Die Schriften der Anna Freud, Band IX. München: Kindler 1980.

Freud, A. (1974): Diagnose und Bewertung von Störungen in der Kindheit. In: Die Schriften der Anna Freud, Band X. München: Kindler 1980.

Freud, S. (1905d): Drei Abhandlungen zur Sexualtheorie. G.W., Bd.5; Studienausgabe Bd. V. Frankfurt/Main: Fischer.

Freud, S. (1908c): Über infantile Sexualtheorien. G.W., Bd.7; Studienausgabe Bd. V. Frankfurt/Main: Fischer.

Freud, S, (1924d): Der Untergang des Ödipuskomplexes. G.W., Bd.13; Studienausgabe Bd. V.- Frankfurt/Main: Fischer.

Freud, S. (1925i): Einige psychologische Folgen des anatomischen Geschlechtsunterschiedes. G.W., Bd.14; Studienausgabe Bd. V. Frankfurt/Main: Fischer.

Freud, S. (1933a): Neue Folge der Vorlesungen zur Einführung in die Psychoanalyse. G.W., Bd.15; Studienausgabe Bd. XV. Frankfurt/Main: Fischer.

52 Beziehbar über APP, Grundsteingasse 13/2–4, A-1160 Wien.

Freud, S.(1937c): Die endliche und die unendliche Analyse. G.W., Bd. 23; Studienausgabe Bd. XVI. Frankfurt/Main: Fischer.

Fürstenau, P. (1974) (Hg.): Der psychoanalytische Beitrag zur Erziehungswissenschaft. Darmstadt: Wissenschaftliche Buchgesellschaft.

Fürstenau, P. (1979): Zur Psychoanalyse der Schule als Institution. In: Fürstenau, P.: Zur Theorie psychoanalytischer Praxis. Stuttgart: Klett-Cotta.

Garlichs, A. (1984): Lehrer und ihre Berufsprobleme. Bericht über eine Balintgruppe mit integrierter Selbsterfahrung.- Kassel: Gesamthochschul-Bibliothek.

Göppel, R. (1998): Eltern, Kinder und Konflikte. Stuttgart: Kohlhammer.

Greenson, R.R. (1981): Technik und Praxis der Psychoanalyse. Stuttgart: Klett-Cotta.

Helbig, W. (1978): Schulische Projekte und außerschulische Aktivitäten mit verhaltensgestörten Kindern. In: Ertle, Ch., Schmid, V. 1978.

Hofmann, Ch. (1985): Was macht Lehrerarbeit so anstrengend? Einige psychoanalytische Aspekte zu Formen der Abwehr innerhalb der Lehrerarbeit. In: Bittner, G., Ertle, Ch. 1985.

Imhof, M. (1984): Schulische Selbsterfahrung. Die Schüler-Lehrer-Beziehung aus der Sicht von Ulrike. Kassel: Gesamthochschul-Bibliothek.

Katschnig, H./ Wanschura, E. (1992): Gemeinsam getrennte Wege gehen. Systemtherapeutische Aspekte der Scheidung. In: Kriegl, H. 1992.

Kriegl, H. (1991) (Hg.): Sexueller Missbrauch und Gewalt an Kindern und Jugendlichen. Enquete Nov. 1991, Tagungsbericht. Klagenfurt: Amt der Kärntner Landesregierung.

Kriegl, H. (1992) (Hg.): Kinder zwischen Verlust und Neubeginn. Eine Familie geht auseinander. Enquete Okt. 1992, Tagungsbericht, Klagenfurt: Amt der Kärntner Landesregierung.

Kögler, M. (1991): Die Verarbeitung des Inzesttraumas in der psychoanalytischen Behandlung. Ein Fallbericht. *Forum der Psa.* 7/1991, H3 S. 202–213.

Laplanche, J., Pontalis, J.-B. (1973): Das Vokabular der Psychoanalyse. Frankfurt/M.: Suhrkamp.

Leber, A. (1972): Psychoanalytische Reflexion. Ein Weg zur Selbstbestimmung in Pädagogik und Sozialarbeit. In: Leber, A., Reiser, H. (Hg.): Sozialpädagogik, Psychoanalyse und Sozialkritik. Darmstadt: Luchterhand Fachbibliothek.

Leber, A. (1985): Wie wird man »Psychoanalytischer Pädagoge«? In: Bittner, G., Ertle, Ch. 1985.

Leber, A. , Trescher, H.-G., Weiss-Zimmer, E. (1990): Krisen im Kindergarten. Psychoanalytische Beratung in pädagogischen Institutionen. Frankfurt/M.: Fischer.

Leupold-Löwenthal, H. (1986): Beziehung und Deutung aus der Sicht der Psychoanalyse. In: Reinelt, T./Datler, W. (Hg): Beziehung und Deutung im psychoanalytischen Prozeß. Berlin, Heidelberg, New York: Springer 1989.

Loch, W. (1985): Perspektiven der Psychoanalyse. Stuttgart: Hirzel.

Matschiner-Zollner, M. (2001): Die Gefühle des Lehrers als Schlüssel zu den Konflikten der Klasse. In: Wiener Psychoanalytische Vereinigung 2001.

Meng, H. (1973a) (Hg.): Psychoanalytische Pädagogik des Kleinkindes. München/Basel: Reinhardt.

Meng, H. (1973b) (Hg.): Psychoanalytische Pädagogik des Schulkindes. München/Basel: Reinhardt.

Muck, M. (1980): Psychoanalyse und Schule. Stuttgart: Klett-Cotta.

Muck, M., Trescher, H.-G. (1993) (Hg.): Grundlagen der Psychoanalytischen Pädagogik. Gießen: Psychosozial-Verlag 2001.

Müller, R.G. (1964): Die Schule für erziehungsschwierige Kinder und Jugendliche. Berlin: Marhold.

Müller-Beck, H.U. (1958): Das Berufsmilieu des Volksschullehrers. In: Fürstenau, P. 1974.

Neidhardt, W. (1977): Kinder, Lehrer und Konflikte. München: Juventa.

Neidhardt, W. (1985): Psychoanalytische Didaktik? In: Bittner, G., Ertle, Ch. 1985.

Niederergesäss, B. (1989): Förderung oder Überforderung? Probleme und Chancen der außerfamiliären Betreuung von Kleinstkindern. Mainz: Grünewald.

Pazzini, K.-J. (1989): Wiedervereinigung. Anmerkungen zur Differenz von Psychoanalyse und Pädagogik. (Unv. Manuskript).

Randolph, R. (1990): Psychotherapie – Heilung oder Bildung? Pädagogische Aspekte psychoanalytischer Praxis. Heidelberg: Schindele.

Redel, F., Wattenberg, W.W. (1962): Leben lernen in der Schule. München: Juventa.

Rehm, W., Bittner, G. (1964) (Hg.): Psychoanalyse und Erziehung. Bern: Goldmann.

Reiser, H. et al. (1984): Sonderschullehrer in Grundschulen. Ergebnisse eines Schulversuchs zur integrativen Betreuung bei Lern- und Verhaltensstörungen. Weinheim/Basel: Beltz.

Richter, H.-E.: (1969): Eltern, Kind und Neurose. Reinbeck: Rowohlt.

Sandler J., Sandler, A.-M. (1985): Unbewußtes und Übertragung. *Psyche* 39, S. 800–829.

Schenk-Danzinger, L. (1984): Entwicklung, Sozialisation, Erziehung. Wien: Österreichischer Bundesverlag.

Singer, K. (1970): Lernhemmung, Psychoanalyse und Schulpädagogik. München: Ehrenwirth.

Spiel, O. (1947): Am Schaltbrett der Erziehung. Bern: Huber 1979.

Springer, A. (1991): Sexueller Missbrauch: Die Täter. In: Kriegl, H. 1991.

Steinhardt, K. (2005): Psychoanalytisch orientierte Supervision. Auf dem Weg zu einer Profession? Gießen: Psychosozial-Verlag.

Tausch, A., Tausch, R. (1963): Erziehungspsychologie. Göttingen: Hogrefe.

Trescher, H.-G. (1985): Einige Überlegungen zur Frage: Was ist psychoanalytische Pädagogik? In: Bittner, G., Ertle, Ch. 1985.

Trescher, H.-G. (1985): Theorie und Praxis der Psychoanalytischen Pädagogik. Mainz: Grünewald 1992 (3).

Trescher, H.-G. (1993): Handlungstheoretische Aspekte der Psychoanalytischen Pädagogik. In: Muck, M., Trescher, H.-G. 1993.

Wiener Psychoanalytische Vereinigung (2001) (Hg): Psychoanalyse für Pädagogen. Wien: Picus.

Winnicott, D.W. (1971): Vom Spiel zur Kreativität. Stuttgart: Klett-Cotta, 1979.

Winterhager-Schmid, L. (1992): »Wählerische Liebe« – Plädoyer für ein kooperatives Verhältnis von Pädagogik, Psychoanalyse und Erziehungswissenschaft. In: Jahrbuch für Psychoanalytische Pädagogik 4. Mainz: Grünewald.

Zulliger, H. (1927): Aus dem unbewußten Seelenleben unserer Schuljugend. Stuttgart: Klett.

Zulliger, H. (1952): Heilende Kräfte im kindlichen Spiel. Stuttgart: Klett-Cotta 1979 (9).

Zulliger, H. (1951): Schwierige Kinder. Bern: Huber 1977 (7).

Zulliger, H. (1966): Die Angst unserer Kinder. Stuttgart: Klett-Cotta/Ullstein 1981.

Vorschau auf den 2. Band

Einleitung

1. Wieviel Erziehung braucht der Mensch?

2. Die ersten drei Jahre
Pädagogisch bedeutsame Aspekte der Entwicklung von Babys und Kleinkindern

3. Wozu brauchen Kinder Väter?

4. »Worauf muß man bei Trennungen oder Scheidungen besonders achten?«

5. »Wir wollen ein Jugendzentrum!«
Workshop mit jugendlichen Kindern geschiedener Eltern

6. Der goldene Vogel
Über die Bedeutung des Märchens für die psychische Entwicklung des Kindes

7. Lotta zieht um, Pippi & Co
Die wunderbaren Geschichten der Astrid Lindgren

8. Schulprobleme – Problemschule
Kritische Anmerkungen zur gegenwärtigen Situation von Schule und Schulpädagogik

9. Das Unbewusste im Musizieren
Über die Bedeutung des Musizierens für die psychische Entwicklung des Kindes

10. Wie erzieht man »psychoanalytisch-pädagogisch«?
Ein Leitfaden in Thesenform

www.ingramcontent.com/pod-product-compliance
Ingram Content Group UK Ltd.
Pitfield, Milton Keynes, MK11 3LW, UK
UKHW040025200726
13854UKWH00001B/360

9 783898 065115